本书是国家社会科学基金项目（21CYY009）的阶段性成果。

纳西东巴文
分域构形演变研究

基于概念整合理论

段　红◎著

中国社会科学出版社

图书在版编目（CIP）数据

纳西东巴文分域构形演变研究：基于概念整合理论 /
段红著 . -- 北京：中国社会科学出版社，2024. 12.
ISBN 978-7-5227-4278-6

Ⅰ. H257

中国国家版本馆 CIP 数据核字第 20243KQ208 号

出 版 人　赵剑英
责任编辑　宫京蕾
责任校对　刘　娟
责任印制　郝美娜

出　　　版　中国社会科学出版社
社　　　址　北京鼓楼西大街甲 158 号
邮　　　编　100720
网　　　址　http：//www. csspw. cn
发 行 部　010-84083685
门 市 部　010-84029450
经　　　销　新华书店及其他书店

印刷装订　北京君升印刷有限公司
版　　　次　2024 年 12 月第 1 版
印　　　次　2024 年 12 月第 1 次印刷

开　　　本　710×1000　1/16
印　　　张　14
插　　　页　2
字　　　数　237 千字
定　　　价　88. 00 元

目　录

第一章

引　言

　　纳西东巴族乃是活跃于中国西南地区，尤其分布于四川、云南等中国西南地区，特别是分布于雅砻江、金沙江及澜沧江流域的古老民族。其历史可追溯至唐代，有翔实文献记载，其族称曾以多种形式存在，包括"磨些（蛮）""摩沙""麽些（蛮）""末些"等，而今被汇总为纳西。此民族承袭一种传统的民间宗教——东巴教，其信徒自称为东巴，至今依旧沿袭一种高度象形的原始文字——东巴文。

　　纳西东巴文作为目前仍在实际使用的早期文字系统，被学界视为早期文字的"活化石"。主要用于书写宗教经典——东巴经典，同时在医书、账簿、地契、书信等应用性文献中有所运用。值得一提的是，东巴文的自然演变过程并未受到人为干预，从而能够真实且客观地展现文字在记录语言过程中的缓慢历史变迁。这无疑为研究人类文字的形成和发展提供了极具价值的资料。虽经过百余年的学术探索，几代学者的不懈努力取得了显著的成果，然而，由于材料和认知资源的局限，尚存一些问题待深入解决。为填补此研究领域的知识空白，本研究以纳西族迁徙路线"白地—丽江—鲁甸"三地刊布的东巴经为文献依托，运用概念整合理论对不同地域东巴字在线意义构建进行机制解释和比对，以深刻揭示东巴文构形演变的规律，并探讨其与民族社会生态环境的紧密关联。

第一节　选题背景

一　纳西东巴文是不可多得的、历史轨迹清晰的活态文字，能补充文字发展史上的缺环

　　（1）纳西东巴文文献资料丰富，其文字发展的历史轨迹清晰可辨，

在文字发展史上显现出重要的研究价值。

东巴文文献的数量庞大，据详细统计，国内外已收纳三万余部东巴文古籍，同时还存在大量分布于民间、尚未被归纳的东巴文文献。目前，对东巴文文献进行的整理和翻译工作已经取得显著进展，其中两个集大成的译注项目值得特别关注：首先是《纳西东巴古籍译注全集》（100 卷），详细注释了 897 部东巴文文献；其次是在 2011 年至 2012 年期间由中美合作完成的《哈佛燕京学社藏纳西东巴经书》（第一至四卷），总计对 77 部东巴经典进行了译注。

（2）东巴文不仅具有丰富的文献材料，而且其文字使用历史清晰可考。作为一种活态文字，东巴文目前仍然在实际使用中。

东巴文保存了极为丰富的早期文字现象，对于研究早期文字的形成与发展具有巨大的价值。这是因为在自源文字成熟定型之前存在一个早期文字阶段，而世界上的四大独立意音文字系统（即古东巴字、古代玛雅文字、古代两河流域楔形文字、古埃及圣书字）由于时代久远，或缺乏早期材料，或因后续无人使用而导致文字历史的断裂，因而无法完整准确地描绘文字形成的状态。对于东巴文的发展演变研究，既能弥补文字发展史上早期文字阶段的缺失，又能通过比较为追溯早期东巴字提供有据可依的启示。

许多学者早已深刻认识到东巴文在文字发展史研究中的重要价值。王凤阳（1989：303）在其著作《汉字学》中探讨"图画提示文字的记录原则"时，明确提倡利用外族文字进行研究，以填补汉语文字史上的研究空白。

关于汉族的图画文字，如前所述，我们所知甚少，一些只鳞片爪的发现和少量的象形文字阶段的图画文字线条，也不足以供探讨之用。

这个问题对后期文字的阐发、说明可是至关重要的，省略不得，所以在图画文字上我们只能移花接木，借用其他民族的材料来推向东巴字的原始阶段。"他山之石，可以攻玉"，外民族的图画文字虽然不是东巴字的直接的源，但是它们的共同规律却可以使我们想象出汉族的图画文字的大体轮廓，以便和失落其初始形态的古东巴字相衔接。这也是迫不得已，慰情略胜无啊。

就文字资料来说，图画文字阶段的材料是很少的，各书中辗转传抄的大都是少数一些例子，这些例子的记录人也多是用猎奇的态度记录的，科学性很差。我们希望能有专门的著作问世。①

刘又辛和方有国（2000：152—153）在研究东巴字发展史时详细阐述道："在现有文字中，纳西文字是唯一一种从图画文字逐渐演变为纯表音文字的文字体系。在几百年的演变中，几乎经历了文字发展的所有重要阶段，可谓是一项奇迹。纳西象形文字中的许多符号比甲骨文更接近记事图画，从中可以观察到从图画到文字发展的过渡阶段。傅懋勣先生后来干脆将其称为图画文字。然而，纳西文字也包含许多假借字，其中一些在经文中的使用超过了甲骨卜辞中的假借字比例。至于纳西的表音哥巴文字，则是朝着音节文字发展方向演变的文字。通过将纳西象形文字与甲骨文进行比较，我们可以推测商代初期和夏代文字的面貌，比较这两种文字的共性，同时也能够观察到这两种文字发展方向的差异。这表明纳西哥巴文字和秦汉时期以后逐渐定型的现代东巴字体系已经演变成两种完全不同性质的文字体系。"

二 以往研究取材多立足字典，静态研究较多；原典中活的材料使用不够

在过去的东巴文研究中，主要以利用东巴文字词典等二手材料为主导，导致研究呈现出静态和以举例为主的特点。由于东巴文文献材料在未被大量公布和详细解释的情况下，研究者通常依赖字典进行东巴文研究，这种做法在某种程度上是可以理解的。然而，这样的取材方式存在两个核心问题：

（1）材料不全。由于字典在认识、时代、篇幅、体例、性质等方面存在局限，许多重要的文献材料未被纳入或者被忽略。

（2）字典中呈现的静态和离散的材料难以替代文献中的动态和生动的内容。特别是东巴文以图画式排列为主，字的位置关系至关重要，主体和客体的不同也会直接影响字形的变化。

随着《纳西东巴古籍译注全集》等丰富的东巴文文献的问世，进入

---

① 王凤阳：《汉字学》，吉林文史出版社 1989 年版，第 303 页。

21 世纪后，东巴文研究亟须改变取材方式，由以字典为主的静态模式转变为以东巴原典为主的研究方向（喻遂生，2008）。这种转变主要包括两个方面：一是基于已经出版的东巴文文献进行文字研究；二是深入纳西族地区进行实地调查，收集并翻译东巴文文献，利用更为丰富、生动的文献材料展开文字研究，以推动东巴文研究朝着更加科学的方向迈进。

三　以往对纳西东巴文的构形研究有停留于形式和指涉层面、囿于共时平面静态描述的局限

受传统研究模式的制约，目前关于东巴文构形的研究成果主要集中在字形方面的讨论，多数借鉴了汉字研究的理论，如传统的六书、字素理论以及构形学理论等（王元鹿，1988；喻遂生，2003；方国瑜，2005；郑飞洲，2005；李静生，2009；曾小鹏，2014 等）。然而，对于东巴文构形的自身特征，尤其是对于在线意义构建的独创性成果，尚未有深入的研究。实际上，文字的创造本质上反映了造字者的认知方式，因此，要深入研究东巴文构形的机理，必须结合构形产生的认知机制。近年进行的东巴文构形研究、文献用字研究以及语境异体字研究等都是对东巴文构形方式进行有益尝试的例证。尽管这些努力已经取得了一些显著的成果，然而也存在以下两点不足之处：

（1）有停留于形式和指涉层面的描述，较少关心概念层面的考察；有重构成解析、轻字的意义建构过程分析的局限。东巴文中的"据义构形"和"取象表词"现象实质上是纳西民族认知思维在外在表达上的一种体现，构形既是一种造字方式，更是一种思维方式。它通过形象的整合和整合的推衍来表达一个新的概念意义，是形象思维和抽象思维相结合的产物，是符合中国人思维方式和审美意趣的一种世界认知方法。也正是在概念整合思维的前提下，构形才成为创造东巴文和解释东巴文的基本方法之一。东巴文的创制体现了纳西先民的思维方式从形象到抽象的转变。东巴文的产生和发展研究对中国传统思维模式的研究具有一定的启示意义。分析东巴字成义方式的规律，是分析纳西民族思维规律与特征的一座极富价值的宝藏（沈兼士，1986）。尽管白小丽（2013）已经探讨了东巴文构形动力的整体概念，但对概念构建和操作内部过程的视角尚未应用于对东巴字的构建和演变的详细分析。概念整合理论（conceptual integration theory，CIT）是以解释意义构建过程及其背后认知特点为目标的认知语言学

前沿理论（靳琰、王小龙，2006；杨波、张辉，2008），是探究东巴文构形机理及其认知发展线索的一条可取蹊径。运用概念整合理论研究东巴文构形中的形义对应关系实际上就是研究纳西民族文化思维的体现方式。

（2）有囿于共时平面的静态描述，未作历时动态考察的局限；即便是作动态考察，也忽略了东巴文材料的分类断代，所谈演变有臆测之嫌。在《纳西东巴文文献学纲要》（2009）中，喻遂生特别指出了目前东巴文文献研究存在的不足以及亟须努力的方向。其中包括对东巴文产生、传播和演进过程缺乏深入研究。与此同时，他提出了一些解决方案的建议，主张可以通过考察文献的地域差异、文字、语言、东巴文化的传承过程以及纳西族的迁徙历程等方面来深入研究。他指出，东巴经中送魂的路线实际上是纳西族民族迁徙路线的逆向排列，而不同地区东巴经的差异往往反映了时代的不同，字词关系的疏密也与时代息息相关，这些都是值得关注的重要因素。

东巴文的起源和演化是在纳西族先民沿着川滇民族走廊向南迁徙的过程中逐步形成的。迁徙途中，东巴文在不同地域呈现出的差异，实际上反映了其演变历程中的独特性。然而，以往的研究主要侧重于对单一领域的东巴文化调查（钟耀萍，2010；曾小鹏，2011；和继全，2012；邓章应，2013；杨亦花，2013；周寅，2015 等），忽略了东巴文演变的区域性特征、机制以及不同地域和时期纳西族所处的内外环境对东巴文区域性构形演进机制的调控作用。

四 从东巴文分域构形的认知思维规律，科学合理地去解决东巴文的演变问题，是目前东巴文研究的当务之急

东巴文的字符演变序列、字符断代问题始终是一个难题，因为东巴文的语言材料中有时间纪事的不多。以往研究多采用定点调查的研究方法，从具体地域着手，对调查点的东巴文化、人口数量、生产经济、衣食住行、语言文字、东巴文文献、民族接触等情况进行广泛田野调查和综合研究。如钟耀萍（2010）通过五次田野调查对纳西族汝卡支系的东巴文献和语言文字等进行了深入的民族调查研究。曾小鹏（2011）从语音、词汇和语法三个方面介绍了俄亚托地村的纳西语语言概貌并对比了俄亚、丽江两地的东巴文字形。和继全（2012）以东巴文化保存较好、语言文字特点鲜明的白地波湾村作为调查点，对该村的纳西语、东巴文、东巴文文

献和社会历史文化进行全面的调查研究。邓章应（2013）在全面收集已刊布东巴经资料的基础上，探讨了东巴经分域断代的标准，利用东巴经跋语的地名及东巴信息，东巴经地名序列中的起止地名，东巴经的用印、用字及书写风格等标准对东巴经做了分域断代的实践。杨亦花（2013）比较了纳西族东巴文祭祖经典在支系和地域两方面的异同。他们刊布了很多第一手东巴文材料并进行了深入的专题研究，具有重要的理论意义和实践意义。对具体地域东巴文的专域研究是开展东巴文分域比较研究的基础，是深入化、科学化东巴文分域断代研究的必经阶段。

文字的分域研究旨在探究特定文字在不同地域的情况、特点及相互关系，是文字学研究采用的主要方法之一。东巴文与其他文字的比较研究已经取得显著成果，如甲骨文与纳西东巴文农牧业用字的比较研究，纳西东巴文与汉语形声字声符形化的比较研究，甲骨文与纳西东巴文会意字的比较研究，甲骨文与纳西东巴文器物字的比较研究，甲骨文与东巴文兵器用字的比较研究等（甘露，2000；陈年福，2002；范常喜，2004；邹渊，2009；张毅，2010 等）。以往研究还聚焦于不同地域的东巴文字比较。如杨正文（1999）介绍了白地与东巴象形文字、白地的东巴经书、白地东巴祖师考、白地的东巴经师、白地的东巴宗教文化活动、东巴文化之古都和白地东巴文化艺术等方面，并将其与丽江经书进行了比对。王元鹿（2001）分别从文字传播的角度对若喀字和鲁甸字进行了研究。甘露（2005）对白地、丽江、鲁甸等地的东巴文假借文字进行了比较研究。周寅（2015）以文献的分域为基础，从白地、丽江、鲁甸三个地区出发，进行了东巴经书的调查和整理，利用信息技术扫描经书，剪切字形，建立了东巴文分域字形表。三地的东巴文字形立目数量分别为 444 条、574 条和 599条。这些研究为揭示东巴文的构形实际情况、地域差异和相互关系提供了丰富的材料，但系统深入地对不同地域东巴文进行分域研究和比较研究尚未正式展开。尤其是基于文献分域的东巴文构形认知机制研究仍是一个亟待加强的领域。沿着纳西族的迁徙路径对不同地域东巴文的构形认知机制进行对比，能够弥补缺乏绝对时间线索的不足，梳理出东巴文发展演变的脉络。

五　纳西民族社会生态对东巴文分域构形演变的影响研究有待深入

文字作为书写符号具有两大特点：一是人为规定性；二是约定俗成

性。此外，东巴字还具有据义构形和据形释义的表意性，这一特点使其与拼音文字区别开来。更重要的是，东巴字的这些特点决定了东巴字造字时，会把造字时期的自然环境、经济、政治、宗教、文化、语言谱系、意识形态以及生活习俗等民族社会生态现象封存和凝结在东巴字形体内。且东巴字形体及其纳西民族社会生态又是不断发展演变的。在东巴字形体演变过程中，据义构形的特点会使新的社会生态现象在某些新的东巴字形体中有所表现。也就是说，民族社会生态现象不仅会影响东巴字造字取象，也会对东巴字形体和结构变化产生一定影响。因此，有人形象地称东巴字为包含着丰富纳西族古代社会历史文化的化石。此外，有的字由于东巴字形体的变化和民族社会生态的变迁，其字形已经不能反映原初构意，或者字形的原初构意已经不为世人所知，分析者只能根据字形特点、记录职能和当时的民族社会生态背景，对其构意作出重新说解，这也是影响东巴字结构模式的重要因素。

综上所述，语言的演变受到多方面因素的影响，既包括外部环境（如自然环境、经济和政治等），也包括内部环境（如宗教、文化和语言谱系等）。东巴文分域构形演变作为东巴文发展历程的体现，不仅是语言变迁的记录，更是纳西民族社会生态与语言演变交织的产物，凸显了语言与社会生态环境之间深刻的互动。

一些学者在纳西民族社会生态领域进行了深入研究，其中杨福泉（1998）关注东巴教对纳西族社会的影响以及东巴教在纳西文化中的地位。而杨福泉（2010）则探讨了社会与文化变迁如何塑造纳西族对东巴教的认同意识。李四玉（2019）论述了纳西族传统文化与社会主义核心价值观之间的关系，以及东巴文化如何在这个变革中经历创造性转化和创新性发展。这两位学者分别深入探讨了纳西社会生态中的宗教和文化这两个关键因素。此外，辛志凤和赵小今（2016）以纳西东巴象形文为基础，研究了其中反映的纳西族祭祀文化，并讨论了保护东巴文化的措施，进一步展现了纳西民族社会生态中的东巴文化。杨嘉星（1990）通过研究东巴经《创世纪》探究了纳西族社会中的哲学思想，深入了解纳西先民的原始哲学思维。王琦（2018）则论述了《神路图》中反映的纳西文化中的自然观、人观、社会观，揭示了艺术与社会生活文化之间的关系。这两篇文章丰富了纳西社会民族生态中的哲学研究。

尽管许多学者关注纳西民族社会生态的研究，但对其与东巴文演变的关系鲜有深入探讨，忽略了对东巴文演变的区域性特征、机制以及不同地域和时期纳西族所处的内外环境对东巴文区域性构形演进机制的调控作用。周寅（2015）详细论述了东巴文分域演变，却忽略了纳西社会生态层面的研究，仅专注于东巴文本身字形的演变。从民族社会生态的视角出发，我们将在本书第八章中深入分析东巴文分域构形演变，以揭示社会层面对语言发展的影响。纳西民族社会生态和东巴文都是纳西文化的重要组成部分，深入研究纳西民族社会生态对东巴文分域构形演变的影响对于理解纳西文化的整体性具有重要意义。

第二节　研究问题和意义

一　研究问题

本研究以纳西族迁徙路线"白地—丽江—鲁甸"三地刊布的东巴经为文献依托，运用概念整合理论对不同地域东巴字在线意义构建进行机制解释和比对，以揭示东巴文构形演变的规律及其与民族社会生态环境的关系。具体拟回答以下三个问题：

（1）概念整合理论视域下白地、丽江和鲁甸三地东巴字通过怎样的在线意义构建过程构形？

（2）各区域东巴文构形整合机制有何异同？东巴文构形的历时演变有哪些规律？

（3）纳西民族社会生态环境对东巴文分域构形演变有何影响？

二　研究意义

李霖灿（1984）根据对纳西族迁徙历史的深入研究，详细勾勒了东巴文的演变脉络。他认为，东巴文的象形字源起于木里境内的无量河流域，逐渐在白地地区蓬勃发展，并在丽江一带积累了千余篇经典文献。在鲁甸地区，该文字系统逐渐呈现出逐字记音的趋势。这一研究发现揭示了东巴文在地理空间上的多层次演变过程，其演进路径包括由图到字、由形到音、由疏到密等方面的转变。此深度探讨不仅为了解东巴文的发展提供了关键线索，同时也对理解纳西族文化的历史演变过程有着重要的启示。本研究以白地、丽江、鲁甸三地刊布的东巴经为文献依托，运用概念整合理论对不同地域东巴字的在线意义构建进行机制解释和比对，以揭示东巴文构形演变的规律及其与民族社会生态环境的关系。研究意义主要体现在以下两个方面：

理论价值：

（1）揭示东巴文分域构形的实际情况

以往对东巴文的构形研究因主要以东巴文字典等静态、离散的二手材料为主，导致研究囿于静态性，且多以列举为主，并不能真实地反映东巴文的实际面貌。本研究改变了取材方式，由以字典为主的静态模式转变为以东巴原典为主的研究方向。研究依托第一手材料，力求更真实客观地呈现东巴文构形的实际情况。通过这种方法，能够直接从原始经书中获取字形，使研究结果更加可靠和贴近实际，为对东巴文的深入理解提供了坚实的基础。

（2）解析东巴文词汇语义的心理构建过程

以往东巴文的构形研究有停留于形式和指涉层面，而较少关心概念层面；多采用构成解析，较少体现过程解析等局限。本研究将认知语言学的概念整合理论引入东巴文构形研究，不仅对我们认识少数民族语言文字词汇语义的心理构建过程具有普遍意义，更对文字发展史、普通文字学、比较文字学等研究领域有重要参考价值。

（3）为纳西东巴文化的发展与断代研究提供交叉理据

东巴文的演变呈现出区域性的特征。最初它源自白地、俄亚等地区，随着传播到丽江和鲁甸，逐渐经历了发展的过程，并最终走向成熟。分别对不同地域东巴文的构形机制进行研究，然后进行横向对比，有助于梳理出东巴文发展演变的脉络。概念整合理论是力图解释语言起源与发展的理论，注重挖掘语言中体现的认知思维发展与社会文化发展之间的内在联系。它关注意义构建，并融合了语言学、心理学和认知科学的研究成果，具有普遍性认知操作和强大解释力，是认知语言学中重要的研究范式之一。东巴文是我们探究人类文字的重要的材料。本研究在概念整合的理论框架下对东巴文的构形进行研究，这有助于我们深入了解东巴文的区域特征，探究其发展演变的规律。我们希望借鉴西方的认知理论来研究神秘的东巴文，为东巴文研究注入新鲜的血液，将其引入一个新的研究平台之中。此外，本研究采用了横向对比的方法，对东巴文在不同地域的表现进行了调查。比较是文字研究中的一个关键手段，通过对不同地域东巴文的横向比较，本研究得以全面地理解东巴文的普遍性和独特性。

　　本研究通过白地、丽江和鲁甸三地东巴文构形整合机制的阶梯发展脉络揭示东巴文文字历时演进的规律，可形成与文字断代先后线索的交叉印证。另外，在概念整合理论的框架下，更有利于我们探究纳西东巴文分域的具体演变认知机制，因而能更加深入地探究文字背后的故事，即纳西民族的社会生态研究。

　　实践价值：本研究揭示纳西民族的社会生态环境对东巴文文字构形演进的影响机制，对东巴文和纳西文化多样性的保护复兴及文化生态的整体发展起到促进作用。

第三节　研究思路和方法

一　研究思路

　　本研究以纳西族迁徙路线"白地—丽江—鲁甸"三地刊布的东巴经文献为研究材料，以白地、丽江、鲁甸的东巴文分域构形整合机制为纬，以纳西族迁徙路线为经，探讨东巴文构形的演变规律及其与民族社会生态环境的关系，基本的研究思路如下：

　　（1）关于研究区域的选取。以前的研究已经指出，东巴文存在明显的地域差异（李霖灿，1984；杨正文，1999；王元鹿，2001；甘露，2008；杨亦花，2012 等）。然而，对于各地差异的具体类型及其程度，尚缺乏深入而全面的研究。本研究秉持分域研究的原则，采用一致的标准，将东巴文在白地、丽江和鲁甸三个地区进行详尽研究，以揭示不同地域东巴文的异同。关于地域的划分，李霖灿（1984）将其分为若喀、白地、丽江和鲁甸四个地区。其中，第一区为"若喀"。"若喀"又被写作"阮可""汝卡"，是纳西族的一个支系，其分布不仅限于李霖灿所述的"西康省无量河流注于金沙江附近"的洛吉、苏枝、药米、上下海罗等地，而且还包括吴树湾、东现日树湾、各迪等几个汝卡村。值得注意的是，汝卡地区的东巴文刊布的经书相对较少，相关研究成果有限，因此并未受到专门深入的研究。对于其他三个地区，第二区即"北地六村和丽江的刺宝东山二区"，以今天香格里拉县三坝乡的白地为代表；第三区即"丽江城附近为大本营"，以丽江为代表；第四区即"丽江么西"，包括维西、丽江的鲁甸、塔城等地区，以鲁甸为代表。

（2）关于白地、丽江和鲁甸三地东巴文构形的概念整合机制研究。为充分展现东巴文发展变化的动态性，本研究以周寅（2015）选取的各区域已经刊布的东巴经文献共计 26 本作为语料来源，通过对经书的扫描和剪切自建不同区域的东巴字形语料库。然后对字形库中的东巴字进行逐一分析，形成每个字的输入空间、类属空间、合成空间以及关键关系的概念整合范式化描述并对各种概念整合网络类型的东巴字在线意义构建进行解析。

（3）关于各区域东巴文构形整合机制比较研究及东巴文构形的历时演变规律研究。在研究内容（2）完成的基础上，按照 Fauconnier 和 Turner（2002）的四级标准对各区域东巴字构形机制的异同进行比对并总结东巴文构形的历时演进规律。

（4）关于各区域东巴文构形演变机制的异同及其与纳西民族社会生态环境的关系研究。在研究内容（3）完成的基础上，探讨纳西民族所处社会外生态环境（包括自然结构环境、社会结构环境、文化结构环境和人群系统等）和内生态环境（包括东巴文与汉语的语言谱系关系、语言生态接触等）对各区域东巴文构形演变机制异同的调控作用。

二　研究方法

本研究综合运用田野调查法、文献法、共时与历时结合法等方法，具体如下：

（1）田野调查法：研究采用了深入广泛的田野调查方法，将焦点置于白地、丽江和鲁甸三地的东巴文化、东巴经书及东巴文本身。通过实地访谈，运用录音、摄像、文字记录等多元手段，对相关内容进行精细调查。随后，对获得的数据进行系统整理和深入研究，以全面把握东巴文在地域上的表现和发展趋势。

（2）文献法：文献研究包括田野调查获得的东巴经和已发表的文献。运用严谨的文献学方法，对东巴经进行系统整理。研究关注文献的数量、物质形式、内容以及东巴文化传承的情况等方面，以深入挖掘东巴文的内涵，为著录和编目提供可靠基础。

（3）共时与历时结合法：研究采用了共时和历时相结合的研究框架。深入分析各区域东巴文构形的概念机制属于共时研究。同时，通过以区域为单位总结东巴文构形的演变规律，凸显历时研究的重要性。这一有机结合的方法使研究能够全面理解东巴文在不同层面上的表现和发展趋势，为学术研究提供更为深入的洞察。

第四节　研究材料的选取与整理

一　国外东巴经的收集、整理概况

在 19 世纪初，西方学者积极展开了对东巴经的收集和整理工作。其中，法国传教士德斯古丁斯（Perre Desgodins）是最早着手收集东巴文献的学者之一。1855 年，他开始在澜沧江、怒江巧伊洛瓦底江沿岸从事传教工作。其间在云南获得一本《高勒趣赎魂》的东巴经摹写本，共计 11 页。他于 1867 年将摹写本寄回巴黎。18 年后，法国学者拉克伯里在其发表的论文中详细介绍了这 11 页经书并将其随文刊布。这一举动引起了国外学界对东巴经广泛而持续的关注。几年后，英国的梅斯内（Mesney）和吉尔（W. Jill）上尉将在丽江搜集到的 3 本东巴经原稿寄回英国。其中两本寄回梅斯内在英国泽西的家；另一本则寄到了大英博物馆，命名为《中国缅甸之间山地祈祷者的象形文稿》。自此，西方传教士、旅行家和探险家也积极投身到云南丽江的东巴经收集活动中，人数与日俱增。

1885 年，法国学者太伦·拉卡帕里尔（Terrien de Lacouperie）首次发表了关于东巴文及东巴经典的论文，题为《西藏境内及周围的文字起源》。

1913 年，法国学者巴克（J. Bacot）在云南进行考察期间，将搜集到的东巴经进行了翻译和整理，并以专著《么些研究》（Les Moso）的形式问世。该专著被学界称为"东巴文字典辞书的奠基之作"，在东巴文字典辞书编纂领域作出了卓越的贡献，为东巴经典的系统研究拉开了序幕。专著共收录了 370 个东巴文字并逐一对每个东巴字进行记音译义。专著还附有字典。字典以法文释义字母为序。

此后，美籍奥地利学者洛克（J. F. Rock）在东巴经的搜集和整理方面取得了显著成就。他在云南大量收集整理了东巴经典，最终编纂成《纳西语英语百科辞典》。由于洛克有意识地大量收集这些东巴经典，许多珍贵的东巴经流传至国外。

1991 年，英国学者杰克逊（A. Jackson）在《纳西族宗教经书》一文中详细介绍了全球东巴经的收藏情况。这是第一次对全世界东巴经收藏概况的全面调查统计。除此之外，《丽江第二届国际东巴艺术节学术研讨会论文集》的附录也对东巴经的全球收藏情况进行了较为全面的统计。根据附录"纳西东巴古籍国内外收藏情况"的调查，国内外东巴经的收藏总量已超过 33000 册。其中国内收藏量为 21000 余册，国外公私机构收藏有 12000 余册。

二　国内东巴经的收集、整理概况

我国对东巴经的整理研究工作虽然在时间上较西方国家起步较晚，但由于拥有丰富的人才资源，尤其在东巴经的翻译工作方面迎头赶上，亦取得了显著的成效。早在 20 世纪 40 年代，傅愁勤便开始着手研究东巴经。他将 40 多年对东巴经的潜心研究成果汇聚成《丽江么些象形文〈古事记〉研究》一书。该书于 1984 年出版。同年，他还翻译了东巴经经典《纳西族图画文字〈白蝙蝠取经记〉研究》并出版。此外，1957 年，李霖灿在中国台湾出版了《么些经典译注六种》。21 年后，《么些经典译注六种》再版，其中新增了三种译注么些经典。由原版时的六种扩充为再版时的九种。且每篇经文均按照先原文后附国际音标、意译和注释的体例呈现。他后来的《么些象形文字标音文字字典》中所收字符大多源自其所收集的经典。

纳西族学者和志武投入 40 余年时间（从 20 世纪 50 年代至 90 年代）对纳西族语言文字进行了深入的调查研究。他将 31 种东巴经典文学故事翻译为汉语，汉文本的东巴经故事以《东巴经典选译》为题出版。遗憾的是，该书仅以汉译版出版，未附对应的东巴文原文。

真正有组织的大规模译经工作始于 20 世纪 60 年代初。当时丽江县文化馆专门组织专项工作人员开展了东巴经的翻译工作，知名大东巴和正才与和芳就是其中主要的翻译人员。工作组翻译了东巴经书数百本，并印刷了其中的 21 种。然而，"文化大革命"使译经工作被迫中断，同时造成大量经文译本散失。此后，云南省社会科学院东巴文化研究室于 20 世纪 90 年代陆陆续续印制了一些东巴文经书和东巴文编成的舞谱。

1999 年，东巴文研究所集中人力和物力，组织翻译并出版了《纳西东巴古籍译注全集》共 100 卷。这是一项浩大的工程，所有经书都采用了"四对照"体例进行翻译。该书的出版为纳西东巴文的研究提供了坚实的材料基础，引领了一股研究东巴文的新潮流，也为东巴文研究由字词典转向经典原文提供了条件，拓宽了研究的领域和视角。

2008 年，中国社会科学院民族学与人类学研究所与哈佛燕京学社、云南省丽江市东巴文化研究院三家学术机构合作，计划分期译注哈佛燕京学社藏纳西东巴经书 598 册。通过多方共同努力，该计划于 2011 年初完成，共译注东巴经 19 册。2012 年，又相继出版了第二至四卷，译注东巴经 58 册。

三　选取材料的标准

现国内外公私收藏（不包括东巴个人）的东巴经有 33000 余册，民间东巴个人收藏经书更是不计其数。据和发源（1991）统计，现存经书中，去其重复，约有 1400 种。不同的东巴经有 1000 余种散藏于世界各地，有的尚未刊布，无法作为研究材料。已经刊布的有标音译文的东巴经，也不能直接作为本研究的材料。因为它们均按照"四对照本"的体例编制。"四对照本"先东巴经原文后附国际音标、汉文对译、汉文直译的体例有以下两点限制：一是无法详细说明东巴字的字源；二是无法详细标注东巴字的音型和义型。如该处所取到底是字的本音还是变音？是字的本义、引申义还是假借义？从认知角度做文字研究的首要前提是对每一个字的音形义都有清楚说明，才能深入分析每一东巴字的在线意义构建过程，判断其音形义之间的映照性关系。本研究选取周寅（2015）搜集整理的各地区典型的、有代表性的经书 26 本作为研究对象。虽然三个地域经书数量上存在差距，但三地所建字形数据库的语料采集标准一致、规模相近，具有较高的可比性。具体如下：

（1）白地

白地的经书我们选取了 5 本，分别是：①《创世纪》；②《和氏家族祭祖经》（下文简称《祭祖经》）；③《法杖经·上卷》；④《法杖经·下卷》；⑤《白地纳西族超度死者祭献供品经》（以下音译简称为《乃乃抒》）。

（2）丽江

丽江的经书我们选取白沙、大研镇、黄山与七河四个点共 12 本经书。

白沙 3 本，分别是：①《延寿仪式·压冷凑鬼·砍翠柏天梯梯级·末本》；②《延寿仪式·在翠柏梯上给胜利神除秽·给胜利神施药》；③《延寿仪式·东巴弟子求大威灵·末本》。

大研镇 2 本，分别是：①《关死门仪式·解生死冤结·超度沙劳老翁》；②《大祭风·招回本丹神兵》。

黄山 4 本，分别是：①《祭署·普虽乌路的故事》；②《禳垛鬼大仪式·垛鬼铎鬼来历经》；③《禳垛鬼仪式·端和铀争斗、施放董若依古庚空的替身》；④《退送是非灾祸·捉拿仇鬼·煮杀瓦鬼》。

七河 3 本，分别是：①《抛卡吕面偶》；②《超度死者·服装及白羊毛穗子的来历——在那刹坞门前，讲述三样醇酒的来历》；③《唤醒神灵·撒神粮》。

（3）鲁甸

鲁甸的经书我们选取和世俊、和文质、和乌尤三位东巴共 9 本经书。

和世俊东巴的经书 4 本，分别是：①《超度什罗仪式·规程》；②《延寿仪式·献牲·献圣灵药·求福泽》；③《超度胜利者·竖胜利者天灯树、武官树、美德者树，插胜利旗，挂武官和美德者衣服》；④《超度胜利者·董的伊世补佐东巴，点着火把寻找失踪了的胜利者》。

和文质东巴的经书 3 本，分别是：①《超度胜利者·迎接优麻神·擒敌仇》；②《除秽·白蝙蝠取经记》；③《延寿仪式·大祭署·建署的白塔》。

和乌尤东巴的经书 2 本，分别是：①《祭祀绝户家的天·献牲献饭》；②《大祭风·十二种牺牲的出处来历》。

四 关于东巴文材料的三点说明

（1）东巴文材料引文简称

《纳西象形文字谱》，简称《谱》

《么些象形文字字典》，简称《么象》

《么些象形文字标音文字字典》，简称《么标》

《纳西语英语百科辞典》，简称《辞典》

《纳西象形文字》，简称《纳象》

《纳西东巴古籍译注全集》，简称《全集》

《哈佛燕京学社藏纳西东巴经书》（1—4 卷），简称《哈佛》

（2）东巴文用例格式

文中引用《纳西象形文字谱》和《么些象形文字字典》中的东巴字时标在其后的数字为书中东巴文的编号。如：

　　材料来源于方国瑜的《纳西象形文字谱》第 145 号字，编号为：［F145］

　　材料来源于李霖灿的《么些象形文字标音文字字典》第 247 号字，编号为：［L247］

　　（3）东巴经书材料称引

　　东巴经书材料有三个出处：《全集》、《哈佛》和田野调查所得经书。

　　①《全集》材料的称引格式："卷数+页数+经书名+经书地区分类"。其中，经书地区分类编号为：

　　鲁甸东巴和世俊的经书，编号为：鲁 H1

　　鲁甸东巴和文质的经书，编号为：鲁 H2

　　鲁甸东巴和乌尤的经书，编号为：鲁 H3

　　白沙东巴和鸿的经书，编号为：丽 1

　　大研镇东巴和凤书的经书，编号为：丽 2

　　黄山东巴东发的经书，编号为：丽 3

　　七河东巴东卢的经书，编号为：丽 4

　　例如 "81.159《大祭风·十二种牺牲的出处来历》鲁 H3"，表示该材料引自《全集》经书《大祭风·十二种牺牲的出处来历》，该材料位于《全集》第 81 卷第 159 页，为和乌尤东巴的经书。又如 23.34《禳垛鬼大仪式·垛鬼铎鬼来历经》丽 3，表示该材料引自经书《禳垛鬼大仪式·垛鬼铎鬼来历经》，位于《全集》第 23 卷第 34 页，为黄山东巴东发的经书。

　　②《哈佛》经书的称引格式："H+卷数+页数+经书名+经书地区分类"，《哈佛》经书的地区分类为丽 1，为丽江白沙和鸿东巴的经书。

　　例如 H4.471《延寿仪式·东巴弟子求赐大威灵·末本》丽 1，表示该材料引自《延寿仪式·东巴弟子求赐大威灵·末本》，位于《哈佛》第 4 卷第 471 页，为白沙和鸿的经书。

　　③现有的东巴学者经过田野调查获得的经书即白地的经书，称引格式为："经书名+页数+经书 序号"。其中白地经书序列编号为：

　　《法杖经·上卷》，编号为：白 1

　　《祭祖经》，编号为：白 2

　　《创世纪》，编号为：白 3

　　《法杖经·下卷》，编号为：白 4

《白地纳西族超度死者祭献供品经》（音译简称为《乃乃抒》），编号为：白5

例如"祭祖经2白2"，表示该材料引自《祭祖经》第2页，该经书是白地的经书，经书次序是第2本经书。

第五节 本书的结构

本书由九个部分组成。

第一章是引言，首先审视了本研究的选题背景和动机，明确了研究问题以及研究意义。随后介绍了本研究采用的研究方法和思路，并说明了研究材料的选取与整理。最后概述了整本书的结构和框架安排。

第二章为文献综述，文献综述部分首先梳理了东巴文文献资料的搜集、学者的文字调查研究和文献资料的刊布翻译和整理；其次介绍了文字学、比较文字学和语言学等视域下的东巴文构形研究；最后从有绝对时间先后的文献、有相对时间先后的文献、分域断代等视角概述了东巴文的演变研究。

第三章为理论基础，主要介绍了心理空间及概念整合理论的理论体系。从心理空间理论与语言、心理空间理论的意义建构观、心理空间理论对跨域函数、认知映射及框架化和试点的发展几方面廓清心理空间理论的内涵与外延。然后，从概念整合的基本框架、网络类型、运作机制、优化原则和与整合相对的分解概念对概念整合理论的整个理论框架进行了系统的介绍。最后探讨了概念整合理论与纳西东巴文分域构形演变的适配性。

第四章为白地东巴文构形的概念整合分析。先介绍白地东巴文的概念映射类型，再从输入空间、共有空间和合成空间的角度对白地东巴文的在线意义构建过程进行分析研究。

第五章为丽江东巴文构形的概念整合分析。先介绍丽江东巴文的概念映射类型，再从输入空间、共有空间和合成空间的角度对丽江东巴文的在线意义构建过程进行分析研究。

第六章为鲁甸东巴文构形的概念整合分析。先介绍鲁甸东巴文的概念映射类型，再从输入空间、共有空间和合成空间的角度对鲁甸东巴文的在线意义构建过程进行分析研究。

第七章是概念整合与纳西东巴文分域构形演变认知机制。从概念映射、输入空间、共有空间和合成空间四方面比对三个地域东巴文构形认知机制的异同，以探究东巴文分域构形通道的演变历程。通过对东巴文的历史溯源以及概念整合的回溯性，结合纳西族先民从白地至鲁甸的迁徙路线，发现东巴文字逐步从图像性和多样性发展为符号化和标音化，纳西族先民思维逐步从原始直观形象思维发展到抽象逻辑思维的认知特点。

第八章为纳西民族社会生态与东巴文分域构形演变。首先，详细介绍了纳西民族社会生态的内部环境因素，包括纳西族起源、东巴教和东巴文化、哲学思想和语言谱系四个方面，讨论了这些因素对东巴文分域构形演变的影响。其次，介绍了纳西民族社会生态的外部环境因素，包括自然环境和社会结构环境两个重要方面，随后阐释了这些因素对东巴文分域构形演变的影响。最后，强调了纳西族社会生态与东巴文分域构形演变之间的相互依存关系。

第九章为结论，总结本研究的主要研究发现并指出本研究的局限和未来研究建议。

第二章

文献综述

　　1885 年，太伦·拉卡珀里尔发表的《西藏境内及周围的文字起源》一文标志着欧洲对东巴文字的深入研究拉开了帷幕。迄今为止，国内外许多学者对东巴文字的研究已有 100 多年的历史：一是深入实地考察、搜集东巴文文献资料，整理、翻译东巴文文献，编纂字典、释读文字；二是从文字学、比较文字学和语言学等视角对东巴文构形进行深入细致的研究；三是尝试从有绝对时间先后的文献、有相对时间先后的文献、分域断代等视角考察东巴文的演变。这些研究已然成为中国除汉字研究外最热门的语言学研究领域之一。下文将分别概述。

第一节　东巴文文献资料的搜集、整理与辞典编纂

　　东巴文实际上是由两种性质不同的文字体系共同组成。哥巴特厄作为其中的一种，代表"弟子的书写"，通常被认为是东巴什罗的后代弟子发明创造的，这就是它被称作哥巴文字的由来。在学术界，学者们也给予了它音节文字或者标音文字等诸多别称。在纳西语当中，另一种被翻译为森究鲁究，表达"木石的标记"之意，在学术界，它也被称为东巴文或者纳西象形文字。东巴文主要流行于纳西族西部方言区，是一种古老而独特的文字，在中华民族的发展之路上，是不可替代的。

　　东巴文字的产生较汉字晚两三千年左右，其自身的发展程度远低于汉字（王元鹿，1988）。尽管东巴文字的字数有限，却凭借这些寥寥文字书写了千余卷经书。这些经书内容丰富，涵盖宗教仪式、占卜、祭祀以及纳西族历史、文学、艺术、语言等方面的珍贵资料。经书中所使用的东巴文形式、结构、性质和文字特点都独具一格。东巴经师以东巴文字简要记录

经典，然而在进行宗教仪式时，经文只是部分语言记录，对经文的理解主要依赖口头传承。由于这一特性的存在，导致了东巴文的传承会出现相应问题。在现阶段，也只有通过不断研究才能对这一文字进行深入了解并对过往历史作出科学判断。

东巴文保留了浓厚的原始象形意义。在完整的语言文字系统形成之前，人类文字发展经历了一个漫长的历程。在发展过程中，人类的创造性不断凸显出来。在这其中，也充分凸显了人类的智慧，人类历史的璀璨可见一斑。裘锡圭（1978）在《汉字形成问题的初步探讨》中将这一漫长过程中出现的记录语言的符号称为"原始文字"。他提出了以下观点：（1）东巴文保留了众多原始特性。然而它并没有能够将语言进行全面的记录，因此它也无法将非文字的图画式表意手法进行完全取代。通常情况下，这些手法的使用需要与图形进行紧密结合，以表达语言中某一词的含义。（2）东巴文的字形携带着具有分析价值的意义信息。简而言之，纳西东巴文字是目前为数不多的具有生命力的古老文字之一，保留了人类早期文字生成演变的珍贵信息，具备极高的研究价值。对这一文字进行研究，可挖掘出人类文明进程中的丰富信息，蕴含的价值不可估量。

一　文献资料搜集与文字调查

（1）文献资料的搜集

1885 年，拉卡帕里尔发表了《西藏境内及周围的文字起源》一文，受到西方学者的广泛关注。1922 年，英国曼彻斯特大学约翰赖兰兹图书馆采购了本国著名植物学家弗雷斯特的 135 本东巴经，成为当时世界上东巴经馆藏丰富的图书馆之一。自 1922 年起至 20 世纪 40 年代，美籍奥地利学者洛克一直在中国对丽江纳西东巴文化进行持续深入的研究，其间他收购了超过 7000 册东巴经。20 世纪 40 年代，美国罗斯福总统长孙昆亭·罗斯福（Q. Roosevelt）也曾前往纳西族地区，收集了超过 1800 册东巴经。通过对相关数据进行梳理可以发现，现阶段大量东巴经书流失海外。诸多历史史料的缺失也使得现阶段学者在开展研究工作时存在诸多局限。

方国瑜作为国内最早开展东巴经收集的学者，早在 20 世纪 30 年代就对东巴文进行了较为深入的学习。他受刘半农所托返回丽江家乡，开始了深入的学习之旅。在那里，他得以全面地接触和了解东巴文化。1935 年，周汝诚与中央民族考察团一道，在中甸白地地区开展东巴经的收集收藏工作，经过他们的努力，共收集到 1000 余册东巴经，为东巴文的研究积累了史料基础。在丽江地区，李霖灿于 20 世纪 40 年代初期收集了 1500 多册东巴经，万斯年则在 1942 年为北平图书馆收集了约 4000 册。1949 年后，中央民族学院以及云南省博物馆等诸多高校和机构都收集了大量的东巴经，为我国后续开展东巴文研究奠定了基础，当然也有部分东巴经被私人收藏，在收藏市场上，东巴经近些年变得愈加炙手可热。

要想对东巴文进行全方位的研究，不能仅仅依靠国内现存资源，需要收集海内外各图书馆和科研机构珍藏的东巴文并科学地充分加以利用，只有整合各方文献，方能推动东巴文研究的进步。1980 年后，纳西族地区逐步开展了一些民间宗教和民俗活动，许多有识之士乘机对经书进行了积极的收集和抄写。杨亦花等相关学者曾于 2009 年对云南香格里拉县三坝乡展开过面向各个村落的详细调查工作，通过调查发现了 1000 多册新老东巴文，充分说明东巴文的收集调查工作蕴含着极大的潜力，民间群体的力量极为重要，不容忽视。

（2）文字调查工作

学术界自 20 世纪 20 年代起就已经开始着手包括纳西族在内的西南少数民族语言文字调查研究工作，对当地社会历史进行深入调查、研究与探讨。许多学者积极展开广泛的纳西族语言文字调查与搜集工作，为更好地研究纳西族语言做出了自己的贡献。这些学者中，洛克等 4 人取得的成就最为显著，为民族语言的传承发展贡献了巨大的力量。他们的学术贡献将在后续"字典辞书编纂"等篇章中详细讨论。

纳西文字在 20 世纪 30 年代初曾被荷兰传教士拉丁字母化。新中国成立后，国家高度重视民族语言文字的调查研究，在这方面做了大量工作，旨在为没有文字的少数民族创制文字，做好民族识别工作，落实国家民族政策。50 年代初，中央派遣民族访问团深入全国各地进行少数民族社会历史情况调查，这些调查材料后来被整理编入"民族问题五种丛书"，其中涵盖了一些关于纳西族的调查资料。然而绝大部分涉纳西族和纳西语的材料均较为零散，且在调查整理过程当中基本未考虑东巴文的重要作用。此次调查后国家层面推出了《纳西族文字方案》，也采用拉丁字母拼音文字，但未能有效推广。

1976 年 8 月，《纳西象形文和东巴经（调查资料）》发布，这份调查资料对东巴文进行了较为系统的阐述，囊括了纳西象形文的产生及其历史、纳西象形文的特点等相关内容。以此资料作为重要研究参考文献，和志武、朱宝田等学者发表了一系列的相关论文，对纳西族文字的研究作出了巨大贡献。

本书作者在研究过程中发现，尽管目前我国拥有的东巴文调查材料相对较为丰富，但对东巴文的研究工作还不全面客观，仍存在多种问题。在近些年发展过程中，学者们逐渐意识到东巴文的重要作用，开始静下心来，收集史料信息，着手东巴文的进一步探索，丰富我国的文字信息。其中，曾小鹏等学者较为深入地调查了拉伯等多个区域，在东巴文研究等方面取得了一些成果。然而这些调查研究仅呈现出单点特色，研究的规模和研究的深度迫切需要作进一步扩展。

二　文献资料刊布、翻译与整理

1938 年，民族学家和人类学家陶云逵先生的《么些族之羊骨卜与肥卜》在中央研究院历史语言研究所人类学集刊发表，公布了三本东巴文的卜书，标志着东巴文经书的首次刊布。除了东巴文原文外，卜书还添加了汉译和注释，将这部经书较好地呈现给世人。1946 年在张琨等学者共同努力下编写完成的《么些经典译注六种》（后于 1978 年增订为《么些经典译注九种》），主要采用了东巴经原文、国际音标记音、汉语译文和注释这一首创的"四对照"形式，为后续东巴文化的传承发展开了先河。该书在中国台湾一经出版，即受到学术界广泛关注，在该领域引发了热烈的探讨。傅懋勣的《丽江么些象形文〈古事记〉研究》这部著作在 1948 年出版，采用了"四对照"的形式，对于东巴文的研究也提出了自己的见解。此后，傅懋勣撰写了《纳西族图画文字〈白蝙蝠取经记〉研究》（上下册），分别于 1981 年和 1984 年出版，更好地推动了学术界关于东巴文研究的热潮。1993 年，傅懋勣夫人徐琳其后亦采用了"四对照"形式，在《民族语文》上连续四期发表了《纳西族祭风经〈请洛神〉研究》，纳西族的文化开始逐步被世人所感知。丽江县文化馆也极为重视东巴文的研究，20 世纪 60 年代初期就整理石印《崇搬图》等创世史诗 22 种，绝大部分采用了"四对照"形式。最初成立于 1981 年的云南省社会科学院东巴文研究院（初期名为东巴文化研究室、东巴文化研究所）聘请诸多学者开展东巴文的研究，为东巴文研究作出了值得称道的努力。1986 年至 1989 年间，该院收录了 10 种东巴经并出版了《纳西东巴古籍译注》三辑，到 20 世纪 90 年代初期，该院翻译的东巴经总量已经超过 1300 种，拥有了 25 种"四对照"本。截至 1999 年，该院收录了东巴经 897 种，出版了《纳西东巴古籍译注全集》100 卷，成果斐然。杨德鋆、和发源于 1982 年发表了《纳西族古代舞蹈与东巴跳神经书》，杨德均（1990）等学者其后出版了《纳西族古代舞蹈和舞谱》，对古代纳西人的东巴文舞谱作了较为深入研究和详细记录。2008 年，国家社科重大课题"哈佛燕京学社藏纳西东巴经译注"立项，该课题由中国社会科学院民族学与人类学研究所、丽江市东巴文化研究院和哈佛燕京学社深度合作，对哈佛燕京学社藏纳西东巴经书进行翻译，截至 2023 年共出版了九卷《哈佛燕京学社藏纳西东巴经书》，极大地丰富了东巴经的翻译成果。

国外学者对东巴文的研究也继洛克之后逐步兴起，20 世纪 80 年代，德国科隆大学著名教授亚纳特（Klaus L. Janert）与夫人共同出版了东巴经摹写本 8 大卷。1997 年，瑞士苏黎世大学教授欧皮兹（Michael Oppitz）出版了《纳西：事物、神话与象形文字》一书。随着诸多学术研究资料的涌现，东巴文研究迎来了更多可能性，为文化传承与发展带来了更多机遇。

东巴文献翻译工作方面，在《纳西东巴古籍译注全集》中对丽江、俄亚、白地等地的部分经籍有所缺失和遗漏。除了经书之外，东巴文还包括了一些应用性文献，如书信、账簿、地理志等，但喻遂生的翻译数量不多，仍需更多学者付出进一步的努力。从方法论的角度来看，以前的研究忽略了对文字进行切分和逐字解释的必要性，对于东巴文的研究工作不够细化，角度选择过于单一。喻遂生（2008）提出了"字释"的概念，通过每个字的字义字形和音义来解释东巴文字，丰富东巴文内涵，完善编写工作。此外，对于借形字、有字无词、一字多音等情况，也需要进行适当的解释，只有对其进行全方面的研究，才能促使东巴文以一种更加全面的形式呈现出来。这种精细的解释方法是进一步研究的基础，而以往的研究对此并未给予足够的重视，因此得出的结论可能缺乏根据。许多学者对东巴经文的应用性文献进行了解读，如西南大学文学研究所的杨怡华、刘艳雪、张怡、曾小鹏、钟耀萍等学者，他们创作了多篇有关东巴经文的硕士、博士论文，提出的观点也都具备一定的建设性。

经书编目工作对于文化研究和传承极为重要，国家图书馆在 20 世纪 80 年代出版了《北京图书馆藏东巴经目录》，为经书编目工作的开展奠定了较好的基础。该书补充了近 4000 部东巴经的目录，详细记录了开本和张数、内容大纲、中文译名、国际音标标音、象形文字名、馆藏编号等信息。1998 年，云南省博物馆朱宝田给哈佛大学燕京图书馆的 598 部东巴经文和美国国会图书馆 3000 多册东巴经文编制了目录，并在美国出版，但此目录存在一些错误，在使用过程中需对此予以留意。中国大百科全书出版社在 2003 年出版了《中国少数民族古籍总目提要纳西族卷》。在这部著作当中，除了《纳西东巴古籍译注全集》中的东巴经外，还涵盖了对东巴文铭刻以及东巴文文书等诸多内容的编目。此外，还有一些纳西学者编制了法国远东研究所、重庆中国三峡博物馆和台北故宫博物院收藏的东巴经书目录。上述目录的制定让人们对东巴文献总体收藏状况有了较为清晰的了解，对学者研究工作的开展也提供了充分的便利。然而，目前的工作仍然不够全面，信息也相对过于简单。国外藏书目录更为有限，这方面的工作尚需进一步加强。

对东巴文献的历史年代进行研究是深化对东巴文化理解至关重要的一项工作。东巴经的传承模式以手抄本为基础，在很多经书的结尾处标记上相应的年代信息。经对美国国会图书馆馆藏东巴经进行研究，李霖灿（1984）得出其馆藏品为清康熙七年（1668）至民国二十七年（1938）的纪年经书的结论。经研究《纳西东巴古籍译注全集》内的纪年跋语，喻遂生（2008）推测得出了部分经书的成书时间。和继全（2009）翻阅了哈佛大学燕京图书馆馆藏东巴经书，考证了该馆藏部分东巴经的书写时间，并将其研究成果发表在《美国哈佛大学燕京图书馆馆藏东巴经跋语初考》一文内，进一步推动了东巴古籍跋语的研究。

除了依赖纪年经书，为了确定东巴字产生的年代，喻遂生（2003）提出了以文化交流这一角度作为切入点进行考证的观点。不仅如此，他还从经文内容和文字关系的推断、相对早晚年代的确认、经文文字的抄本上限和描述时代的手稿等方面进行了深入研究。然而这一方法在东巴文献年代测定方面的成果尚显有限，因此有必要今后加强这一领域的研究，开创其他方式，促进东巴文研究工作。

三　辞书与字典的编纂

目前，辞书和字典中比较常见且水平较高的包括一部辞书和四部字典。这其中，一部辞书是法国学者巴克的《么些研究》，而四部字典分别是：（1）《摩些文多巴字及哥巴字汉译字典》（杨仲鸿）；（2）《纳西象形文字谱》（方国瑜）；（3）《么些象形文字字典》（李霖灿）和（4）《纳西语英语百科辞典》（洛克）。下面将分别介绍这些辞书和字典：

（1）《么些研究》

1913 年，法国学者巴克根据其详尽的实地调查，推出了他的著作《么些研究》。这本书采用了一种独特的对照方式，以列表的形式呈现，包含国际音标、哥巴文、东巴文和法文解释这一对照体系，收录了 374 个东巴文字和 400 多个哥巴字。尽管有人曾评价其字数不足、详备不够，并指出其记音释义的技巧和排列次序有待商榷，但该辞书为纳西学史上第一部专著，为东巴文研究工作的推广带来了突出成效，因而被认为是该领域的开创性辞书样本。

（2）《摩些文多巴字及哥巴字汉译字典》

这部字典由纳西族学者杨仲鸿于 1933 年编纂①，将么些文字划分为龙、鬼、怪、地理、时令、天文、数学等 18 个类别，共收录 1800 字。字典按照多巴字、哥巴字、汉译字的顺序排列，并用汉字进行注音和释义。尽管这本字典未能公开出版，所收字数相对较少，注音方式也不够科学，但其分类合理，释义基本准确，编排体例严格，开创了系统编纂纳西文字字典的先河。其文字分类体系也为后世一系列字典所采纳，因此被认为是一部真正意义上的纳西象形文字字典，具有学术界领域的崇高地位。

（3）《纳西象形文字谱》

1933 年，方国瑜先生回到丽江，与周汝城、杨品超等共同邀请东巴宗道先生讲述东巴教派的传说、教义和各种道教仪式，并在此基础上编撰了经文目录，解释了注释内容，翻译了东巴文《人类起源》一书，还强调了文中的参考文献，翻译了许多经文摘录。随后，三个不同教派的东巴教徒各自撰写了牌表和表音文字表，在初步整理的基础上逐字注释读音和释义，经东巴教资深长老和士贵校对，并做了适当的补充。在和志武先生的协助参订下，方国瑜先生编撰的《纳西象形文字谱》一书历时四十余年，四易其稿，终于 1981 年 4 月由云南人民出版社出版。此书共编码收字 1340 个，加收了异体字、附收字 250 个，总计 1600 字左右。学界高度评价《纳西象形文字谱》，认为它是日后研究纳西东巴文最权威的一部字

---

① 　可惜由于种种原因，此稿并未刊行，因而未能引起学术界的关注。

典。这部著作将东巴文分为 18 个类别，包括人称、虫鱼类、走兽类、飞禽类、植物类、地理方向、天象相关（附有时令）等，同时书中还提供了东巴文字的实际应用示例。尽管在深入研究东巴文字的过程中，一些学者对《纳西象形文字谱》的翻译、释义和字形结构等方面提出了一些质疑，并指出相应的勘误，但这仍然是一部具有重要意义的东巴文字字典。

（4）《么些象形文字字典》

李霖灿于 1944 年出版了《么些象形文字字典》，受到学术界人士高度赞誉。这部重要的纳西东巴文字字典由东巴和才负责读字和字义阐释，张琨负责音记和音标，共收录了 2120 个字，涵盖了建筑、武器等 18 个类别。这是纳西东巴文字领域中第一部收录字数较多且水平较高的字典，以其丰富的素材、每个字的音读准确可信而著称，相较于其他辞书，更为合理可靠。2001 年，云南民族出版社将该字典与李霖灿另一本《么些标音文字字典》一起合并出版，并重新命名为《纳西族象形标音文字字典》。

（5）《纳西语英语百科辞典》

《纳西语英语百科辞典》由洛克编写，分别于 1963 年和 1972 年由意大利罗马东方学研究所出版上下两卷。由于这部辞典在纳西文化研究方面作出的重大贡献，故其在学术界地位十分崇高，也为洛克带来了显著的声誉。通过对上卷研究可以发现，共有 3414 个东巴字被收入其中，每个字不但提供了释义和标音，还对假借义和出处作了注明。因洛克学科背景的缘故，辞典对东巴文的关注主要围绕文化人类学和人类学的视角，如辞典内大量的宗教仪式、人鬼神名等相关内容均在其收录之列。该辞典对后世东巴教的仪式和东巴文化的传承起到了积极的作用。与其他东巴文字典一起，《纳西语英语百科辞典》代表了东巴文字典编纂领域的最高水平。

第二节　东巴文的构形研究

文字的构形，即一般所说的造字方法，指的是字的字符与它所表示的词的音义的联系方式（喻遂生，2014）。东巴文的构形研究一直以来都是学界的研究热点，以往研究或从文字学视角借鉴汉字研究的理论分析东巴文的构形，或具体分析不同类型东巴文的构形方式，或从比较文字学视角将东巴文与其他语言（尤其是汉语）做比对，或从语言学视角对东巴文构形进行深入细致的研究。下文各节分别展开讨论。

一 文字学视角下东巴文的构形理论研究

在以往对东巴文构形的研究中，学者们大多采用文字学的视角，借鉴汉字研究的理论，如传统六书、字素理论、构形学理论等进行深入探讨。其中，方国瑜提出的"十书说"、王元鹿的"五书说"、周有光和喻遂生的"六书说"、李静生的"七书说"等观点具有代表性。此外，郑飞洲的"字素理论"、邓章应和白小丽的构形研究也为东巴文构形研究提供了重要的参考。这些研究方法和理论为深入了解东巴文的构造和演变提供了多种角度和思路。通过对东巴文构形的分析，我们可以更好地理解其与汉字之间的联系和差异，进一步揭示东巴文的独特性和文化内涵。同时，这些研究成果也为东巴文的应用和研究提供了坚实的理论基础和实践指导。

（一）方国瑜的"十书说"

最早对东巴文构形进行研究的是方国瑜（2005），他根据东巴文的构形意图将其文字类型进行了划分，提出的"十书说"是国内对东巴文构形进行理论研究的首创。

方国瑜（2005）指出，纳西象形文字的构造与其他象形文字存在一定的相似性，尤其是与汉字古文字相近。他进一步指出，借鉴前人研究汉文象形字的成果，可以为纳西象形文字的研究提供有益的参考。在此基础上，他提出了"十书说"，旨在深入探讨纳西东巴文的造字用意。这十种类型包括：（1）依类象形：根据事物的实际形状构造字形，尽量表现出事物的实际形态。（2）显著特征：突出事物最显著、最有代表性的特征来构造字形。（3）变易本形：通过改变事物的本来形状来构造字形，以适应表达的需要。（4）标识事态：用特定的符号或组合标识某个事件或状态，使字形具有表意功能。（5）附益他文：在已有的字形基础上增加新的符号或部分，以增加意义或改变意义。（6）比类合意：将两个或多个事物或概念放在一起比较，构造出表达特定意义的新字。（7）一字数义：一个字具有多种意义，可以根据上下文的不同而表达不同的意思。（8）一义数字：对于某个特定的事物或概念，使用多个不同的字来表示。（9）形声相益：将具有相同或相似发音的字符组合在一起，构造出新的字，这些字在发音上类似于其构成部分。（10）依声托事：根据事物的声音或发音来构造字形，即使该字在视觉上与事物本身没有直接的联系。

"十书说"主要侧重于研究构形的意图和方法。这十种类型为我们提

供了纳西东巴文造字的全面解读，通过这十种类型的分析，我们可以更深
入地了解纳西象形文字的构造特点和历史演变。不过，需要指出的是，
"十书说"并非指代东巴文在同一时期的十种结构类型，而更多地反映了
历史演变过程中字源学上的十种类型。方国瑜的构形理论虽然合理，但由
于分类标准的差异，造成了"十书说"中一些类型的重合，因此在实际
应用时需要进行适当的合并。

（二）王元鹿的"五书说"

王元鹿（1988）对东巴文的构形方式进行了深入的探讨。他认为，
就构形类型而言，纳西东巴文字与汉古文字在大体上相似，只有一些微小
的差异。由于二者都属于意音文字，构形方式及其特征很可能基本一致，
但由于它们在文字发展阶段存在差异，因此可能在某些构形方式的类型和
特征上存在一些细微的差异。

王元鹿（1988）将东巴文的构形方式总结为五类，即象形、指事、
会意、义借和形声。这些分类方式为我们深入了解东巴文的构形特点和规
律提供了重要的参考。在象形类别中，东巴文通过描绘事物的实际形状或
特征来构字，力求表现出事物的实际形态。这种构形方式注重形象的表
现，使得文字能够直观地传达意义。指事类别则通过象征性符号或标记来
表示抽象的概念或具体的事物。这种构形方式强调了指示和表达的功能，
使得文字能够更加简洁明了地传达意义。会意类别则是通过将两个或多个
符号组合在一起，形成一个新的意义。这种构形方式注重了意义的组合和
引申，使得文字能够表达更加复杂的概念和关系。义借类别是指一个字被
借用来表示与之意义相关的另一个词，从而导致同一字形记录两个不同词
的现象。这种构形方式在东巴文中较为普遍，反映了文字发展的特殊阶段
和规律。最后，形声类别则是通过将具有相同或相似发音的字符组合在一
起，形成一个新的字。这种构形方式注重了声音的模仿和表达，使得文字
能够更加准确地传达意义。其中，"义借"字的提出具有重要的意义，它
指的是一个字被借用来记录另一个与之意义有关的词，从而导致同一字形
记录两个不同词的现象。这一提法在科学上反映了这类结构的特征。

王元鹿（1988）在对比研究东巴文和汉古文字的构形方式时，发现
两者之间存在一些明显的差异。他指出，从晚商甲骨文字开始，汉古文字
已经发展到了意音文字的高级阶段。在这个阶段，汉古文字不仅具备了表
意功能，还能够表达声音，从而实现了意音合璧。这种意音合璧的特点使

得汉古文字能够更加灵活地表达复杂的概念和意义。相比之下，纳西东巴文字在构形方式上仍然处于意音文字的初级阶段。虽然东巴文也具有表意功能，但在声音的表达上相对简单和固定。这种构形方式使得东巴文在表达复杂概念和意义时受到一定限制。王元鹿（1988）的研究为我们深入了解东巴文的构形方式和特点提供了重要的参考。通过对比研究东巴文和汉古文字在构形方式上的不同，我们可以更好地理解纳西族文化、历史和社会的独特之处，进一步揭示人类文字的多样性和发展规律。

除了对上述五种构形方式的研究，王元鹿（1988）还考察了东巴文中黑色字素的使用情况。所谓黑色字素是指为了区别意义或表示读音而在东巴文字中涂上的黑色。他观察到，在大多数情况下，这种涂黑的方式在东巴文中被视为一种能够有效地表达或区分意义的手段。因此，他认为黑色可以被视为一种表意字素，有时甚至充当声符的作用。在对黑色字素的功能进行详细分类时，王元鹿（1988）提出了以下四类用途：（1）作为形声字的声符：通过涂黑部分字符来表示声音，从而与特定的意义相关联。（2）构成会意字：通过将两个或多个字符涂黑，形成新的意义。（3）构成指事字的象形符号：对于一些指事字，涂黑部分字符来表示特定的指示或意义。（4）直接充当象形字：某些情况下，涂黑的字符直接表示事物的形状或特征。王元鹿（1988）的研究表明，纳西东巴文字中黑色字素的产生与纳西族人的文化心理传统紧密相关。这一传统强调褒白贬黑的思想，对文字的发展产生了重要影响。在纳西族文化中，黑色通常与神秘、神圣和崇高等概念相联系。这种文化心理传统在东巴文字中得到体现，黑色字素被赋予了特殊的象征意义和功能，成为表达或区分意义的有效手段。通过与甲骨时代和两周铜器时代的汉古文字进行比较，王元鹿认为纳西东巴文字在文字发展史上处于相对原始的阶段。汉古文字经历了从甲骨文到两周铜器文的演变，表现出更高的文字发展水平。相比之下，东巴文在构形方式和表达功能上仍处于意音文字的初级阶段。然而，王元鹿的"五书说"存在字与字组不分的局限，从而导致某些分类显得不太合理。

（三）周有光和喻遂生的"六书说"

（1）周有光的"六书说"

周有光（1994）提出的"六书"理论是一种对文字构形和用字原理的普遍分类方法，旨在解释所有自源和原生的文字。根据这一理论，纳西文字的构形和用字原理也可以通过"六书"来解释。这六书包括：
（1）象形：通过描绘事物的实际形状或特征来构字。（2）指事：通过象征性符号或标记来表示抽象的概念或具体的事物。（3）会意：通过将两个或多个符号组合在一起，形成一个新的意义。（4）假借：一个字被借用来表示与之意义相关的另一个词，从而导致同一字形记录两个不同词的现象。（5）形声：通过将具有相同或相似发音的字符组合在一起，形成一个新的字。（6）转注：一个字因意义的变化需要加注声旁来表示不同的意义类属的现象。在文中，周有光（1994）基本延续了传统的汉字六书理论，并通过举例对东巴文中的"六书"进行了说明。然而，他的分类存在两个不足之处：首先，将东巴文和哥巴文两种不同的文字系统放在一起讨论并分类，有失妥当；其次，将转注字单独划分成为一类的方式不太合理，因为这些字实质上可以归入象形之中，是一种象形变体。

　　（2）喻遂生的"六书说"

　　喻遂生（2003）在研究东巴文的文字结构类型时，将之分为六类。这一分类方式与周有光的"六书"理论略有不同，但两者在本质上都是为了系统化地解释文字的构形和用字原理。喻遂生（2003）的六种类型是：（1）象形：通过描绘事物的实际形状或特征来构字。（2）指事：通过象征性符号或标记来表示抽象的概念或具体的事物。（3）会意：通过将两个或多个符号组合在一起，形成一个新的意义。（4）形声：通过将具有相同或相似发音的字符组合在一起，形成一个新的字。（5）假借：一个字被借用来表示与之意义相关的另一个词，从而导致同一字形记录两个不同词的现象。（6）借形：这一类别的定义与周有光的转注略有不同，它强调的是借用其他字符的形状来构字，而不仅仅是因意义的变化加注声旁。他的分类较有说服力，尤其在形声字的研究方面，对构形方式和结构类型进行了全面的综述，并进行了详细的统计。书中还强调了"字与字群"的区分理论，对1359个东巴文字进行整理，为今后研究东巴文字的性质和结构奠定了基础。

　　（四）李静生的"七书说"

　　李静生（2009）在参考汉字"六书"理论的基础上，增加了"转意、黑色"两书，形成了"七书说"。这一理论旨在更全面地描述和解释纳西文字的构形和用字原理。"转意"指的是通过字义的引申和转化来构字，这种方式强调了字义的发展和演变过程。在纳西文字中，有些字的意义并不是直接表达，而是通过引申或转化的方式来表达更抽象或复杂的概念。"黑色"则强调了纳西族文化心理传统中褒白贬黑的思想对文字发展的影响。在纳西文字中，黑色字素被视为一种特殊的表达方式，用于强调或区分意义。尽管"黑色"在东巴文中是一种独特的现象，但他认为它仍然是对现实事物的描摹，可以归入象形一类。李静生的"七书说"将这一文化因素纳入其中，突出了纳西文字的独特性和文化背景。这一理论的提出为更全面地理解东巴文字的构形方式提供了一种新的角度。

（五）郑飞洲的"字素理论"

郑飞洲（2005）将李圃的字素理论应用于东巴文研究，通过识别和分析东巴文中的字素，探讨其构形特点和表达意义的方式。他采用了李圃字素理论的分类标准，分为构形方式和表词方式两类，并结合东巴文的具体情况，从平面角度和历时的变化分析，描述了各种构形方法的构成方式和特征。郑飞洲（2005）在研究东巴文的结构时，对其构形方式和表词方式进行了系统的总结和分类。他将东巴文的构形方式分为六种，包括独素造字、加缀造字、合素造字、加素造字、省素造字和更素造字。这些分类方式旨在描述东巴文字在构形上的特点和规律。同时，郑飞洲将东巴文的表词方式分为六类，包括象形、指事、会意、形声、义借和假借。这些分类方式旨在描述东巴文字表达意义的方式和原理。该研究为我们理解东巴文字的结构带来了更为深入、全面且系统的视角，极大地拓展了对其构形和表词方式的认知。借助这些细致的分类方法，我们不仅能够更清晰地揭示东巴文的独特魅力和文化价值，还能深入探讨文字在不同文化背景下的演变轨迹和发展脉络。

（六）邓章应的构形研究

邓章应（2012）在《西南少数民族文字的产生与发展》中采用独特的构形机制理论对纳西东巴文进行了阐释和分析。他选择了《纳西东巴古籍译注全集》中的具体篇目作为研究对象，通过逐句翻译和详细分析，对其中的每一个东巴词汇进行了详尽精确的解释。一方面，在"字解"的基础上对文字的构成进行了全面的研究。另一方面，这些"字面释义"的结果也为后续的研究提供了宝贵的材料，其中一些文字解读来源于田野调查的原始资料。邓章应的研究为深入了解东巴文字的构形机制提供了新的视角和方法。

（七）白小丽的构形研究

白小丽（2013）探讨了东巴文文字单位与语言单位对应关系的演变。她指出，对表示语段的表意符号的整合，是产生新的表示语词的单字表意符号的重要规律。整合首先需要具备一定的条件：（1）将表示同一核心语词的一组表意符号整合，以便于提炼并创建共同的构字规则；（2）语段中的核心语词与附加语词逐渐分化且分别使用独立的字符表示。整合的结果实质上实现了两大转变：一是实现了字符对应语段向对应语词的转变；二是实现了文字单位的转变，即发生了非单字的准合文向单字的转变。

就表意符号整合的途径来看，主要有两种：（1）截取原语段符号中表示核心语词的特征部件，作为表示核心语词的新的独立表意的单字符号；（2）将原有表达同一核心语词的语段的一组表意符号共同的构形模式加以综合概括，以创造一个新的表达核心语词的表意的单字符号。创造新字符的方式有两种：（1）综合特征创造新字符；（2）改造准合文中表示附加语词的符号。原有准合文中表示附加语词的部件发生演变通常也有两种情形：一是演变为通用符号；二是演变为抽象符号。经过整合后新产生的单字表意符号固定下来表示某个核心语词，字符也不会再随意发生变化，此时的表意符号就成为真正意义上的表词文字。

其他学者也曾论及东巴文的构形机理。例如：

曾小鹏（2014）在《俄亚托地村纳西语言文字研究》中提出了"造字—构字"的理论，结合俄亚托地村东巴文的具体情况，将造字法分为单形、合形、形义、形音、义音五类；构字分为结构模式、结构功能、结构层次三个部分，再对三个部分进行细分，结构模式分为合形、形义、形音、义音，结构功能分为表意、标示构件与指事、会形与会义，结构层次分为平面结构和层次结构。

在《么些象形文字标音文字字典》的引言中，李霖灿（1972）提及了关于形字的讨论，分为四个类别。首先，他论述了形字与图画之间的关系，考察形字如何反映物体形状或图画的特点。其次，对形字之字形变化进行了讨论，可能指的是形字的演变或演化过程。李霖灿（1972）还进一步探讨了形字之同音假借，涉及形字在表示同音词时的使用方式。最后，他论及形字之经典特质，可能是关于形字在经典文献中的特殊用法或意义。

此外，周斌（2005）在《东巴文异体字研究》中基于方国喻的《纳西象形文字》对东巴象形文字进行了全面研究，包括异体字的形成和演变等方面。范常喜（2004）以普通语言学和比较语言学理论为指导，在《甲骨文字与纳西族东巴象形文字比较研究》中对甲骨文和纳西族东巴象形文字进行了详细比较研究。李静（2009）的研究聚焦于东巴文中非单字结构的部分，特别是那些由独体字混合、假借和象形构成的复杂结构。她从这些文字与语言单位的对应关系、读音以及构件等多个角度进行了深入而系统的探讨。胡文华（2010）从文字与语言的对应关系出发，对纳西族东巴文字进行了分析和研究，勾勒出纳西族东巴文字形成和发展的轨迹。最后，李杉（2011）对《纳西族象形标音文字字典》（李霖灿，2001）和《纳西象形文字谱》（方国瑜，2005）中的字例进行了全面的整理和系统的分析，从表形、表音、表意三个角度研究东巴语的构词机制。

二　文字学视角下不同东巴文类型的具体构形研究

除上述从文字学视角对东巴文的构形理论研究外，以往研究还针对不同东巴文类型的具体构形展开研究，其中对东巴文形声字、假借字、异形字的构形研究成果最丰。下面分别展开论述。

第一个是形声字的研究。

喻遂生（1990，1992，2002，2003，2008 等）对东巴文形声字的构造、演变及其与纳西族文化的关系进行了系统深入的研究。其成果为深入了解东巴文形声字和纳西族文化提供了重要支持。喻遂生（1990）主要探讨了甲骨文和纳西东巴文中的合文现象以及形声字的起源。通过比较分析，发现两种文字在合文和形声字方面存在共性，表明文字发展可能受相似规律的影响。该研究为深入了解这两种文字体系提供了启示。喻遂生（1992）研究了东巴文中的形声字，主要分为单音节和多音节两类，并探讨了它们的表音、表意功能及与纳西族文化的关系。该研究有助于理解东巴文的构字规律和演变。喻遂生（2002）分析了形声字的构造特点和规律，揭示了其内在机制和演变规律，并强调形声字是一个不断变化和演进的过程。喻遂生（2003）深入探讨了东巴文中的单音节形声字。他认为，单音节形声字是东巴文中的重要组成部分，它们具有高度的表达力和构字能力。同时，他也指出单音节形声字在东巴文的演变过程中经历了复杂的变化，包括语音、语义和字形等方面的变化。他还针对东巴文中的多音节形声字进行了深入研究，发现多音节形声字具有显著的表达力和构词能力。他深入探讨了多音节形声字的构造特点、演变规律，强调了它们在东巴文中的核心地位，并研究了东巴文中形声字假借字的音近度问题。研究指出，假借字在东巴文中占有一定比例，且其音近度与形声字的音近度存在一定关联。该研究对于深入了解东巴文的构字特点和演变过程具有重要意义。喻遂生（2008）深入探讨了东巴文中多音节形声字的音近度问题。研究揭示了多音节形声字的音近度规律及其与纳西族文化的关系，为纳西族文化的传承和发展提供了有益的学术支持。

史燕君（2001）对纳西东巴文形声字的形成过程进行了深入研究。她详细分析了形声字由表意字向表音字转化的过程，揭示了在这个过程中所经历的语音、语义和字形等方面的变化。史燕君教授认为，形声字的发展起始于由象意文字声化而来的声兼意形声字，随后逐渐演变为在意符上加注声符的注音式形声字。进一步地，在假借字上加注意符产生了新的形声字，最终形成了由声符和意符组装而成的形声字。这一系列演变过程揭示了文字系统的复杂性和演变规律。此外，史燕君教授还补充论证了前人关于东巴文性质的观点。她强调，纳西东巴文是一种独特的文字系统，既体现了图画文字的特点，又具有象形文字的元素，同时还在向音节文字过渡的过程中不断发展。这种古老文字的特性使得东巴文在文字演变史上占据了重要的地位。另一位研究者胡文华（2010）对东巴文形声字的发展问题进行了开创性的研究，不仅对其发展轨迹进行了全面的梳理，还深入探讨了形声字在不同历史阶段的特点和变化。

第二个是假借字的研究。

方国瑜（2005）在《纳西象形文字谱》中论及"依声托事"作为纳西东巴文的一种字形构造方法。他们强调，有些事物或概念难以以形象方式表达，因此借助同音或近音的字以虚构形状和音韵，将他字的形状和音韵假借为该字的形状和音韵。这种假借不仅仅是借用他字的形状和音韵，更是借用他字的义，使得一个字具有多重义，其中一个是本义，其他是假借义。所有形状的字均可被用作假借字，同时还可以简化形状，只写出声旁，通过借用声音来表达意义。此外，即便原本已有对应字形，仍可以借用其他字形。这一现象在纳西东巴文中十分普遍。

李静生（1983）提出，文字的发展经历了从独体象形到合体象形，再到形声文字的演变过程，这一发展是人类不断追求用文字完整记录语言的体现。然而，仅仅采用象形和形声的文字无法充分地记录语言，因为它们无法表达语言中一些抽象的概念。为了解决这一问题，产生了假借字的概念。在东巴经中，大量使用假借字以完整地记录语音形式，但很多假借字仍处于尚未定型的发展阶段。

喻遂生（2002）指出，假借字的产生并非简单的笔误，而是一个复杂的过程。他深入分析了东巴文本中假借字的成因，并总结出以下五方面主要原因：（1）仿古：为了保持文本的传统性和古朴风格，有时会使用与现代字形不同的古代字形作为假借字。（2）不规范：由于书写或印刷的错误、简略或草率，导致使用了不规范的字形作为假借字。（3）追求新奇：为了追求新颖和与众不同，有时会使用一些不常见的字形或符号作为假借字。（4）避免重复：为了避免与文本中其他字的重复，有时会使用与原字形不同的字形作为假借字。（5）别音义：为了表达特定的音义关系或强调某种意义，有时会使用与原字形不同但音义相关的字形作为假借字。通过这些分析，喻遂生进一步揭示了东巴文假借字的复杂性及其在文本中的作用，为我们深入了解东巴文字系统提供了重要依据。喻遂生（1994）通过深入研究《白蝙蝠取经记》中的假借字，揭示了东巴文假借字与被借字之间的音近度规律。他发现，在东巴文中，假借字和被借字在声母和韵母方面存在较高的音近度，这意味着它们的发音相近。然而，在声调方面，两者的音近度较低，说明假借字和被借字在声调上可能存在一定的差异。这一发现对于深入了解东巴文的构字特点和演变过程具有重要意义。

王元鹿（1987）比较了纳西东巴文字与汉古文字的假借现象，主要研究发现如下：（1）纳西东巴文和汉古文字都存在假借现象，即使用一个字的形状来表示另一个字的发音。这些假借字通常是那些易于形状表达、容易"画成其物"的字，尤其是象形字。（2）在选择假借字时，汉古文字更倾向于选择那些本义具体的概念，尤其是名词性概念，而纳西东巴文则没有明显的偏好。（3）假借字在纳西东巴文和汉古文字中用于记录的词汇类型有所不同。汉古文字中，假借字主要用于记录虚词和抽象性的实词，因为这些词汇在造字时难以直接借助语音来记录。而在纳西东巴文中，假借字也用于表示虚词和抽象性的实词，但具体情况较为复杂。（4）汉古文字中，假借字与被借去记录的词的对应关系在甲骨文时代已基本固定，而纳西东巴文中的这种关系并不太牢固。这表明在汉古文字中，假借字的用法和对应关系更加规范和稳定。（5）汉古文字在甲骨时代开始为一些被别的词"久借不还"的本字造新字，而纳西东巴文中则没有出现这种情况。这说明在应对假借现象时，汉古文字的演变更加积极和创新，而纳西东巴文的演变则相对保守。通过比较纳西东巴文和汉古文字的假借现象，王元鹿的研究揭示了不同文字系统在应对假借现象时的不同策略和演变规律。这些发现对于深入了解这两种古老文字系统的特点和演变过程具有重要意义，并为文字史的研究提供了重要的认识价值。

　　甘露（2008）对经书与应用性文献中的假借字进行了比较研究，以应用性文献中的跋语为例，得出了以下结论：（1）假借字的数量在经书与应用性文献中存在差异，主要原因是它们的使用目的不同，导致记录的词语数量存在差异。经书通常注重表述思想、哲学或宗教观念，需要使用较为规范、准确的文字记录，因此假借字的使用相对较少。而应用性文献则更注重实用性和具体性，使用假借字的情况相对较多。（2）跋语作为一种应用性文献，具有较强的叙事性，需要清晰叙述事情原委。因此，跋语通常逐词逐字地记录语言，较少使用假借字，以保证信息的准确传达。（3）在假借字的使用中，字与音的对应比例较低。随着假借字比例的增高，所用字的数量也相应增多，假借字的数量也相应增多。这是因为假借字的使用往往是为了表达多个不同的概念或词义，而不仅仅是为了记录语言的语音。甘露的研究进一步深化了对经书与应用性文献中假借字使用的认识，有助于理解不同类型文献中文字使用的特点和规律。

　　甘露（2011）以纳西东巴文假借字为研究对象，对其数量进行了量化统计，并从音节对应关系、字词对应关系和数量关系三个方面进行了分析。通过深入探讨，她揭示了东巴文假借字的特点，并探讨了东巴文的发展趋势。研究结果表明，东巴文的发展趋势主要体现在以下三个方面：（1）假借字与被借字的关系逐渐趋于稳定。随着时间的推移，假借字在使用过程中逐渐固定下来，与被借字的对应关系也变得更加明确和稳定。这一趋势表明，东巴文字系统在逐渐发展和完善，假借字的使用也变得更加规范和有规律。（2）从假借字发展到表音文字。随着社会的发展和语言的演变，东巴文逐渐从假借字向表音文字过渡。这意味着东巴文逐渐开始直接记录语言的语音，而不仅仅是依赖形状来表示意义。这一趋势表明，东巴文在逐渐适应社会和语言的变化，发展出更加全面和准确的文字系统。（3）从假借字逐步过渡到形声字。在东巴文字的发展过程中，形声字逐渐成为重要的组成部分。形声字既具有表音的功能，又具有表意的功能，可以更加直观和准确地表达语言的含义。这一趋势表明，东巴文在发展过程中逐渐注重文字的表意功能，提高文字的表达能力。甘露的研究为我们深入了解东巴文假借现象的特点和发展趋势提供了重要的依据。通过量化统计和分析，她揭示了东巴文假借字的规律和特点，并探讨了东巴文发展的内在动力和趋势。这些发现对于我们认识东巴文字系统的演变和发展具有重要意义，也有助于我们更好地理解和保护这一独特的文化遗产。

甘露（2012）深入探讨了纳西东巴经跋语中的假借字现象。跋语，作为一种记事性的文本，通常逐词逐字地记录事件，涉及大量的人名和地名。文章通过对多则东巴经跋语中的假借字进行细致的研究，得出了一系列重要结论。（1）跋语中的假借字使用频率较高，一般在60%—70%之间，但也有高达90%以上的情况。这表明在东巴经的跋语中，假借字的使用相当普遍。（2）跋语中涉及的地名、人名等专有名词较多，这些词常常以假借字的形式出现，导致这类跋语的假借字比例特别高。（3）跋语中假借字的使用频率与内容性质有关。如果跋语只是记录一些客套性的话语，假借字的使用比例就相对较低；而如果涉及具体的事件、人物或地名，假借字的使用频率就会增加。（4）总体而言，跋语中假借字的出现频率平均为77%，而假借字在跋语中所占比率最低应在60%以上，平均应为70%左右。这些发现揭示了东巴经跋语中假借字的使用情况及其与内容性质的关系，有助于深入理解东巴文字的特点和演变过程。同时，也为语言学、文字学和人类学等领域的研究提供了有益的参考。

第三个是异形字的研究。

和志武（1981）提到，纳西象形文字存在一种特殊情况，即一字可以有多种不同的字形，但它们的音和义基本相同。这类文字的字形虽然不同，但所表达的字义的读音和用法都是基本一致的。这种现象表明这类文字尚未发展成为比较固定和统一的表意文字。例如，一些简单的异体字，如兽头，可以用左右看的方式书写，字形可以是朝上或朝下，甚至一笔两笔或多笔都可以，说明这类文字的发展仍处于比较灵活的阶段。

秦桂芳（1999）对纳西东巴文和甲骨文中的情境异体字进行了深入的比较。她从不同的角度，包括微观和宏观，探讨了这些文字的特性和发展。她发现：首先会意字的读音并不仅仅由其构成部分决定，早期的会意字实际上是双音节或多音节的，这比我们现在所知的更为复杂。随着时间的推移，这些字的读音逐渐简化为单音节。其次，早期的东巴文情境异体字也是双音节或多音节的。然而当这些字在后期演变为单音节时，它们实际上完成了从分段书写到拼音书写的过渡。这一发现揭示了东巴文在发展过程中的一个重要转变。最后，她指出会意和形声字并不是在某一特定时期突然出现，而是在长期的发展过程中逐渐形成的。从会意文字的发展程度来看，甲骨文明显高于东巴文。这表明在同等的文字发展阶段，甲骨文的会意文字更为成熟和发达。秦桂芳的研究结果为我们提供了理解早期文字发展的有价值线索。她的研究不仅丰富了我们对纳西东巴文和甲骨文的认识，也为我们进一步研究早期文字的起源和发展提供了重要的理论支持。

黄思贤（2010）通过对比分析《崇搬图》和《古事记》两个版本的东巴经文献中的异体字，深入研究了东巴文在发展过程中的变化。他总结出东巴文发展的三条重要规律：（1）符号体态总体趋于简化：随着时间的推移，东巴文的符号体态逐渐简化，以适应更加快捷的书写方式。这一趋势表明，东巴文逐渐向着更加符号化的方向发展。（2）文字与语言的一一对应：在东巴文的发展过程中，文字与语言逐渐朝着一一对应的方向发展。这意味着每一个字或符号都与特定的语言单位相对应，提高了文字的表意准确性。（3）记录语言的方法日益完善：随着东巴文的发展，记录语言的方法也日益完善，呈现出表音化的趋势。这表明东巴文在发展过程中逐渐吸收了其他文字的优点，使其更加适合记录语言的发音。

刘悦（2011）对东巴文的异体字进行了全新的、系统的分类整理。她精心收集了1013组异体字，共计4391个字。在深入分析这些异体字内部关系的基础上，她从微观角度总结出了六种发展关系，包括形态的变化、图画的简化、符号化、语音化、繁复化与简化。此外，她还从宏观角度对东巴文字的发展阶段和发展路径进行了总结。首先，形声字的数量逐渐增多，这进一步证明了东巴文正处于从早期文字向意音文字发展的阶段。其次，随着时间的推移，一些原始的造字方式，无论是初文还是末文，都逐渐被淘汰。

在研究方法上，黄思贤（2010）和刘悦（2011）有共同之处，即都是从不同版本的文献去考察异体字。黄思贤（2010）从广义的异体（用字的比较）、刘悦（2011）则从狭义的异体对东巴文的发展分别进行了探讨，这是值得借鉴和学习的。但目前对东巴文构形发展演变的研究仍存在一个重大缺陷，那就是所使用材料存在以下两个问题：一是材料或囿于字词典所收字符，或囿于一两部经书原典；二是所引材料仅凭文字发展的普遍规律作推测性研究，研究结果的精确度和可信度被大大降低。虽已有学者做过这方面的尝试，但对东巴文构形的具体发展演变过程还知之甚少，仍亟待作更加深入系统的工作。

李杉（2011）在《纳西象形文字谱》这一材料范本的基础上，对纳西东巴文的异体字进行了深入的分析和统计。她详细地统计了489组异体字，涵盖了1172个字形，并进一步归纳了这些异体字之间的关系特征。通过深入研究，她发现纳西东巴文的变体关系呈现出两大趋势：首先，东巴文变体和整个书写系统从表意逐渐转向表音，同时从复杂变得更加简单。从所有变体字的关系类型来看，"表意文字的变化"是导致变体字数量增多的主要原因。在80个字组中，有49个字组的表意结构因增加了音素而发生了变化。这一趋势表明，随着时间的推移，东巴文的表意功能逐渐减弱，而表音功能则逐渐增强。其次，从异体字的关系特征来看，东巴文的简化形式也非常明显。这种简化不仅体现在单个字的形状上，还表现在整个书写系统的简化上。这一趋势表明，随着东巴文的发展，其书写形式逐渐变得更加简洁和易于书写，适应了快速书写的需要。

邓章应（2006）以《纳西象形文字谱》为研究基础，对其中的异体字进行了全面的分析。他详细探讨了异体字的体例格式，并对存在异体字争议的情况进行了说明。此外，他还对《字谱》中的字头和异体字进行了梳理统计。具体来说，邓章应统计了《字谱》中的字头数量，共计1340个。除此之外，还有附加字头262个，使得总字头数为1602个。同时，他还统计了异体字的数量，总共有652个异体字形。在研究过程中，邓章应还对异体字的影响和发展趋势进行了深入的探讨。他发现，异体字在纳西族东巴文的发展过程中起到了重要的作用，它们不仅丰富了文字的表达形式，还反映了社会文化的发展和演变。此外，随着时间的推移，异体字的使用逐渐减少，这表明文字的发展逐渐趋于规范化和简化。

邓章应和白小丽（2009）在对纳西东巴文语境异体字的研究中，深入探讨了其记语词的构成情况。他们认为，这些异体字可以根据其结构特点分为多种类型，如"工具+动作""动作+处所""动作+受事""施事+动作+受事"以及"施事+动作"等。这些结构均由两部分组成：核心意义和附加意义。核心意义是这些结构中的稳定部分，它保持不变，为整个字提供了基本的含义。而附加意义则随着语境的变化而变化，为字增添了更多的具体含义和用法。这种结构方式使得纳西东巴文能够灵活地表达不同的概念和语境。随着文字记录语词的不断发展，附加意义经历了从固定到逐渐松动，最终完全脱落的过程。这种变化在所记录的语词上表现为语词分化程度的不同。有些语词已经分化为多个不同的词，有些正在分化过程中，而有些则尚未分化。这种分化程度的不同反映了纳西东巴文在记录语词方面的精密化发展趋势。在文字表现上，这种变化则体现为文字类化程度的不同。有些字已经固定为通用字，可以在不同的语境中通用；有些字则相互混用，存在一定的灵活性；还有些字则专字专用，具有特定的含义和用法。这种类化程度的不同反映了纳西东巴文在文字发展方面的多样性和灵活性。总的来说，邓章应和白小丽的研究揭示了纳西东巴文语境异体字的构成特点和发展趋势，为我们深入理解这种古老文字提供了重要的参考。

三　比较文字学视角下东巴文的构形研究

东巴文与甲骨文等其他文字的比较研究备受关注，通过对比分析可揭示它们的异同，为文字学、语言学等领域提供新视角。这种研究有助于深入了解两种古老文字系统的起源和演变。1932 年夏天，刘半农积极鼓励方国瑜返回丽江深入学习东巴文时表示，东巴文"可用以研究人类原始文字，是很有价值的"（方国瑜，2005）。随后，方国瑜于 1935 年 7 月携带《纳西象形文字谱》手稿拜访章太炎，得到了他的高度赞许，嘱咐他结合殷周古文字多作研究（方国瑜，2005）。这说明早期东巴文与甲骨文的比较研究已经得到了一定的重视。

董作宾于 1944 年撰写的《么些象形文字字典序》系首篇将甲骨文与东巴文进行比较研究的论文。该文通过翔实的例证对比了两种文字的异同，凸显了比较研究在深入理解和认识古文字领域中的关键作用。

此后，在刘又辛（1993）的《纳西文字、汉字的形声字比较》和日本语言学家西田龙雄（1993）的《汉字的六书与纳西文》两篇论文中，都对甲骨文和东巴文进行了相关的比较研究。裘锡圭（1978）的《汉字形成问题的初步探索》一文通过对比研究揭示了甲骨文的一个重要现象：一些象形字的字形往往会随着语言环境的改变而发生变化。有时，一个字形的微小变动甚至能使其被读作两个不同的字。这一发现对于深入探索甲骨文中残存的原始文字迹象具有重要的理论意义。

和志武（1980）的《从象形文东巴经看纳西族社会历史发展的几个问题》通过对东巴文中关于神主木偶、祭祀、祖宗房的字形进行深入研究，并结合《论语·八佾》中的相关记载，提出了甲骨文中的某些字可能代表着木制的祖宗牌位和神祇这一论断。

方国瑜和林超民（1982）的《"古"之本义为"苦"说》分析了东巴文中"甘""苦"的构形，提出古汉字"古"本义为苦，当与"甘"相对这一观点。李静生（1983）的《纳西东巴文与甲骨文的比较研究》采用比较考证的方法，全面探讨了东巴文和甲骨文的异同，提出了甲骨文金文中的"册"字解释为栅栏的新颖观点。

1988年，王元鹿的《汉古文字与纳西东巴文字比较研究》一书问世，成为首部全面专注于汉古文字和纳西东巴文字比较研究的学术专著。该书通过四章内容，系统而深入地探讨了两种文字在文字符号与语言单位对应关系、文字记录语言方式、两种文字及两种语言关系等方面的异同。这一研究不仅揭示了汉古文字和纳西东巴文字各自的特点和规律，更在比较中发现了它们之间的联系与区别，标志着在汉古文字和纳西东巴文比较研究领域取得了新的进展。刘又辛在1993年发表的《纳西文字、汉字的形声字比较》一文中，专题探讨了纳西文字与汉字在形声字方面的异同点。通过对比研究，刘又辛揭示了两种文字在形声字构成、演变和使用上的共性与特性，为文字学领域的研究提供了新的视角和思路。

1988年以来，喻遂生发表了约十篇关于东巴文和甲骨文比较研究的论文，主持了教育部"八五"人文社科项目"甲骨文和纳西东巴文比较研究"，持续对东巴文和甲骨文进行深入细致的比较研究。近些年，东巴文与其他文字的比较研究成果日益丰硕，这些成果为东巴文的研究领域注入了新的活力，提供了更为丰富的资料和多元化的研究视角。在这一背景下，东巴文在比较文字学视角下的研究得到了显著推动，其中《甲骨文与纳西东巴文农牧业用字比较研究》（甘露，2000）、《纳汉形声字声符形化比较》（陈年福，2002）、《甲骨文纳西东巴文会意字比较研究初探》（范常喜，2004）、《甲骨文与纳西东巴文器物字比较研究》（邹渊，2009）、《甲骨文与东巴文兵器用字比较研究》（张毅，2010）等均为具有较高代表性的研究成果。

在过去几十年中，汉古文字和东巴文比较研究虽取得了显著进展，但仍然存在一些问题和不足，特别是东巴文与甲骨文以外的其他文字的比较研究相对较少。未来的研究需要更广泛地涵盖东巴文与达巴文、玛丽玛萨文、哥巴文等文字的比较，以促进对东巴文的全面理解。

四　语言学视角下东巴文的构形研究

迄今为止，学术研究对于东巴文与语音、方言、语言接触等相关联系的关注相对较少。近几年，学术界在东巴文此研究领域取得了一些新的进展，如在东巴经的语体、特殊语法现象、借词、古词和古音等一些语言特征研究方面有了一定的突破。早期的研究可以追溯到1983年和志武发表的《纳西族东巴经语言试析》一文，此后，杨逸天（1988）、和发源（1991）、李例芬（1997）、习煜华（2003）等学者相继展开了对东巴经语言特点的研究。

喻遂生1990年的论文《纳西东巴字的异读和纳汉文字的比较研究》对东巴字的异读现象进行了全面而深入的探讨。文中详细列举了东巴字异读的各种类别，包括声母异读、韵母异读、声调异读等，并对这些异读现象进行了系统的分类和整理。喻遂生还于1990年主持了教育部"八五"人文社科项目"甲骨文和纳西东巴文比较研究"，致力于对东巴文和甲骨文这两种古老文字进行深入细致的比较研究，探讨它们在字形、结构、造字原理、语义内涵等方面的异同。2002年，朱炳祥提出东巴文与纳西语之间存在一定的差异，东巴文符号系统和纳西语符号系统互不相干的观点。尽管这一观点在学术界引起了一些争议和讨论，但无可否认的是，它为东巴文研究提供了新的视角和思路。2005年，木仕华着重研究了东巴文中的外来语借词，尤其是宗教词汇。他发现这些借词反映了纳西族与其他民族的文化交流，特别是宗教信仰方面的融合。此外，学者们还在东巴文与其他文字比较研究方面取得了丰富成果。这些研究为深入了解东巴文的发展和演变提供了有力支持。在这一时期，学者们不仅关注东巴文的文字形态，还开始研究其语音、语法和宗教方面的特征。

近十几年来，学者们在深入研究东巴文方面取得了显著的进展。谢书书在2012年发表的《东巴文认知研究对心理语言学的贡献及展望》一文中，对东巴文认知研究的未来发展方向进行了深入而详细的探讨。该文不仅从认知科学的角度重新审视了东巴文这一古老文字系统，还揭示了其在心理语言学领域的重要价值和潜在贡献。同时，她在心理语言学领域的工作也推动了对少数民族语言认知的深入研究。这一系列研究不仅为我们更好地理解东巴文的认知特点提供了新的视角，也丰富了心理语言学在少数民族语言方面的应用。曾小鹏（2016）《纳西东巴文造字与思维》一文探讨了东巴文的认知思维模式。周净（2019）《语言人类学视域下纳西东巴文在东巴经中的文化意义阐释》一文以语言人类学为视角，结合克洛德·列维—施特劳斯的概念，深入研究了东巴文在东巴经中的文化意义阐释。

2020 年，莫俊在《论东巴文对称型字组的结构特征及音义功能》一文中深入研究了《纳西东巴古籍译注全集》的对称型字组。他聚焦于这些字组的音义功能、对称特点及方式，揭示了东巴文在结构和审美上的独特性，为理解纳西语言文化提供了新视角。甘露则在 2021 年的《纳西东巴文双音节假借字研究》中全面调查了字典辞书和《纳西东巴古籍译注全集》中包含的双音节假借用例。段红、钟维（2022）则借助概念整合理论深入研究了纳西东巴文构形的心理构建过程，提出了新的认知视角，主张东巴文构形是语义合成和语码截略的有机结合，同时具备合成构字和截略构字的特点。这些研究不仅丰富了东巴文研究的内涵，也为我们理解纳西族的语言文字和文化提供了新的视角，对跨学科深入研究提供了重要的参考价值。

2008 年，木仕华在其国家社科基金项目"东巴经语言研究"中深入探讨了东巴经的语言特点。2010 年，和继全主持的"纳西族藏语音读东巴古籍文献的整理与研究"国家社科基金项目，致力于对纳西族以藏语音读方式传承的东巴古籍文献进行系统整理与深入研究。该项目不仅关注东巴古籍文献的文字内容，更重视其通过藏语音读所传递的文化信息和历史背景。2012 年，王元鹿牵头主持了"'世界记忆遗产'东巴经典传承体系数字化国际共享平台建设研究"国家社科基金项目，核心目标在于利用现代数字化技术，为东巴经典这一世界级的非物质文化遗产搭建一个国际化的共享平台，进而促进东巴经典的全球传承和保护。2020 年，毕晓君的国家社科基金项目"基于人工智能技术的东巴文机器释读研究"立项，旨在运用人工智能技术进行东巴文的机器释读。同年，谢书书的项目"心理语言学视域下的纳西东巴文字"也获得国家社科基金支持，这一项目从心理语言学的视角出发，对纳西族的东巴文字进行了深入研究。2020 年，段红的云南省哲学社会科学规划项目"纳西东巴文分域构形演变认知机制及其民族社会生态研究"立项启动，探讨东巴文分域构形演化的认知机制及其在民族社会生态中的作用。该项目着眼于深入探讨纳西东巴文在不同地域和文化背景下的构形演变过程，揭示其背后的认知机制，并进一步分析这种演变在纳西族民族社会生态中所扮演的角色和产生的影响。2023 年，白小丽主持的国家社科基金项目"东巴文动作类词语用字研究"立项，将深入研究东巴文中与动作相关的词语用字。这些研究项目的开展为推动东巴文的语言研究提供了新的动力，有望在纳西语言研究或东巴文研究方面取得丰硕的研究成果，并为学术界和社会带来重要的启示和影响。

第三节　东巴文的演变研究

本研究分析指出，要想对东巴文构形发展脉络及其演变规律进行深入探究，首先需要对东巴文字符在不同历史层次上的变化和发展序列进行全方位审视。然而，目前对东巴文构形的研究存在一个尚未充分关注的缺陷，即通常假定所有字符都存在于同一时间平面。甚至一些从文字结构角度探讨东巴文发展的研究，也仅仅依赖文字发展的一般规律进行推测，未充分考虑东巴文字符本身的独特特点，缺乏在文献材料上的确凿证据。

本书在研究过程中指出，要想对文字演变的序列进行科学考察，首先需要解决文献材料的先后问题。现阶段，可从如下两个方面开展研究工作：一是从有时间证据的文献角度关注东巴文的发展演变；二是从东巴文迁徙地域分布研究东巴文的流变。本研究拟在已有关于东巴文演变研究的基础上，以纳西族迁徙路线"白地—丽江—鲁甸"三地刊布的东巴经为文献依托，运用概念整合理论对不同地域东巴字在线意义构建进行机制解释和比对，深刻揭示东巴文构形演变的规律，并探讨其与民族社会生态环境的紧密关联，为东巴文的断代研究提供跨学科交叉证据。

一　时间文献视角下的东巴文演变研究

通过对有时间证据文献进行考察是探究东巴文字符历史层次及演变序列的路径之一，包括从有绝对时间的文献视角研究东巴文演变和从东巴文文献书写者视角研究东巴文演变两方面。从有绝对时间的文献研究角度来看东巴文演变，研究者主要关注东巴文在历史演变中的整体趋势和变化。从东巴文文献书写者的视角来研究东巴文演变，则侧重于分析文献创作者的语言选择、表达习惯和文化背景等因素，揭示文献书写者对于语言的使用和塑造的主观态度。这种角度的研究有助于理解东巴文演变的文化背景和社会脉络。

（一）从有绝对时间的文献视角研究东巴文演变

喻遂生（2003）提出了三条研究东巴文演变的途径。第一，对于经书相对的年代要结合内容以及文字等诸多关系来进行精准判断。通过进一步研究可以发现，如果经典存在词汇较多但是字数较少的现象，那么经典的推出时间可能较早，逐字逐词记录语言的经典可能在较晚的时期出现。第二，对于具备时代特色的字词也要进行深入的研究，这对于时间的确定是大有裨益的。第三，东巴经的手抄本在世间流传较为广泛，这些手抄本往往具有较高的历史和文化价值。在经书的末尾常常会存在抄写人的跋语，这些跋语可以帮助人们确定经书的抄写年代，了解当时的社会、文化和宗教背景等信息。因此，对于研究者来说，这些跋语是非常重要的资料。

在这三条研究路径中，第一种方法主要依赖文字制度发展的普遍规律进行判断，尽管有时可能会遇到意外情况。第二种方法仅仅能够对经书书写时代的上限进行确定。经书经传抄后，文字的前后会发生变化，也不能精准地反映出准确时间。第三种方法在现阶段被认为是最为可靠的，它能够结合跋语中明确的时间信息确定经书的抄写先后。

喻遂生（2008）全方位整理了《纳西东巴古籍译注全集》的跋语。他发现，在《纳西东巴古籍译注全集》的897册经典中，存在纪年的有115册。这些纪年分为年龄纪年、花甲纪年和年号纪年三类。李霖灿（1984）在对美国国会图书馆的东巴经进行整合之后发现有61册存在年号纪年，其最早的经书抄写时间为清朝康熙七年（1668）。

然而，仅仅依据绝对年代来判定字符演变存在两个缺陷。首先，表达相同概念的字符异体可能在不同时代的文献中同时存在。借助统计学方法可以弥补这一缺陷。具体而言，通过统计字符特定用法在经文当中的使用频次，其中使用频率较高的东巴字符可视为当时当地表达该概念的主流书写形式。其次，各地域之间的相对封闭性使东巴文字符的变化较少。因此，通过分域考察东巴文构形认知机制能揭示纳西族迁徙过程中东巴字在各历史阶段的发展演变规律。根据文字发展的一般规律，宝山地区较晚时代的东巴文，相较于鲁甸地区较早时代的东巴文，呈现出的特征可能更为原始。本研究认为，在考虑绝对时代的同时，结合东巴文所属地域是一种更为妥当的方法。

（二）从东巴文文献书写者视角研究东巴文演变

根据有绝对时间证据的文献来考察东巴文字符演变，是一种比较重要的判定方法。但同时需要注意的是，在利用有绝对时间证据的文献考察字符演变序列时，要考虑其他的影响因素。近现代由于有的东巴走出原有地域，加强了文化交流，难免受到其他地域东巴书写用字的影响，这会导致同一地域不同东巴流派书写用字的差异性和不平衡性。

经书正文通常经由不同书写者传抄才得以成稿。后一书写者常因受前一书写者影响，其抄写本会保留前一书写者的字符写法。沿此研究思路，邓章应（2013）《纳西东巴文跋语及跋语用字研究》一书尝试通过东巴经正文和跋语用字的对比来推断东巴经在记录同一语言单位时的相对先后顺序。他认为，抄写者个人的用字习惯往往能够通过对跋语的分析得以揭示。此外，抄写者所书异体字的前后差异也可作为东巴文用字的时间线索。但是，这种方法存在以下三点局限：一是并非每本东巴经都附有跋语，如果经书没有跋语，那么就无法运用这一研究方法。二是这种对比方法得以适用的前提条件是正文及其所附跋语的篇幅必须具有可比性。而通常的情况是，可供与正文比较的跋语篇幅极其有限。可供比较的字符数量的有限性使得研究者无法得出可靠的研究结论。三是跋语与正文行文风格有异。正文用字更显自由，跋语则过于死板和程式化。两者的用字特点限制了这一研究方法的普遍适用性。

除上述三点局限性外，运用正文与跋语相比较的研究方法来判定东巴文用字的先后顺序时还需要考虑以下两个可能的影响因素：一是在抄写经书的时候会存在创新或者继承用字，对于正文与跋语之中的创新与传承无法有效区分。二是在书写经文正文过程当中，同一东巴对于同一语言单位的记录会呈现出多种异体。且这些异体也会体现在跋语中。此外，跋语中也可能出现记录同一语言单位的多种异体。两种情况相互缠绕，从而导致研究者无法精准判定用字的先后顺序。因此，考察东巴文演变时，还需要同时考虑两个因素：其一是同一地域不同时代书写者用字的差异性；其二是同一书写者不同年龄段用字的变化。

（1）同一地域不同时代书写者用字的差异性

通常情况下，在相对封闭的环境中，东巴文的书写风格往往会表现出相似性。多数书写者的用字习惯也呈趋同的特征，形成了稳定的地域特色用字。即使是在同一地域之内，书写者之间也并非就必然存在某种传承关系，可字符形体一旦约定俗成，其用字现象也会朝着比较一致的方向发展。因此，通过考察同一地域不同时代书写者的用字变化，能够揭示不同历史层次东巴字符的演变规律。

以鸣音地区为例，白小丽（2013）对比了不同时代的东巴恩埰华和书写者和积贵在抄写的经书中的用字。和积贵曾接受过汉文教育，阅读了鸣音国民小学五年和附设初中班两年的课程，学习了汉文知识。尽管他在初中毕业后未能继续高中学业，但学习汉文的经历也对他东巴文的书写风格产生了一定程度的影响，使其书写带有汉字一字一音节记录的印记。除此之外，他后期还参与了丽江东巴文化研究室的东巴经卷整理释读相关工作，受鲁甸、丽江大研镇等地区东巴文的影响，和积贵书写的东巴经中出现了各种各样的东巴字符异体形式。白小丽（2013）指出，虽然属于不同历史层次的字符异体可能会出现交错混用的情况，但总有一种异体形式会成为主流的书写形式。因此，考察同一地域不同时代东巴经书的用字差异同样能够反映东巴字符的发展演变规律。

（2）同一书写者不同年龄段用字的变化

在东巴的一生中，涉足的经文书写数量是极为庞大的。一方面，他们所抄经书中的东巴文会不断变化。另一方面，受抄写源、个体阅历等多种因素影响，书写者的风格或习惯也会逐渐发生变化。所以，对字符演变规律的研究，还可以选择书写者前后时间跨度较大的经文抄录本作为研究对象。因为东巴一生所书写的经文就是东巴文构形演变的缩影。通过对比同一书写者不同年龄段用字的变化，可以揭示东巴字符的演变规律。如张春凤（2012）就以东知东巴经书为个案，通过有明确纪年的东知东巴经书中同一东巴在不同年龄段的书写风格来推断东巴所书写经书的时间先后。从东巴个人书写风格推断经书书写年代来考察字符演变的规律固然也是一条合理的研究路径，然而诚如白小丽（2013）指出，按此研究思路分析东巴文字符演变时，需要谨慎判断并排除东巴个性用字的影响。因为东巴的用字变化极富个性特征，不具有普遍性和通用性，不能完全代表东巴文整个文字系统字符的演变规律。

总体而言，从有时间证据的文献视角考察东巴文的演变已经取得了一定的进展，为后续研究提供了思路和基础。然而，目前对东巴文的演变研究仍然面临一些问题。与汉字的发展演变研究相比，东巴文缺乏足够多具有清晰时代性特征的文字材料，难以进行确切的断代研究。在已经整理翻译的东巴文文献中，具有明确时间信息的文献材料非常有限。

二　分域视角下的东巴文演变研究

语言的演化固然要遵从时间序列，但绝对确切的时间一旦成为历史，往往具有模糊性和不确定性。语言学在研究语言演化过程时倡导一种方法学，即方言地理学。这一方法通过分析语言的空间分布来阐释语言的分化演变过程。方言地理学者认为，方言的差异正说明了演变的时间顺序，或者反映为演化过程中的不同层次形式。江荻（2007：50—51）指出，语言的变化与地理位置的变迁密切相关，这主要归因于历史上人们的扩散和迁徙活动。扩散的人群由于地理隔离等原因很少与原居地的人们交往，经过很长一段时间，也就促使了新方言的产生，更有甚者也会演变为新的语言。语言在时间上的不同演变阶段，往往也会通过地域差异直观地呈现出来。

文字的演变与语言的演变类似，都必然遵循一定的规律。因此，探究东巴字符的演变，可以以文献的分域为考察视角，这种研究思路具备较强的科学性，值得尝试。据李霖灿（1984：61—84）研究梳理所示，纳西族历史上的迁徙路线与东巴文文献的分布区域存在极为紧密的关联，两者高度契合。在纳西族沿着川滇民族走廊向南迁徙的过程中，东巴文逐渐形成和演变。在这一迁徙过程中，东巴文的地域差异实际上折射了其历时演变的脉络。地理隔离和交通不便导致各区域相对封闭，以及各地域的区域性特征显著，为深入研究东巴文演变规律提供了一种新的、具有强大可操作性的观察角度。

李霖灿（1984）在《东巴文字的出现与演变》中观察了不同地区的东巴文用字，发现东巴文文字在地理分布、宗教和民俗等方面都呈现出明显的演变线索。结合地理环境的变化和东巴文字的特点，他将东巴文字定义为"在地面上的演变"和"自身的演变"。同时，他还解释了东巴文字从慕田峪河到澜沧江的下行过程中，从图形到文字、从文字到自身的形态变化过程。这一过程有三大规律：从图形到文字的演变、从形到声的演变以及从疏到密的演变。除此之外，他在《论么些经典之版本》（1984）一文中，以纳西族的迁徙路线为基准，按照迁徙路线的次序将么些经典版本的地理分布划分为四个区域。第一区域是位于西康省①无量河流注入金沙江附近的若喀地域；第二区域在第一区域之南，主要村落包括中甸县的白

---

① 西康省是民国时期及中华人民共和国成立早期的一个省，所辖地主要为现在的川西及西藏东部，多数地区是以藏族为主的少数民族聚居地。

地六村和丽江县的剌宝东山二区，该片区域靠近金沙江 N 字大湾北端河套；第三区域更向南，以丽江城附近为中心；第四区域在丽江之西，即鲁甸、维西一带（李霖灿，1984）。通过以不同地域为标准划分的经书版本，可以看出各个地域的经书能够清晰地呈现东巴文在不同发展阶段的情况。邓章应和郑长丽（2013）在李霖灿（1984）的分域研究基础上，从跋语的字词对应关系、使用文字种类、书写行款及跋语中常用语词的用字特点四个方面对各地经书跋语用字情况进行考察，探讨了各地域经文跋语中常用语词的用字特点、差异及影响用字差异的因素。

（一）纳西族迁徙路线与东巴文发展的关系

纳西族的迁徙路线揭示了其支系的发源和演化，而东巴文的兴起与发展紧密跟随在纳西族的迁徙历程中。最早关于纳西族迁徙路线的研究来自方国瑜和和志武（1979）。他们认为，纳西族的起源可以追溯到遥远的古代，最初是居住在我国西北黄河、长江一带的华夏族人。后来，他们向南迁移至怒江上游，再继续向西南到达雅砻江流域，最后定居在金沙江上游流域。喻遂生（2003）提出，在纳西族先民沿着川边民族走廊南迁的过程中，东巴文字逐渐形成并不断演变。这些文字在不同地域间的差异实际上反映了其历史演变的不同阶段。赵心愚（2004）进一步指出，纳西族并非沿单一路线迁徙，其迁徙有多条路线。这些路线有一个共同特点，那就是它们都沿着江河的南北走向。当然也有一些路线是跨越不同流域的。需要注意的是，存在多条迁徙路线可能与纳西族内部不同支系的出现有关。尤其是在丽江纳西族与川滇边区的纳木依人、纳日人在语言等方面存在较大差异的情况下，这种现象更加明显。

东巴文主要分布在金沙江沿岸区域，白地、丽江、鲁甸则是东巴文发展的重要区域。李霖灿（1984）在对多个纳西族地区进行考察以后，认为从文字的地域分布着手能够找到东巴文的发展演变线索。依据纳西族的迁徙路线，他对东巴文在地域上的发展做了一个梳理，分为四个地区：

（1）若喀地区：在东巴文化的初期阶段，若喀地区是其发源地。随着人们沿着无量河向南迁移，并到达无量河注入金沙江的地方，这标志着文字逐渐形成并开始被写成经典的初期阶段。在这个阶段，经典的文字和句子的组织相对较为松散，文字间的空白较大，具有早期手写本的特点。

（2）白地地区：随着无量河注入金沙江，人们带着宗教经典进入了白地地区，即现在的中甸县北地一带。在白地，东巴文化迅速发展，东巴经书数量也急剧增多。白地作为东巴教的圣地，在东巴文化中扮演着重要角色，至今仍有一句俗语传承："不到白地不算真东巴。"

（3）丽江地区：继续南行，人们从白地沿着金沙江的西岸渡过打鼓地方，来到了丽江地区。丽江成为纳西族的大本营，许多重要的经典（如祭风）开始在这里出现，为东巴文化的发展做出了贡献。

（4）鲁甸地区：在丽江发展之后，人们开始向西北方向迁徙，进入了维西县境内的鲁甸地区。在丽江西北区的巨甸和鲁甸山中，几位著名的大东巴如多乌、和世俊、和文裕等崭露头角，为鲁甸地区的东巴文化注入了新的活力。

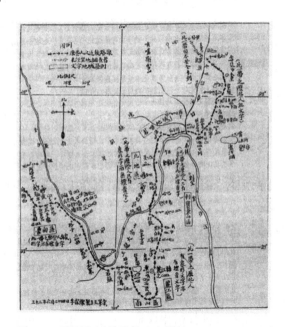

图 2-1　纳西族迁徙路线（李霖灿，1984：75—76）

在鲁甸地区，东巴文化繁荣发展，其中著名的大东巴和世俊享有崇高的地位。他不仅法力强大，还拥有丰富的东巴经书收藏，并创办了"东巴学堂"，培养了众多东巴学生。这些学生后来成为鲁甸地区东巴的主要力量，进一步推动东巴文化的传承和发展。

从上述简略叙述中，我们可以得出一个概念，即纳西族的字形随着迁徙路线呈现出一种平行的发展趋势，越往下游越趋发达。这一趋势可以通过经典中的数字具体证明（李霖灿，1984）。李霖灿（1984：67—68）指出，纳西族东巴经的地理分布呈现出由疏到密的趋势。若喀地区的经文相对稀疏，北地一带稍微密集一些，丽江地区则更为密集，而鲁甸一带的经文在字句组织上最为紧凑。这与历史上纳西族的迁徙、东巴文的形成发展和传播路线相一致。随着时间的推移，经文的字数逐渐增加，从最初的五六个字，到七八个字，再到十三个字，最终的密集版本大约有二十个字。虽然字句组织的密度尚未达到百分之百，但已经非常接近。然而，严格地说，纳西族的形字虽然经历了长时间的演变，但其字句组织至今尚未完成。

（二）东巴经和东巴文分域

学术界通常将东巴经划分为四类：汝卡经、白地经、丽江经和鲁甸经。然而，周寅（2015）在研究中提出，白地经、丽江经和鲁甸经的划分是基于地域的考虑，而汝卡（又称"若喀"）是纳西族的一个分支，其分布范围涵盖了白地、丽江和俄亚等地。目前，关于汝卡东巴经的出版资料相对较少，只有钟耀萍（2010）发表过一些片段。本研究主要从地域的角度对东巴经和东巴文进行研究。考虑到汝卡作为一个独立地区的合理性有待商榷，因此本研究并未将该地区的东巴文纳入分域比较的范围，而是专注于对白地、丽江和鲁甸三个地区的东巴文进行分地域的比较研究。白地位于纳西族迁徙路线的上游地带，东巴文从白地逐渐传播至丽江，并在鲁甸地区达到了发展的高峰。

图 2-2　东巴文地域分布图（周寅，2015：48）

（1）白地

白地位于香格里拉县东南部的三坝纳西族民族乡，是该乡的政治与文化中心。这个地方对东巴教而言具有神圣的地位，因为它是纳西东巴文化的发源地。在东巴教中，白地的地位独特且无可替代。和志武（1989）指出：白地不仅是东巴教的圣地，还孕育了著名的阿明大师。这里拥有白水台和阿明灵洞等名胜古迹。这里的象形文字和东巴经书保持着古老而独特的风格，是东巴文化的核心区域。与其他地方不同，白地没有受喇嘛教和佛教寺庙的影响，因此受到的外来文化冲击相对较少。此外，这里的经书不使用标音文字（哥巴），学者们普遍认为这里的大东巴具有深厚的学识和高尚的品德，因此在民间流传着"白地东巴最贤能"的说法。大约在公元 8 世纪末叶，纳西族开始向金沙江流域的滇西北地区迁移，其中白地的纳西族就是在这一时期选择在这里定居的。

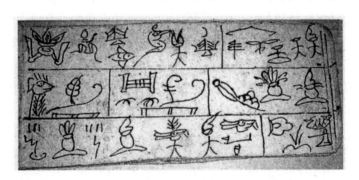

图 2-3　白地东巴经示例（周寅，2015：48）

（2）丽江

丽江，作为纳西族的发源地，见证了纳西族从迁徙到定居的历史转变。自元末明初以来，丽江不仅成为纳西族社会的政治与经济中心，更成为文化的核心。这片土地孕育了独特的东巴文化，使其成为一个文化重镇。在清朝末年和民国时期，丽江涌现出众多杰出的大东巴，其中以白沙的久知老、和诚，大研镇的和凤书，长水的和洒泉，五台的和芳，贵峰的和文灿以及汝南化的康爸才等尤为著名。他们的贡献使东巴文在丽江地区逐渐成熟，并为后世留下了宝贵的文化遗产。洛克博士所收集的东巴经中，大部分都源自丽江的大东巴们。为了深入研究丽江地区的东巴文化，本研究特别选取了白沙、大研镇、黄山和七河这四地具有代表性大东巴的经书作为文字研究的对象。这些经书不仅是丽江东巴文化的瑰宝，更是纳西族历史与文化的重要载体。

图2-4　丽江东巴经示例（周寅，2015：48）

（3）鲁甸

鲁甸，位于丽江与维西的交会之地，见证了纳西族的历史变迁。在清朝末年和民国初期，一些纳西族人离开丽江太安，沿着金沙江向西迁移至巨甸、鲁甸、塔城和维西等地。这次大迁徙不仅改变了他们的生活轨迹，也使得东巴文化在这些地方生根发芽。如今，这一区域已经成为东巴文化的核心地带，无论是历史积淀还是文化繁荣程度都达到了顶峰。鲁甸地区不仅涵盖了巨甸、塔城和维西等纳西族聚居的区域，更在东巴文化的传播中扮演了重要角色。历史上，这一地区不仅是东巴文化的传播终点，更是其最发达的地区。如今，随着时间的推移，这一区域的东巴文化得到了较好的恢复和发展。值得一提的是，鲁甸地区的和世俊、和文质、和乌尤等大东巴，他们不仅是当地的名人，更是东巴文化的重要传承者。他们不仅收藏和抄写了大量经书，为后世留下了宝贵的知识财富，还培养了许多东巴学生，为东巴文化的传承和发展做出了巨大贡献。因此，选取这些大东巴的经书进行文字研究，对于深入了解鲁甸地区的东巴文化具有重要的典型性和代表性意义。他们的努力和贡献不仅丰富了纳西族的文化底蕴，更为我们提供了一个了解这一古老文化的窗口。

东巴文化自白地发源，在丽江得以壮大，最终在鲁甸达到顶峰。由于各个地区的发展时间不同，加上交通和传播的不便，白地、丽江和鲁甸三个地区的东巴文逐渐形成了独特的地域特色。这些地域特点在一定程度上反映了东巴文化的发展历程。为了更好地理解和研究东巴文化，对白地、丽江和鲁甸三个地区的东巴经进行整理和分类显得至关重要。通过深入研究不同地域的东巴文字结构，我们不仅能揭示其独特性，还能追溯其演变

图 2-5　鲁甸东巴经示例（周寅，2015：49）

的历史轨迹。这项工作不仅具有重要的学术价值，而且对于保护和传承东巴文化具有深远的意义。

（三）东巴文分域演变研究

李霖灿（1984）根据纳西族的迁徙路线，描绘了东巴文的发展历程。他（1984：61—84）指出，东巴文的象形字起源于木里境内的无量河一带，随后在白地等地得到繁荣发展。当这些文字到达丽江地区时，东巴文经典作品的数量已经达到了千余之多。在鲁甸地区，东巴文逐渐开始呈现出逐字记音的趋势。在演变过程中，东巴文经历了各种变革，从图逐渐转化为文，从形向音转变，并从疏变得密。和志武（2008：156—159）也认为，目前在丽江、中甸、维西等县纳西族西部方言地区流行的象形文东巴经属于白地系统，这些文字是从白地传播和发展而来的。他特别提到了阮可文和玛丽玛莎文这两种变体文字，并将它们与东巴文进行了详细的比较。

喻遂生积极推动了东巴文字的分域研究。他不仅亲自进行田野调查，走访白地、俄亚等地，还指导弟子们前往这些地区进行实地考察，整理东巴文文献典籍。在他的指导下，弟子们完成了多篇博士学位论文，为东巴文分域研究作出了重要贡献，进一步推动了东巴文研究的进程。

杨正文（1999）在《最后的原始崇拜——白地东巴文化》一书中，基于李霖灿（1984）关于纳西族迁徙和文字发展的研究，提出东巴象形文字经历了三个阶段：原始起源、成熟发展和变异融合。这些阶段不仅反映了文字形态的变化，也体现了纳西族社会文化的演变。在原始起源阶段，东巴象形文字主要出现在木里境内的无量河一带，这一时期的文字形态较为简单、原始，主要用于记录和传达一些基本的生产生活信息。这一阶段的文字数量较少，但却是东巴文发展的基础。随着纳西族的迁徙和扩张，东巴象形文字进入了成熟发展阶段。这一时期的文字形态已经相对成熟，不仅数量大幅增加，而且表达的内容也更加丰富多样。这一阶段的文字主要集中在白地一带，成为纳西族社会文化交流的重要载体。变异融合阶段则是在纳西族社会文化受到外来影响后，东巴象形文字逐渐发生变异的时期。这一时期的文字不仅形态上有所变化，表达的内容和形式也受到了外来文化的影响。丽江地区的东巴文在这一阶段逐渐发展壮大，成为纳西族文化的重要代表之一。通过以上三个阶段，可以清晰地看到东巴象形文字的发展脉络和纳西族社会文化的演变历程。这一过程不仅是文字形态的变化，更是纳西族文化传承和创新的过程。杨正文的研究为理解东巴象形文字的发展和纳西族文化提供了重要的参考。

王元鹿（2001）在《由若嗜字与鲁甸字看纳西东巴文字流播中的发展——兼论这一研究对文字史与普通文字学研究的意义》一文中，利用有限的数据，采用模糊和抽样统计的方法对李霖灿字典中的两种地域文字进行了比较研究，得出以下两点结论：（1）关于东巴文的流播路线：东巴文经历了一条漫长的流播路线，其起始端可能是若嗜地区的若嗜字的早期状态，而终点则是鲁甸一带的东巴文。这一结论揭示了东巴文在流播过程中逐渐发展和演变的过程。（2）关于若喀文与鲁甸文的差异：若喀文和鲁甸文是纳西族使用的两种相关文字，但它们在文字史上所处的阶段有着明显的差异。若喀文处于东巴文的早期阶段，而鲁甸文则处于东巴文的表词—意音文字阶段。这表明这两种文字在发展过程中有不同的特点和阶段。此外，王元鹿还从文字史和普通文字学的角度总结了若喀文和鲁甸文的性质、状态以及东巴文在普通文字学上的重要价值。他强调了东巴文作为一种活着的象形文字系统，对于理解文字的起源、发展和演变过程具有重要意义。

甘露（2005）对东巴文假借字进行了深入的比较研究。这项研究主要关注白地、丽江、鲁甸等地的东巴文，其目的在于深入了解不同地区的东巴文在发展和演变过程中的异同。通过对比不同地区的东巴文，甘露发现假借文字的现象在这些地区都存在，但具体的表现形式和程度有所不同。她指出，这种现象的出现与当地的社会文化背景、语言环境以及文字使用的习惯等因素密切相关。此外，甘露还探讨了假借文字现象在不同地区东巴文中的分布特征，以及这些特征所反映出的地域差异和历史演变轨迹。甘露的研究不仅丰富了我们对东巴文假借文字现象的认识，还为我们提供了从地域文化背景角度研究文字发展的新视角。通过比较不同地区的东巴文，我们可以更好地理解文字与地域文化之间的互动关系，以及文字在传播和发展过程中所经历的变革和影响。

钟耀萍（2010）详细描述了纳西汝卡地区的东巴文字情况。该文主要从文字的起源、结构、使用情况以及文化背景等方面进行了深入探讨。她指出，汝卡东巴文字作为纳西族古老的传统文字，具有独特的结构和特点，反映了纳西族的历史、文化和语言发展历程。通过对比其他地区的东巴文字，她进一步分析了汝卡东巴文字的独特性和差异性，并探讨了其背后的社会文化因素。此外，钟耀萍还对汝卡东巴文字在现代社会的应用和传承进行了研究。她发现，尽管受到现代文化和科技的冲击，汝卡东巴文字仍然在当地保持着一定的生命力。一些传统的民间活动和仪式中仍在使用这种文字，而一些年轻的东巴也开始致力于传承和发展这种古老的文化遗产。

曾小鹏（2011）对俄亚地区的东巴文字进行了深入的探究，详细描述了俄亚地区东巴文字的起源、结构、使用情况和文化背景。通过田野调查和文献分析，曾小鹏揭示了东巴文字在俄亚地区的独特表现和地域特征。他指出，东巴文字作为一种象形文字系统，在俄亚地区具有特殊的意义和价值，是纳西族历史、文化和语言传承的重要载体。此外，他还对东巴文字在现代俄亚地区的应用和传承进行了研究。他发现，尽管受到现代文化和教育的冲击，东巴文字在俄亚地区仍然被广泛使用于一些传统的民间活动和仪式中。同时，当地的纳西族居民也积极致力于保护和传承这种文化遗产，使得东巴文字得以延续和发展。

郑长丽（2012）在《〈纳西东巴古籍译注全集〉跋语研究》一文中，对跋语配置进行了深入研究，并从地域划分的角度对各地区的东巴及其人物进行了整理和研究。这篇文章主要关注跋语在纳西东巴古籍中的位置和作用。郑长丽通过研究发现跋语在古籍中具有非常重要的地位，不仅提供了关于书籍的背景信息，还反映了东巴的学术思想和传承历史。在地域划分方面，郑长丽以《纳西东巴古籍译注全集》为基础，系统整理和研究了各地区的东巴及其人物。她发现不同地区的东巴在学术思想、传承方式等方面存在一定的差异，这些差异在跋语中得到了充分体现。通过研究跋语配置和地域划分的思路，郑长丽进一步揭示了纳西东巴文化的多样性和独特性。她认为,跋语作为一种重要的文献资料,对于我们深入了解纳西族的历史、文化和语言具有重要意义。同时,从地域划分的角度研究东巴及其人物,有助于我们更好地认识和理解纳西族不同地区的文化特点和传承方式。总的来说,郑长丽的研究成果对于我们深入了解纳西东巴文化具有重要的学术价值,并为进一步研究纳西族的历史文化和语言提供了有益的参考。

和继全(2012)对白地波湾村的纳西族东巴文字进行了系统的研究。他的文章主要从文字的起源、结构、使用情况以及文化背景等方面进行了深入探讨。和继全指出,白地波湾村的东巴文字作为一种象形文字系统,具有独特的结构和特点,反映了纳西族的历史、文化和语言发展历程。他通过田野调查和文献分析,详细描述了白地波湾村东巴文字的形态、书写规则和语法特点,并对其在当地的应用和传承情况进行了研究。此外,和继全还从社会文化角度分析了东巴文字在白地波湾村的重要性和影响。他认为,东巴文字不仅是纳西族文化传承的重要载体,还是当地居民日常生活和交流的重要工具。通过东巴文字,纳西族人民得以记录和传达历史、宗教、文学等方面的信息,并在传统文化和现代社会之间架起了桥梁。

邓章应(2013)对东巴经和东巴文字进行了详细的研究,并对其进行了明确的区分。他梳理了东巴文字的演变过程,揭示了从起源到现代的发展轨迹。杨亦花(2013)通过田野调查对东巴祭祖经进行了研究,获得了关于各地纳西族祖典的第一手材料。此外,她还发表了两篇关于东巴文字和断代方法地区差异的文章。其中《"东巴什罗"字形在各地经典中的差异及其分析》(2012)一文探讨了不同地区纳西族经典中"东巴什罗"文字的差异,分析了这些差异产生的原因及其在纳西族文化传承和发展中的影响。《纳西东巴文分域与断代研究》(2013)则对东巴文字在断代方法上的地区差异进行了研究,结合田野调查和文献资料,比较了不同地区东巴文字的书写风格、符号演变和传承历史等方面的差异,并进行了科学的分析和推断。

第四节 小 结

东巴文作为"唯一活着的象形文字",具有丰富的文献资料和仍在使用的实际应用场景,为研究者提供了大量珍贵而真实的第一手资料。众多学者构成了庞大而有力的研究队伍，为东巴文研究作出了显著贡献。截至2023 年，东巴文研究在国家社科领域取得了显著进展，涵盖了国家社科基金的多个项目，包括 2 项重大项目、2 项重点项目、5 项一般项目、2项西部项目以及 6 项后期资助项目。这些项目反映了国家对推动东巴文研究的高度重视和支持，为深入探讨东巴文化的各个方面提供了强有力的资金支持。此外，东巴文研究还呈现出国际化的趋势。早在 2003 年，东巴文古籍文献就被联合国教科文组织列入世界记忆遗产名录，彰显了其在全球文化遗产中的重要地位。与东巴文密切相关的造纸工艺和东巴绘画也被列为国家级首批非物质文化遗产，为东巴文化在国际上的认可和传播打下了坚实基础。这些荣誉和认定不仅肯定了东巴文化价值的独特性，也为其在国际交流中发挥更大作用提供了支持。这一国际化趋势为将东巴文研究发展成为中国文字学研究的另一支重要力量提供了良好的契机。

本章在回顾东巴文文献资料的搜集、整理与辞典编纂工作基础上，梳理了文字学、比较文字学和语言学视角下的东巴文构形研究，并重点回顾了从有时间证据的文献和东巴文迁徙地域分布角度研究东巴文演变的研究。通过以上文献综述可见，目前东巴文的构形研究虽然从研究对象的广泛性来说成果颇丰，但还是有以下三点局限：

第一，过去的东巴文研究主要依赖于二手材料，如东巴文字辞典等，因此研究结果往往呈现出静态的、举例式的特点。原典中的生动材料较少被充分利用。随着《纳西东巴古籍译注全集》等丰富的东巴文文献的公布，东巴文研究亟须改变取材方式。喻遂生（2008）在研究过程中指出，以东巴原点为主的研究方法逐步受到了人们的认可，以字典为主的研究方式逐步被取代，旨在推动东巴文研究走向更加科学的方向。这一方法的提出意味着研究者将更加直接地深入东巴文化的核心，通过原典的详细分析和研究，揭示其中蕴含的更为深刻的文化内涵和历史价值。这一转变将有助于深化对东巴文的理解，为东巴文研究注入新的活力和深度。

第二，以往研究有停留于形式和指涉层面的描述，较少关心概念层面的考察；有重构成解析，轻字的意义建构过程分析的局限。受传统研究模式的制约，目前关于东巴文构形的研究成果主要集中在字形方面的讨论，多数借鉴了汉字研究的理论，如传统的六书、字素理论以及构形学理论等（王元鹿，1988；喻遂生，2003；方国瑜，2005；郑飞洲，2005；李静生，2009；曾小鹏，2013 等）。然而，对于东巴文构形自身特征，尤其是对于在线意义构建的独创性成果，尚未有深入的研究。实际上，文字的创造本质上反映了造字者的认知方式，因此要深入研究东巴文构形的机理，必须结合构形产生的认知机制。近年来进行的东巴文构形研究、文献用字研究以及语境异体字研究等都是对东巴文构形方式进行有益尝试的例证。虽然白小丽（2014）已经提及了东巴文构形动力的整体性概念，但概念构成和操作的内部过程视角尚未被运用于对东巴字构成和发展的分析。

第三，以往研究有囿于共时平面的静态描述，未作历时动态考察的局限；即便是做动态考察，也忽略了东巴文材料的分类断代，所谈演变有臆测之嫌。在《纳西东巴文文献学纲要》（2009）中，喻遂生特别指出了目前东巴文文献研究存在的不足以及亟须努力的方向，包括对东巴文产生、传播和演进过程缺乏深入研究等问题。与此同时，他呼吁探寻解决之道，主张从文献材料的地域多样性、文字体系、语言特色、东巴文化传承、纳西族民族的迁徙历程等多方面着手。他强调，实际上东巴经中描绘的送魂路线正是纳西族民族迁徙路线的倒叙排列，各地东巴经的异同或多或少折射出时代的差异，字词关系的紧密程度也与时代息息相关，这些方面都值得深入研究。这一整体性的研究视角为深刻挖掘东巴文化内涵提供了新思路和方法，有助于更全面、深入地把握东巴文的演进历程和发展规律。

东巴文的演化伴随着纳西族的南迁过程逐渐展开。在这一迁徙的轨迹中，东巴文在不同地域呈现出的差异实际上反映了其历时演变的独特特征。这种地域性的变异，是东巴文发展过程中所具有的显著特点之一。然而，以往的研究主要集中于单一领域的东巴文化调查，忽视了对东巴文演变的区域性特征、机理以及不同地域和时期纳西族所处的内外环境对东巴文区域性构形演进机制的调控作用。其提出的解决方案强调了综合多方面的因素，有助于更全面深入地理解东巴文的发展和演变过程。

本研究以纳西族迁徙路线"白地—丽江—鲁甸"三地刊布的东巴经为文献依托，运用概念整合理论对不同地域东巴字意义构建进行机制解释和比对，以深刻揭示东巴文构形演变的规律，并探讨其与民族社会生态环境的紧密关联。

第三章

理论基础

概念整合理论是 Fauconnier 和 Turner 在心理空间理论基础上提出来的，旨在通过揭示心理空间之间的映射与投射关系，揭示语言在线意义构建背后的认知规律。概念整合的过程就是输入空间的部分成分和结构选择性投射到合成空间，通过组合（composition）、完善（completion）和细化（elaboration）三种整合操作形成层创结构（emergent structure）的过程。从各输入空间来的不同元素之所以能有机地结合在一起，是因为这些元素之间本身存在变化、同一性、时间、空间、使因—影响、部分—整体等照应性关系，被称为关键关系（vital relations）。概念整合的过程就是通过关键关系的压缩产生层创结构的过程。

第一节 心理空间理论

20 世纪 70 年代开始，语言研究开始由客观主义与形式主义向非客观主义与功能主义转变。认知语言学在广泛吸收哲学、认知心理学、认知神经科学、人类学等学科的研究成果基础上，逐步发展成为语言研究的新范式，并取得了丰硕的成果。心理空间理论正是这一大背景下由 Fauconnier 和 Turner 所创立。该理论建立之初旨在解决逻辑和形式主义语言学指称的隐晦性和预设投射问题，通过建立不同的心理空间并运用可及性原则为这些困扰逻辑和形式主义语言学的问题提供统一的解释。在 1978 年弗洛伦斯的学术会议上，心理空间理论及其在所指、前提等问题上的应用引起了与会语义学家 Hans Kamp 和 Franz Guenthner 的注意。此后该术语一直被用于语义分析，并在内涵方面区别于可能世界、认知域等概念。Jachendoff（1983）的概念语义学中也提到了虚拟空间或者心理空间的概念，用以区分现实和表征两个层面。Fauconnier（1985）比较全面系统地介绍和分析了心理空间理论。Fauconnier 和 Sweetser（1996）将该理论应用于语法与思维过程的研究，进一步拓展了心理空间理论的研究范围。Fauconnier（1997）则进一步扩展了心理空间理论研究的范式。Dancygier 和 Sweetser（2005）运用心理空间理论探讨了条件构式的语义和句法问题。Fauconnier 和 Turner（2002）的专著《我们思维的方式：概念整合与思维的隐含复杂性》（*The Way We Think*：*Conceptual Blending and the Mind's Hidden Complexities*）中，在心理空间理论基础上提出和发展了概念整合理论，并进一步完善了心理空间及概念整合理论的内部架构和制约原则，从而使得心理空间及概念整合理论成为认知语言学重要的研究范式之一。Coulson（2001）不仅探讨了心理空间及概念整合理论在语言理解中的作用，并且从认知神经科学上对心理空间及概念整合进行了实证研究，奠定了概念整合的神经心理基础。

　　心理空间理论重点关注意义构建，即人们思考、做事和交际过程中所进行的高级、复杂的心理运算（Fauconnier，1985，1994，1997）。心理空间并不是语言形式本身或者语义结构本身的一个部分，而是语言结构中相关信息的"临时性容器"，是语言使用者在语言交际的过程中分派和处理信息的虚拟性概念框架。Fauconnier（2007：351）认为，心理空间是指人们在思考和说话时，为了局部的话语理解和行为而构建的部分信息集合。它包含了空间组成成分和结构化的框架及认知模式，并与人们长时记忆中的图式化和具体知识相连接。心理空间主要探讨的是语言形式背后的幕后认知，其内容包括心理空间中的元素及由元素所构成的框架，相同的内容可以通过不同的心理空间构建词来建构出不同的心理空间表达。每个空间的内部结构由框架和认知模型来决定，通过连接语（connectors）与外部空间发生联系。心理空间中的元素涉及角色（role）和价值（value）两个方面，其中角色的特征是由理想化认知模型（idealized cognitive model，ICM）和框架来限定。但是，理想化认知模型和框架并不是心理空间内的元素，只是提供连接角色的关系结构，也是构建心理空间以表征概念结构的成分。心理空间与长时记忆中的抽象知识相联系，随着话语和思维的展开不断建构和发生变化，各种不同的认知映射连接多个心理空间，从而形成了心理空间网络。实现心理空间的构建和连接的语言手段主要包括空间建构语、名字和描写、时态和语气、预设构建、跨空间运作语和成分辨认。

心理空间的构建有许多来源，它可以源自我们已知的一套概念域，比如吃和喝、买和卖、在公众场合的社会性交谈等；也可能来源于我们的即时经验，例如当看见 Julie 在 Peet 的店里买咖啡时，人们在头脑中就构建起了 Julie 在 Peet 的店这样一个心理空间；此外，心理空间也可能是以话语为基础构建的。随着话语的展开，头脑中会构建起一系列丰富而相互关联的心理空间，关注的视点也会从一个空间向另一空间转换。

心理空间是动态的。它在工作记忆中被构建，但也可以固化（entrenched）在长时记忆中。框架就是我们可以立即激活的固化的心理空间。心理空间可以由具体或抽象的框架组织而成。以"拳击""打斗""竞争"为例，"拳击"是十分具体的框架，"打斗"框架较为抽象，而"竞争"框架则更为抽象。组织心理空间的框架都有其各自的等级性、意象图式、力量动态模式和关键关系（Fauconnier，2007：352）。

一 心理空间理论与语言

心理空间理论建立在认知神经科学的基础之上。心理空间就相当于一组组被激活的神经元组合体，而心理空间中的成分之间的连接则对应于神经结构和模块的同时激活绑定。Fauconnier（1985，1994，1997）把语言形式看作这一系列复杂认知程序的触发机制，只有当这些认知程序启动后，人们才能构建意义。"语言并不携带意义，语言引导意义"（Fauconnier，1985，1994：XXii）。语言只是认知建构的冰山一角。也就是说，语言并不能直接参与认知建构，语言只是丰富的幕后认知的引子，即向我们提供少量的但是充分的提示或线索。当这些提示或线索与人脑中业已存在的结构、框架、认知模型等相结合时，语言方能产生意义，其结果的丰富程度远远超过语言形式所表达出来的显性信息。因此，心理空间就是描写人的幕后认知的工具，是对心理表征的一种刻画，可以通过它来分析人如何运用概念、语境知识、背景知识、图式归纳和认知映射等能力来构建意义。心理空间具有流动性和动态性，随着话语和思维的展开，一系列的心理空间被顺次激活，心理空间之间建立连接关系，认知映射开始发生，心理空间的内部结构逐渐显现、扩展或者淡化、消失。人们日常交谈、思维和推理就是通过这种隐身于幕后的高度抽象的心理表征进行的，在这些意义构建的过程中，语言特别是语法起着尤为重要的作用，这些由语法协助的心智建构支撑着我们的日常谈话和一般思维。语言作为一种可见的连接，帮助我们建立和识别、辨认心理空间内部的成分和关系，将隐性的幕后认知操作和思维过程与显性的行动连接起来。心理空间不是现实或可能世界的表征，然而，它的构建表征了我们的谈话和思维的方式。

二　心理空间理论的意义建构观

Lakoff 和 Johnson 将认知科学分为第一代认知科学和第二代认知科学，认为认知语言学建立在第二代认知科学基础之上，其哲学基础、心理学基础和语言观都与第一代认知科学截然不同。第一代认知科学深受客观主义影响，采取严格的二元论观点，认为范畴、特征、关系等是客观存在的，独立于意识的。人类的心智、意义仅是外部世界的内部表征，是对自然的客观镜像，可正确推理出外部世界的范畴和逻辑，与人的身体经验、神经系统、主观因素无关，因此对意义持两种态度：一是意义是符号运算的结果，是完全根据符号内部的关系获得的；二是意义被视为外部世界的内部表征，符号与外部世界相对应，通过这种对应性获得意义。而第二代认知科学则认为概念结构来自感觉运动经验和神经结构。心智结构是与我们的身体和经验相连接的，因此它在本质上是有意义的，不可能被无意义的符号所描写。思维基于身体经验，意义就通过身体经验固定下来，因此思维也不可能基于符号运算，没有意义的符号不能确切代表概念。意义是通过大脑和身体产生的，不是通过符号与世界的连接产生，也不是通过所谓的集论模型产生的。认知语言学的哲学基础是体验哲学，着重从认知角度深入分析人类思维、语言与身体经验、外部世界之间的辩证关系，研究语言与认知模式、知识结构，以及与神经系统、心理、生物基础等之间的关系。要将这些关系论述清楚，就必须将语义研究置于最核心的地位，因此，从认知角度研究语义就产生了认知语义学。心理空间在意义建构观上就属于认知语义学范畴，其理论基础不同于形式主义语义学。Lakoff 和 Johnson（1999：497）认为，认知语义学主要研究人类的概念系统、意义和推理，并强调人类的经验能力和认知能力，认为没有独立于认知以外的语义，也没有独立于人类认知以外的客观真理。他们坚决反对客观主义的真值对应论、真值条件语义论，认为语义是一种心理现象，语义的形成与人类概念的形成同时并举。心理空间理论的意义建构观与认知语义学的基本观点是一脉相承的。心理空间理论认为，句子并不是表达命题的，自然语言的句子是一些未完全标明的信息，这些信息与语境信息、背景知识的结合引导我们进行认知的意义建构，而语法在意义建构中主要起提示和引导作用，语言背后的幕后认知才是心理空间的主要研究部分，所以心理空间的建立不仅仅是通过明确的空间构建语，更多地是通过非直接的语法意义及非语言的语用、文化和语境等因素建立的。

三　心理空间理论对跨域函数的发展

跨域函数（cross-domain functions）是心理空间理论的一个重要贡献。人们在进行任何形式的思维时，特别是以语言为媒介进行交流、阅读等活动时，大脑开始形成、构建和连接认知域。随着思维的发展，大量心理空间构建起来使得人类思维得以连贯顺畅地展开。指称、推论和各种结构性投射都是通过结构化的心理空间之间相互连接进行操作的，这种空间与空间之间的对应成分和投射结构之间的连接就是跨域函数。语言中，特别是语法和词汇是标示和检索认知建构的强大而有效的手段但不是唯一的手段。语言形式制约着心理空间的动态建构及心理空间之间的连接，标志着不同空间的对应成分得到连接，并形成映射结构。例如我们实实在在地看到下雨的场景和绘画中的雨景，会建立两个空间——现实空间和绘画空间，这两个空间都有一个"雨景"，它们是彼此对应的成分，通过空间连接感觉具有同一性的一个情景，它们一个鲜活生动，另一个不过是水墨构成的画；从主观的体验来说，两者的区别也很显著。但是人们能够通过认知操作，将原本属于不同认知域中的实体、框架和结构连接应用到同一事物。Kamp（1984）的话语表征理论和 Seuren（1985）的话语语义学通过同一性建立了不同空间之间的对应结构，但 Fauconnier 认为仅仅通过同一性的连接是远远不够的，同一性只是众多跨空间概念连接手段的一种方式，虽然它有可能是最明显最典型的跨空间的概念连接，但从认知语义学的角度来看，类比、隐喻性映射、角色与价值、语用转喻等都可以建立跨域连接，都是跨域函数。连接不同心理空间的基本关系包括同一性、类推表征关系和因果关系等。"心理空间不能通过语言进行充分的标示，从空间结构到语言形式之间并没有什么算法规则，心理空间的构建高度依赖于预先存在的结构，如可用的框架、认知模式、跨空间映射和社会框架的局部特征以及现存世界的真实特征等。"（Fauconnier，1997：17）

四　心理空间理论对认知映射的发现

意义建构是认知科学的基石之一，认知语言学的研究目的就是说明意义构建的运作过程、涉及的认知域及它们在语言中的反映。心理空间的一个最主要的发现就是认知映射（cognitive mappings）。连接心理空间的认知映射是意义建构的一个核心组成部分。由类比、隐喻、转喻等构建的多空间结构，包括来源空间、目标空间、类属空间和合成空间，这些空间之间能相互投射成分或者结构。心理空间理论认为，语篇的加工和处理是一个建立包含若干相互关联的心理空间的过程。在此过程中，语言使用者利用空间构造语（space builder）构建出与现实空间（reality space）相对的一系列心理空间，如时间、信念、愿望、可能性、虚拟、空间位置等等。空间内有各自的语义结构元素，相同的语义结构元素之间可以通过跨空间映射建立对应关系。意义建构和认知映射紧密关联，一方面，映射为意义和推理现象提供总的规程和原则；另一方面，映射使我们能够洞察认知域的组构情况。Fauconnier（1997：1）指出："域之间的映射是人类独特的生成、转换和处理意义认知能力的核心部分。""映射原则不仅运作于最高层次的科学、艺术和文学思维中，也运作于一般性的推理和句子意义的生成与理解之中，基本语义、语用和所谓的高层推理都基于相同的映射运作和原则。"（Fauconnier，1997：5）Fauconnier（1997：8—13）将映射分为投射映射（projection mappings）、类比映射（analogical mappings）、语用函数映射（pragmatic function mappings）和图式映现（schema mappings）四类。此外，Fauconnier还提出了一个跨空间映射的基本认知原则——可及性原则（access principle，或称辨认原则，identification principle）。该原则是指：假设有元素 a 和 b，通过映射功能连接，即 F［b = F（a）］，则我们可以通过指称、描述和指向 a 来找到 a 对应的 b（Fauconnier，2007：353）。Fauconnier认为概念映射的可及性是语言以一般规则和系统的方式反映意义建构的重要方面，在条件句、违实句、隐喻、转喻、语用功能等现象中认知映射都起着重要的作用。认知构建和概念连接的一个关键特征就是可及性原则，其中用来辨认的成分叫作触发词（trigger），被辨认的成分叫作目标词（target）。心理空间理论指出，语言的生成和理解涉及一系列心理空间的连续层级构型，这些构型随着话语的展开而不断进行调整，并受到语义、语用和认知等多种因素的制约。"认知映射和整合是意义构建的核心，Langacker、Talmy 和 Fillmore 研究的句法结构是高层类属空间的表征，结合词项本身的结构，他们能被映射和整合到更具体的空间，这种一般图式允许结构的多个层次自然投射到一个给定的心理空间结构中。"（Fauconnier，1997）

五　心理空间理论对框架化和视点的应用

心理空间理论特别重视框架化和视点的作用。认知语法和构式语法很早就注意到句法结构是进入一般框架的一种方式。这些框架通过词汇标示等手段映射到更为具体的框架中，甚至这些框架会依次映射到由局部语境、空间连接和相关的知识和文化背景决定的更具体的框架中。从这种意义上来说，空间建构就是框架的建构，框架提供了驱动跨空间映射的抽象推导图式。话语建构过程具有高度的流动性和动态性，同时也充满了局部创造性，如空间中范畴的创立、时间的连接、新框架的在线建立等等，而语法的作用在于唤起语境中的类属框架以便于操纵更具体的框架。意义建构过程的动态性决定了话语和思维的参与者必须随着心理空间和空间与空间之间的连接路径来构建意义，这一目的可以通过视点以及视点的转换来实现，因为视点和视点的转换能通过时、体、照应、空间构建语及其他认知操作进行语法上的编码。Fauconnier（1997）认为，心理空间由基础空间（base space）、焦点空间（focus space）、视角空间（viewpoint space）和事件空间（event space）四个基本元素组成。基础空间即现实空间，是整个空间构建开始的基础，是最先建立的起始空间；焦点空间即为当前注意力聚焦的空间，是谈话或思维正在增加内容的空间，也是正在进行内部建构并受到关注的空间；视角空间使其他空间的可及、构建或建立成为可能，是其他空间建构或者进入其他空间的来源空间；事件空间与句子陈述的事件相关，是与正在交谈或思考的事件或状态的时间相对应的空间，所以事件空间经常与焦点空间重叠。一个心理空间中这四个方面的变化会导致心理空间的转换，语篇正是依赖于这四类空间的动态组合，才得以向前推进。

第二节　概念整合理论

概念整合理论是 Fauconnier 和 Turner 在心理空间理论基础上提出来的，其目的是通过心理空间之间的映射和投射关系揭示语言在线意义构建背后的认知规律。Fauconnier（1997）和 Fauconnier 和 Turner（1998a）对概念整合的性质和过程进行了初步探讨，提出了输入空间、类属空间和合成空间构成的概念整合网络，说明了合成空间的整合机制、原则及其在指称和语法研究中的应用问题。Coulson（2001）阐明了概念整合的框架转换基础，并运用事件相关电位（ERP）的实验研究佐证了概念整合的神经生理基础。Fauconnier 和 Turner（2002）是概念整合理论的集大成者，不仅在心理空间理论基础上比较系统、全面地阐释了概念整合理论，还对其内部架构和制约原则进行了探讨，详细介绍了人类如何运用概念整合进行说话和思维。概念整合理论的研究成果除了散见于各种论文集和期刊以外，从 2000 年开始，语言学界三种著名期刊《认知语言学》《语用学学刊》《语言与文学》先后出版了概念整合专刊，进一步推动了该理论的研究。下面从概念整合的基本框架、网络类型、运作机制、概念整合的优化原则以及与整合相对应的分解这一概念来介绍概念整合的核心思想。

一　概念整合的基本框架

在认知科学里，人们一直关注认知域之间的映射问题。概念整合是一组非组构性的过程，在此过程中，意义建构的想象能力被唤起，从而产生层创结构。Fauconnier 和 Turner（1994，1998a）认为，概念整合发生于概念整合网络之中，概念整合网络就是说话者根据语境信息和背景知识构建的框架所形成的心理空间网络。典型的概念整合网络包括四个空间，即两个输入空间（input spaces）、一个类属空间（generic space）和一个合成空间（blended space）。各空间之间通过跨空间映射（cross - space mapping）进行对应连接（counterpart connection）。输入空间为其他空间提供成分和关系，两个输入空间之间存在部分结构对应关系；类属空间包含两个输入空间的共享结构，同时又与输入空间之间存在映射关系；两个输入空间的部分成分和结构选择性投射到合成空间，通过组合（composition）、完善（completion）和细化（elaboration）三种整合操作形成层创结构（emergent structure）。层创结构不存在于原有的输入空间中，体现了概念整合的创造性。概念整合中的任一空间都能随时得到调整，不但输入空间可以影响合成空间反过来合成空间形成之后也可以影响并调整输入空间。如图 3-1 所示：

在基本图解中，圆圈代表心理空间，实线代表输入空间之间的匹配和

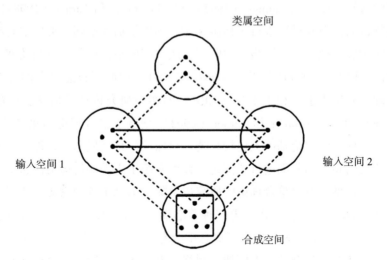

图 3-1　概念整合网络示意图（引自 Fauconnier, 1997: 151）

跨空间映射，虚线指输入空间与类属空间或合成空间的连接，合成空间中的实体方框代表层创结构（emergent structure）。下面以经典的"佛教僧侣谜题"来阐释概念整合的基本框架：

[3.1] A Buddhist monk begins at dawn one day walking up a mountain, reaches the top at sunset, meditates at the top for several days until one dawn when he begins to walk back to the foot of the mountain, which he reaches at sunset. Make no assumptions about his starting or stopping or about his pace during the trips. Riddles: is there a place on the path that the monk occupies at the same hour of the day on the two separate journeys?

(Fauconnier 和 Turner, 2002: 39)

（一天，有个和尚，拂晓开始爬山，日落时达到山顶，在山顶打坐了几天后，直到有一天拂晓，又开始往回走，日落时到达山脚。对他的出发或停留或旅途的速度不作假定。出谜：在这两次不同的旅行中，在路上有没有一个地方是这个和尚在这天的同一时间在那里的？）

(彭利贞、许国萍、赵微, 2009: 323)

这个谜题需要解决的问题是：这个和尚不可能同时进行两次旅行，也不可能自己遇见自己。为解此谜，Fauconnier 和 Turner（2002：39）提出，应当想象和尚是在同一天沿着同一条路上山、下山。这样假定以后，一定有一个地方，在这个地方他"遇见自己"。如图3-2所示，和尚的位置用黑圈表示，和尚用字母 a_1 和 a_2 表示，上下山的日期用 day_1 和 day_2 表示。在合成空间中，输入空间的山坡合并为一个山坡；上下的日期 day_1 和 day_2 映射合并为同一天 day'。在输入空间中存在的人及其位置、移动方向分别投射到合成空间，使得合成空间存在 a_1' 和 a_2'，两个相向移动的人。

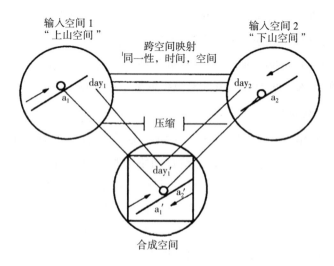

图3-2 "佛教僧侣谜题"整合的网络表征

（引自 Fauconnier 和 Turner，2002：45）

二 概念整合的网络类型

Fauconnier 和 Turner（1998a；2002：119—135）从心理空间组织框架的角度将概念整合网络分为单一网络（simplex networks）、镜像网络（mirror networks）、单域网络（single - scope networks）和双域网络（double-scope networks）四种类型来解释"我们的思维方式的多样性和复杂性"（Fauconnier 和 Turner，2002：121）。Coulson（2001）把整合网络分为两类：一类是单一框架网络（single framing networks），另一类则是框架网络（frame networks）。不管是分为四类或是两类，其实概念整合网络的内容基本是一致的。下面介绍 Fauconnier 和 Turner 的分类方式。

（一）单一网络

单一网络是最简单的概念整合网络类型，这种整合网络主要是将由人类文化或生物历史所形成的某些抽象结构和认知框架应用于具体成分。单一网络里有两个输入空间，里面包含着要整合的信息，还有一个合成空间。其中一个输入空间具有没有填充的抽象组织框架，而另一个输入空间内则没有组织框架只有用于填充的值（或成分）。合成空间则用最简单的方式合并输入空间内的组织框架和具体的值。例如在"Sally is the daughter of Paul"的例子中，一个输入空间是父女关系，另一个输入空间只有具体的人"Sally"和"Paul"，"Sally"和"女儿"、"Paul"和"父亲"之间形成对应成分的映射关系，输入空间投射到合成空间形成"Sally is the daughter of Paul"。在选择性投射过程中，没有组织框架仅有填充值的输入空间与另一由抽象组织框架组成的输入空间没有竞争关系。

（二）镜像网络

镜像网络是一种所有空间（包括输入空间、类属空间和合成空间）共享一个组织框架的概念整合网络类型。例如在"佛教僧侣之谜"例子中，所有空间都共享"某人沿着山路行走"这一共有框架。这一框架来源于对合成空间中"两人在山上某处相遇"这一更为具体的框架的继承。在镜像网络的选择性投射过程中，由于所有空间的组织框架都是相同的，所以输入空间之间的框架结构不存在竞争关系。

（三）单域网络

单域网络是指两个输入空间具有不同的组织框架，其中一个输入空间的组织框架被投射到合成空间。也就是说，单域网络整合中的输入空间的框架结构具有冲突性，只有其中一个输入空间的组织框架会投射到合成空间而另一个输入空间的组织框架则被消解。单域网络是一种非对称型框架投射整合网络类型，其典型特征是合成空间的组织框架是其中一个输入空间的组织框架的延伸。传统的始源域映射到目标域的隐喻都是单域网络，始源域对应于其中一个向合成空间投射框架的输入空间，而目标域则对应于另一个成为意义理解焦点的输入空间。由于输入空间具有不同的组织框架，所以单域网络存在明显的竞争关系。Fauconnier 和 Turner（2002）进一步区分了两种类型的单域整合网络。第一种类型并不植根于更大的历史话语，即没有直接连接输入空间的关键关系。第二种类型则具有共时维度

（diachronic dimension），意思是输入空间之间具有直接关联，并且通过预设设定的关键关系将它们连接起来。相对于第一种"非历史的"（ahistorical）整合类型，第二种类型的单域整合网络会产生丰富得多的层创推理（emergent inferences）。

（四）双域网络

双域网络中两个输入空间具有不同的组织框架，这两个输入空间的部分组织框架都可以投射到合成空间，两个输入空间都为合成空间贡献了框架层次结构，从而形成合成空间独有的不同于原来任何一个输入空间的创新框架结构。在四种概念整合网络类型中，双域网络最复杂也最具创造力，因为它要求从输入空间选择性投射成分和结构来构建合成空间独特的不为任何输入空间所具有的组织结构。按照 Fauconnier 和 Turner（2002）的观点，文化成就是使人类区别于其他动物的根本，而双域整合则是人类创造力和想象力的核心，它使数学、艺术和宗教等行为活动成为可能。这些人类活动是思维发展到双域整合这一关键整合能力层次的共同产物。

Fauconnier（1997）、Fauconnier 和 Turner（1998a）、Fauconnier 和 Turner（2002：140）进一步指出，通过整合获得的概念整合网络并不是彼此孤立、互不关联的，这四种网络类型之间并没有清晰的界线，而是构成一个从简单向复杂渐变的连续体。在这个连续体的一端是非常简单的网络，合成空间里的结构差不多完全可以通过输入空间之间成分和关系的组合获得，而在连续体的另一端则可能是双域整合网络这种最复杂高级的网络类型。

三 概念整合的运作机制

（一）概念整合的三种认知操作

Fauconnier 和 Turner（2002）指出，概念整合过程中层创结构的产生是通过三种相互联系的认知操作（组合、完善和细化）实现的。Fauconnier 和 Turner（1998a：144；2002：48—49）做了详细的说明。

组合是将输入空间的元素组合到一起从而产生输入空间中所没有的新关系的整合过程。在"佛教僧侣之谜"例子中，组合产生了两个旅行者在同一时间和同一道路上做出了方向不同的旅行。融合（fusion）是组合的一种方式。组合使得对应成分和关系在合成空间中融合起来或作为独立成分而存在，在"佛教僧侣之谜"例子中，输入空间中的两天在合成空间中被融合为一天，而输入空间中的两个佛教僧侣则独立存在于合成空间中没有被融合。

完善是指我们会无意识地将背景知识和结构带到合成空间的整合过程。构形完善（pattern completion）是一种基本次类。人们在看到框架的一部分时，会自动根据构形来完善框架中没有明确表明的那部分信息，并将它带到合成空间中。整合中的组合能够被更大更丰富的构形完善从而得到广泛程度地信息补充。例如"佛教僧侣之谜"例子中，组合形成的结构被两人相向旅行这样更为详细丰富的场景完善，因而两个僧侣才能"相遇"。Fauconnier 和 Turner（2002：44）指出，"完善使合成空间得以'整合'，使合成空间成为'特定熟悉框架'的具体例子，它是整合的最后一个步骤（即细化）的前提。"

细化是指人们根据合成空间的原则和逻辑通过心智模拟和想象对合成空间进行管理（running）。因此，认知构建者可以"活在整合中"并进一步探索整合结构。"在管理整合的过程中，输入空间仍然在人类心智的后台保持激活和维持，这就使得反向投射随时可能发生。"（Fauconnier 和 Turner，2002：323）合成空间内的原则有的是组合过程中带入的，在细化过程中，由于持续动态的完善又可以运用新的原则和逻辑。例如在"佛教僧侣之谜"例子中，我们可以想象两个僧侣相遇，并且在相遇之后进行了一番关于某话题的哲学讨论等等。

合成空间内部的结构并不是由输入空间复制而来，而是通过组合、完善和细化三种相互关联的认知操作使合成空间产生的层创性结构。如"佛教僧侣之谜"一例中，两个僧侣相向而行在同一地点相遇就是输入空间原本不存在的事件。

（二）关键关系及压缩

（1）关键关系

心理空间由一系列成分和结构组成，结构将成分连接起来，同时心理空间之间也存在成分和结构的照应性关系，被称为关键关系（vital relations）。因为这种照应性更抽象，其压缩与融合集中体现了概念整合中的层创性。正因为此，某些概念整合只有部分人才能成功完成（比如谜题的解决，数学概念的理解）。由此可知，分析关键关系是理解概念整合的核心。合成空间内部和心理空间之间起重要作用的关键关系主要有变化（change）、同一性（identity）、时间（time）、空间（space）、使因—影响

（cause-effect）、部分—整体（part-whole）、表征（representation）、角色—值
（role-value）、类推（analogy）、反类推（disanalogy）、性质（property）、相似
性（similarity）、范畴（category）、意图（intentionality）和唯一性（unique-
ness）。

变化是将一个（或一组）成分与另一个（或一组）成分连接起来的
关系。由于心理空间具有流动性和动态性，所以当我们感知到动作或性质
的变化时，就能够发现心理空间内发生的关系的变化。变化关系往往伴随
着同一性关系同时发挥作用，比如由蛹变蝶的演化。

同一性是最基本的关键关系之一，它是通过想象在心理空间中建立或
者分裂的事物，这些事物在现实世界中可能并不存在，如我们常常将一个
人的少年、青年、中年和老年阶段视为同一个人。此外，同一实体也可以
在心理空间中被分裂为不同的实体，如"佛教僧侣"例子中同一个僧侣
在合成空间中分裂成为两个人。也就是说，心理空间中同一性关系的建立
可以不考虑事物的同一性问题或输入空间中的一一对应关系。

时间和空间关系是与记忆、变化、连续性、同时性和非同时性相关的
关键关系，如在经典的"哲学家与康德的论辩"例子中，在合成空间内
将输入空间中不同的时间和空间都融合了。跨时间和空间的压缩常常在整
合过程中发生。

使因—影响关系是进行整合操作的又一关键关系，人们既能将割裂的
事件合并，建立整体理解，同时也能将复杂的事件拆分为若干小事件，以
便理解事件中的因果关系。

部分—整体关系可以建立同一性和事件之间的联系。如看到"小明"
的白衬衫，我们可以说这个人是"小明"，从而构建起输入空间中人物所
穿的衣服和具体的人之间的映射关系，在合成空间中白衬衫和人融合为一
个人物实体。

而表征关系则是指人们可以根据事物之间相同、相似或者相关的属
性，用一个事物来表征另一事物。输入空间中不同的事物，能够根据表征
关系在合成空间中整合成同一个事物。

角色—值关系也是一种十分普遍的关键关系类型，如2014年的"奥
巴马"是一个值，他的角色是"总统"。

类推可以依靠角色—值这种关键关系的压缩建立联系，如"北大"
能类推到"清华"，因为二者都是"中国名校"。

反类推则建立在类推基础上，当人们意识到事物之间的相似性时同时也会注意到其差异性，所以，反类推往往被压缩成变化关系。

意图也是一种重要的关键关系，它涉及要求、希望、企图、信仰、害怕等许多心理状态和情感态度，因为人们的思考和行为都与意图紧密相关。对于人们来说，谋杀和正当防卫两者的意图关系大相径庭。

关键关系连接输入空间之间的照应性成分和结构，建立起外在空间的关系（outer-space vital relations），通过压缩这些关键关系，形成合成空间中的内在空间关系（inner-space vital relations）。

（2）压缩

概念整合理论关注的是在线认知处理的分析。在语言的在线动态处理中，隐喻和转喻都存在不足之处，而概念整合则可以弥补这些方面的不足。整合与在即时处理时建立的心理空间一起运作。其核心是对关键关系的压缩。人们之所以要建立心理空间之间的连接并合成空间，是因为它能实现整体性的、具有人文尺度（human-scale）的理解并能建立新的意义，它能使人类思维变得有效且富有创造性。这种有效性和创造性是人们通过概念整合进行压缩实现的。压缩是将心理空间内部或空间之间的成分或结构合并或融合的一种认知操作。关键关系的压缩是人们理解和洞察世界的核心动力之一，人们通过对关键关系的压缩来构建意义。Fauconnier（2005）阐释了层创结构的产生及其与关键关系压缩的相互作用，并指出违实性、隐喻和语法结构等心智模式都是概念整合网络中压缩的结果。概念整合的一个主要特征就是通过整合将分散的（diffuse）概念结构压缩成为合成空间中具有人文尺度的场景（human-scale situations）（Fauconnier，2005：523）。总的来说，概念整合是通过关键关系压缩，产生层创结构从而建构出浮现意义的基本认知操作。

四　概念整合的优化原则

概念整合可以任意发生吗？是不是所有东西都可以整合？由于早期概念整合研究没有解释概念整合的具体限制原则，研究者们批评其太没有"限制"，是一种"一切皆可行"的理论（Gibbs，2000）。Fauconnier 和 Turner（2002：309—352）在 Fauconnier 和 Turner（1997，1998b）提出的整合的五条优选原则基础上，对整合原则进行了修正和说明，以弥补概念整合的"无法预测性"和"普遍适用"的缺陷。他们区分了整合原则的组成原则（constitutive principles）和统治原则（governing principles），并提出概念整合的总原则，即人文尺度原则（human-scale principles）。组成原则限制整合的基本过程（在前文中已有所介绍），而统治原则则对整合的具体内容进行更为详尽的限制，它是描述层创结构的优选策略。

（一）人文尺度原则

概念整合允许压缩发生。作为人类认知的一个主要特点，压缩将复杂、多维的关键关系打包为更小的概念包（packets），以实现人文尺度。人文尺度原则包含"人类能够直接掌握的熟悉框架内的直接行动和感知，这些熟悉框架参与者较少、具有直接意图和身体影响，能被直接理解"（Fauconnier 和 Turner，2002：322）。常见的框架如物体坠落、一个人走向某处、两人正在交谈等。人文尺度原则除了获得人类易于理解、易于把握的整合之外，还有其他附属目的，如分散部分压缩、获得整体理解、强化关键关系、伴随人类熟悉情节等。分散部分压缩是指将关键关系进行压缩，有时是将单一关系进行压缩（例如将使因—影响关系中的多个步骤压缩为一个步骤，将不同的意图压缩为一个意图等等），有时是将一个或多个关键关系压缩为另一个关键关系（如将类推关系压缩为唯一关系，将反类推关系压缩为变化关系，将时间关系压缩为空间关系等）。获得整体理解是将复杂分散的结构中的不同成分和事件压缩为一个成分、事件，从而产生整体的理解，概念整合网络的构建和心理空间之间的连接能够产生整体理解的压缩。压缩过程是对关键关系的选择性压缩，其中满足人文尺度原则的关键关系会被强化。由于要获得人文尺度，所以压缩过程常常伴随人类熟悉的情节，空间内部及空间之间的关系要满足这些情节的需要。在概念整合的过程中，整合对各种复杂的空间关系和结构进行合并整合，从而将多个空间成分及关系合并为一，获得整体理解。

（二）统治原则

统治原则主要包括两个方面的内容：一方面是对压缩的限制原则。对于压缩而言，最主要的整合限制就是"实现人文尺度"（Fauconnier 和 Turner，2002：312）。整合过程对时间、空间或同一性等关键关系的压缩使复杂的剧情得以理解。为了使压缩的"顿悟效应"（eureka effect）最大化，需要许多统治原则对整合过程中的压缩进行限制。压缩过程中一个关系可能压缩得更紧密，新的压缩关系可能产生，一个或者多个关系可能被压缩为另一关系。限制压缩的七条原则是借用压缩、被量度的单一关系压缩、被切分的单一关系压缩、从一个关系到另一个关系的压缩、量度性、压缩产生的创造性和强调压缩。借用压缩原则是指假定一个输入空间与人类易于理解和把握的场景具有紧密的一致性，而另一空间则不具备，这时不具备条件的输入空间关系可以借用具备条件的输入空间来实现压缩投射到合成空间的目的。被量度的单一关系压缩是指一个关键关系能够被压缩得更紧密的同义关系量度，如相同性关系能被实体共享特征的数量量度。被切分的单一关系压缩是指将一个复杂的单一关系拆解为几个关键成分，并针对这些成分进行压缩的过程。一个关键关系能够被压缩为另一关系也是统治原则之一。量度原则意思是空间内部的许多关系具有可量度性，非量度关系也能被压缩为量度关系。压缩产生的创造性是指压缩能够创造出输入空间中不存在的新关系。强调压缩是将重要情节中的分散成分压缩到合成空间的同时序列中。Fauconnier 和 Turner（2002）指出，压缩的原则并不绝对，彼此之间存在竞争关系，因此在各种整合网络中的程度也不相同。

统治原则另一方面的内容是与整合网络相关的八条统治原则，即构造原则、模式完善原则、整合原则、关键关系最大化原则、关键关系强化原则、网络原则、解包原则和关联原则。构造原则的目标是在保留输入空间的组织结构的同时又能实现优化的压缩。如果太多输入空间原本存在的框架结构投射到合成空间，人文尺度原则就难以实现，这个时候构造原则就与压缩的总体目标相冲突。所以，能平衡这两种需要的整合就是成功的整合。模式完善原则指合成空间内的元素可以通过整合已经存在的、与输入空间兼容的压缩框架进行完善。作为一种实现整体理解的方式，模式完善原则允许熟悉的框架结构作为合成空间的额外补充。整合原则指的是概念整合总体目标就是构建一个高度整合的空间，该合成空间中输入空间之间的冲突得以解决并且创造出一个可以进行操作的新结构。关键关系最大化原则是指虽然整合过程主要彰显内部的关键关系，但同时也应该反映外部空间的关键关系以实现"顿悟效果"。Fauconnier 和 Turner（2002：330）提到了目的可能扮演的角色，但是却没有进一步展开分析意义构建的"外部整合"方面。关键关系强化原则指强化输入空间之间的总体连接及已经具有的而不是合成空间形成的关键关系。网络原则是指将合成空间作为一个单位来运行必须维持合成空间与输入空间之间适当的网络关系。解包原则意思是合成空间自身必须能被理解者拆分以重构输入空间、跨空间映射、类属空间及所有空间之间的连接网络。关联原则是统治原则中最具语用性质的原则。关联原则除了关注整合的外部维度，即与交流的相关度问题，还聚焦于网络之间的关联性。"关联原则强调整合网络中各输入空间的关系，这些关系是输入空间之间的外部空间关系的压缩。"（Fauconnier 和 Turner，2002：334）优化原则是自然语言中建立概念结构的有力机制，它允许大量的概念结构跨越心理空间进行投射，根据这些优化原则，我们就能对概念进行整合，从而建立其合理的概念整合网络。

五　分解

概念既然能被整合，则必然能分解。Bache（2005）认为，概念整合理论存在"普遍适用问题"（ubiquity problem），该理论"太过强大"（Gibbs，2000；Bache，2005：1617），广度有余而深度不足，它可以广泛适用于人类认知和文化的各种现象，如语言、数学、音乐和视觉艺术等等，但却无法对人类认知的具体例子做出精确的解释。Facuconnier 和 Turner 也一直尝试解决这一问题，例如他们提出的四种概念整合网络类型、概念整合的组成原则和统治原则、整合过程中的三种认知操作，即组合、完善和细化、区分整合和其他心智操作以及解构概念的提及。Bache（2005）实际上也是在试图提出一套解决方案，想通过限制概念整合的运作来消解概念整合的"普遍适用问题"。因此，他提出了一种新的整合分类和分解这一概念。根据整合的复杂性和深度，将整合分为三个等级。第一层级的整合包括基本心智印象和复杂感知经验的联合，即神经科学和心理学所说的绑定（binding）。例如，当我们知觉到一个事物时，会激活大脑中不同的区域。这些区域分别对这一事物的颜色、形状等属性进行加工。当这些神经加工过程联合或绑定时就产生了该事物清晰的意象。因此，绑定就是指在不同脑区进行的单独和部分的感知输入的联合。第二层级的整合将概念结构和语法结构进行匹配以构建具体语言结构。单一整合网络属于这一层级。第一和第二层级都是自动化的、无意识和必然发生的。第三层级的整合从不同心理空间提取元素和特征以实现第三层级的整合。双域整合属于这一层级。除了对整合的三级分类，Bache 还提出概念分解这一概念。他认为，分解是整合的前提和理据。三个层级都存在概念的分解。Bache 对分解概念的进一步发展是对概念整合过程的深化和具体化，然而他所提出的整合的三个层级之间没有对应关系，对"什么是整合"也没有一条清晰的分界线。

第三节　概念整合理论与纳西东巴文分域构形演变的适配性

一　东巴文是认知思维的产物

"近取诸身，远取诸物"这一理念，凸显了祖先在认知和描述事物时所遵循的基本原则，这与西方体验观的某些方面存在相似之处。荀子在《正名》中指出，词语的形成经历了"天官意物"和"心有征知"两个阶段。在这里，"天官"所指的是人体的感觉器官，而"心"作为思维器官，则负责对事物进行认知并形成概念，随后为这些概念命名。

在东巴文的初始阶段，由于社会生产力和认知水平的局限，先民对外界事物的认知主要基于简单而直观的对应关系。他们通常通过具体的形象进行交流，从而推动了象形字和指事字的生成。然而，随着生产力的提升和思维的深化，新事物和观念不断涌现，促使人们对事物和关系的理解向更深层次发展。先民开始认识到事物的复杂关联，这标志着他们的思维方式从简单的形象思维逐渐转向意象思维甚至抽象思维。在文字上，这种变化表现为复体象形、指事、会意、形声以及合文的出现和发展。这些文字通过符号间的组合关系来揭示各种概念之间的联系，满足了社会和语言中日益增长的抽象和复杂概念记录的需求。这一演变过程体现了人类认知和文字发展的渐进性和复杂性。

然而，东巴文并非为记录语言而设计，而是为了记录事物。尽管后来它与语言紧密联系，成为语言记录的工具，但从起源来看，它的产生与语言毫无关联。因此，仅通过探讨东巴文与语言之间的关系来理解其性质既不全面也不切实际。除了作为语言的载体，东巴文还具备多种功能，并且展现出与语言不同的独特性质。其中，最为核心的特性是作为认知工具的角色。虽然东巴文在记录东巴语方面发挥了一定的作用，但这只是其认知功能的一部分。东巴文的产生和存在的根本目的是促进认知过程。这种认知过程不仅限于语言信息的传达，还包括了对世界、文化和社会的理解和表达。东巴文作为一种视觉符号系统，通过图像和符号的组合，为先民提供了一种独特的认知方式，以记录和传递信息、表达思想和观念。因此，东巴文的特殊性质在于其作为认知工具的重要性，而不仅仅是语言信息的载体。本书认为，东巴文的形成是语言和社会发展的产物，是人类认知外界并将其表达出来的结果，也体现了人类的思维特点和认知水平。这种认知的产物对整个东巴语系统、语言系统乃至文化思维都有着重要的影响。我们应该而且可以从认知的角度对其进行深入的探究。

心理学研究显示，儿童在掌握东巴文字形的过程中，其心理历程主要包括以下几个阶段：整体感知字形、将字形拆分成各个组成部分、对各个部分进行重组、再次整体感知字形，直至达到记忆并认识该字形。这个过程反映了儿童对字形的认知逐渐从整体到局部，再从局部到整体的发展过程，有助于他们逐步掌握字形的结构和特点，并最终实现对字形的认知和记忆。这表明东巴文的识别与字形结构的拆分是密切相关的。然而，东巴字的产生并非构件与构件的简单组合，而是由有限且相对稳定的基础构件背后的概念意义层次整合的结果，这与概念整合理论相契合。本研究主张，东巴字意义生成和阐释的过程，其实质就是构件所表征的概念之间的整合过程。其构形理据说到底就是概念整合思维。本研究试图运用概念整合理论分析其意义的生成过程。概念整合理论在分析东巴文构形机制方面的实践运用已经取得了一些成果（如段红、钟维等的研究，2022），进一步证明了概念整合理论在东巴文研究问题上的可能性和可行性。

二　概念整合与东巴文的形义关系

东巴文被认为是典型的文字表意体系，并在其中充分体现了制字和识字的独特过程。制字过程依循据义构形，而识字过程则采用了据形释义的方式，从而使形义关系成为东巴文研究的核心议题。

在东巴文的形义关系中，并不存在简单的一对一对应关系，而是在长时间的演变过程中形成了一种复杂、动态的现象。形体作为表面的符号形式，相对易于观察和研究；而意义作为符号所表征的抽象内容，则属于一种隐性现象，不易于直观理解。这种形义关系的动态性和复杂性体现在多个方面，例如形体与意义之间的相互缠绕和影响，以及意义在不同语境和文化背景下的变化。由于它们的性质、特点和发展规律各异，对它们的研究自然需要采取不同的方法，这也意味着形义关系的研究需要跨足多个学科领域。我们将对东巴文形体结构及其演变规律的相关研究称之为构形研究；对东巴文意义生成和建构及其特点的研究称之为构意研究。为了更清晰地揭示东巴文的性质特点和发展脉络，我们需要将构形与构意分开进行深入研究，然后再进行综合考察。关于构形研究，前人已经取得了丰硕的成果，传统的"六书"理论以及近、现代的各种构形理论是其中的杰出代表。然而，由于传统的汉字学理论主要侧重于结构类型的分析与归纳，而对意义产生的具体过程和程序缺乏深入探讨，因此形义关系的研究仍然面临严重滞后的问题。这意味着我们需要进一步拓展研究视野，关注东巴文意义产生的具体过程，并深入探究形义关系之间的动态互动和相互影响。通过这样的研究，我们能够更全面地理解东巴文的性质特点和发展脉络，并为文字学、语言学和文化研究等领域提供有益的参考和启示。

形义研究可分为静态形义研究和动态形义研究。静态研究主要关注在同一时间平面上形体与意义之间的对应关系，而动态研究则从历时的角度出发，综合形体演变、意义发展、时代变迁和文化源流等多方面因素，对形体与意义之间的发展演变关系进行深入研究。因此，无论是静态还是动态研究，都需要进行构形研究和构意研究，即对表层符号和符号所表征的深层概念进行深入探讨。

（1）静态的东巴文形义关系

东巴文的构形是指在平面上通过一次性组合意符来形成文字的过程。构形关注的是符号在平面上的组合，即意符与意符的排列和组合。而构意则是指概念之间的整合过程，其中意符与概念之间存在表征关系。从构意的角度来看，构形只是实现意义的一种手段，而意义则来源于意符所对应的概念之间的整合。构意过程是一个复杂的认知思维活动，包括激活、映射、选择、组合、完善和扩展等阶段。同时，对东巴文的意义还应注意区分构形义、字本义和词汇义的不同，特别是要避免将构形义误认为字本义。东巴文目前发现的最早形体所表现的直观意义是构形义，指造字者据义构形时所取之象，即造字理据的来源。而字本义则是文献中所保留或记载的最早的意义。构形义与字本义密切相关，从概念整合的角度看，构形义是概念整合过程中投射到合成空间的概念信息组合，是概念整合的半成品。字本义则是经过合成空间的完善和扩展之后形成的最终概念，即成品。而词汇义则是东巴文在语言文字系统内的反复使用过程中固定下来的概念意义，与其使用环境有关，词汇义可能是字本义，也可能是其引申义或假借义。

（2）动态的东巴文形义关系

理论上来说，构形义、字本义及词汇义三者是统一相关的，词汇义可能在运用中随着语言发展而发展，但构形义和字本义则应该分别是造字之时和投入使用之后便已确定不变的。然而，构形意包含着造字者当时当地的主观理解和构形意图，因此具有一定的主观性，这种主观性必须在特定集体文化背景的规约下才能得到当时使用群体的接受和认可，带有很强的历史性和社会性，一经使用也就具有了约定俗成性。因此，虽然构形义是客观存在的，但由于缺乏可靠的最初字形资料，或者受到后来使用者自身的社会文化、知识背景的限制，我们很难确切了解其真正的构形义，甚至由于更早字形的出现，构形义也会发生改变。字本义是目前发现的最早东巴字形所表现的，或文献上所记载的意义，实际上也随着新资料的出现或研究的深入而不断变化，是使用者对东巴文的主观认知，具有一定的主观性和局限性。

从历时演变的角度看，东巴文的形义关系呈现出错综复杂的特性。这是因为每一时期的静态形义关系都是对之前时期的继承和所处时期的发展，随着时间的推移，历时越久，每一时期的继承与发展不断叠加，形成了层积压缩的现象。形义关系复杂的主要原因或主要表现涉及多个方面：首先，构形的演变导致了构意的不明或分歧，使得形体与意义之间的关系变得更加复杂。其次，意符本身作为独立文字与所构成的东巴文在使用过程中会产生意义的引申、假借、转移等现象，这也进一步增加了形义关系的复杂性。此外，不同时代、社会、文化背景下的主观理解存在巨大差异，也会导致形义关系的变化。这种主观理解的差异源于人类认知的局限性和文化背景的影响，使得对形体与意义之间关系的解读存在多样性。

总之，对东巴文字形本义的推断，或对某一时期的字形与字义间的联系进行研究，都是在其形体结构与构形义、字本义及词汇义之间建立各种联系。所有这些联系都应该属于形义关系和形义阐释的研究范畴。这些复杂现象均可在概念整合操作过程中体现出来，或者通过概念整合的分析操作，我们可以将历时且复杂的东巴文形义关系体现出来，并进行比较合理的解释。

三　东巴文构形的概念整合模式和程序

如前所述，东巴字的意义来源于构件，但并非构件意义的简单叠加。东巴字的意义是通过激活相关的认知域并整合该认知域内的相关概念而产生的。东巴字将看似无关的构件所体现的概念以某种方式整合为一个新的概念，从而为未命名的事物进行命名。这一过程与人类概念整合原理的运作机制相一致。在组成东巴字的每个构件中，它们各自代表一个输入空间，这些构件概念经过共享空间的抽象映射以及合成空间的选择性融合，最终产生了不同于原始构件语义的东巴字意义，即创新意义。空间映射和整合机制产生的新创意义是概念整合理论的核心内容。概念整合理论的意义建构主要有：跨空间映射、选择性投射、建立共有空间、建立合成空间以及产生新创结构等。东巴字从意义到形式的"据义构形"和从形式到意义的"据形释义"过程都是通过多空间结构之间的映射和投射实现的，但造字过程的映射方向与阐释过程的映射并不一致。造字是由意义到结构的形成，而识解则是由结构到字义的理解过程，即回溯推理的过程。如果说从意义到字形结构的生成过程是整合压缩的过程，那么从具体字形结构到字义的具体化过程则是解压缩的逆整合过程。但压缩和解压缩过程中最基本、最核心的部分都是概念的激活与整合，这也正是本书的分析内容。

本书认为，东巴文的生成和构建过程可被看作是概念整合的过程。这种整合加工的过程和特点并不能直接通过观察东巴文的外在形态和结构类型得知，而是需要深入构件所表达的概念之间的整合过程进行详细分析。我们的研究中借鉴了概念整合理论的意义整合模式和程序，这为我们的分析提供了有益的参考。

Fauconnier 提出整合空间需要满足的条件主要有：

（1）跨空间映射：在两个输入空间之间，存在部分成分的相互映射和对应关系。

（2）共有空间：该空间映射到任何一个输入空间，所反映的是两个输入空间共同拥有的更抽象的共享结构和组织，并决定了整合空间的核心部分。

（3）合成空间：两个输入空间被部分地投射到第四个空间，即合成空间。

（4）突生结构：合成空间自身的突生结构并非直接源自输入空间。突生结构的形成涉及三种相互关联的方式。

① 组合：将来自输入空间的投射进行组合，从而生成新的关系。这种新的关系在任何单一的输入空间中均不存在。

② 完善：运用背景框架、认知模式和文化模式等知识，将来自输入

空间的组合结构视为合成空间中更大独立结构的一部分。

③ 扩展：依据合成空间自身的突生逻辑，对结构进行认知加工。

其中投射到合成空间的对等成分既可以融合成一个成分，也可以分别投射。

此外，Bache 在语言整合的领域提出了概念整合三序论，即首序整合（first-order blending）、二序整合（second-order blending）以及三序整合（third-order blending），这对概念整合理论的整合机制进行了重要的发展和补充。首序整合聚焦于感知与概念之间的关联，其主要功能在于归纳和统一个体的感知经验，这一过程在大脑中是自动、自觉且必然发生的。二序整合则关注语法、句法、认知与语言的基本关系，以及语言结构与心智的关系，这些关系直接反映在语言的基本符号功能上。至于三序整合，涉及更为复杂的心智操作，是即时概念整合的产物。Bache 的三序整合论被看作是对 Fauconnier 等整合论的细化和补充，对于我们进行东巴文的概念整合分析具有重要的启发和指导意义。

根据以上操作程序和要求，我们以典型的象形字 𝌆 "夏季" 为例尝试建构和制定东巴文概念整合的模式和程序。

首先，建立输入空间，𝍖 和 𝍖 分别代表两个输入空间。构件 𝍖 的概念包含了 "雨"，因此 𝍖 所在的心理空间包含下雨的概念成分；而构件 𝍖 的概念包含 "月" 的内容，因此所在心理空间也包含了月亮、月份、夜晚的概念成分。

其次，跨空间映射。寻找两个输入空间的概念成分之间可对等映射的成分，并将它们投射到共有空间，𝍖 和 𝍖 可以从中抽象雨季的概念框架，选择性地把 "下雨" 和 "月份" 的概念映射到合成空间进行整合。

最后，在合成空间的整合过程中，除了来自输入空间的概念信息之外，还必须融入我们的生活常识和基本认知进行组合、完善和扩展。如对生活在地球的我们来说，一年某段时间下雨较多，这是最重要也是最基本的自然现象。在农耕时代下雨较多的季节，即夏季，对他们的作物生长极其重要，在他们的思维认知中占据着极其重要的地位。因此，𝍖 和 𝍖 分别代表 "雨" 和 "月份"，"夏季" 就是 "雨" 与 "月份" 概念整合所产生的新创意义。因此，"夏季" 的概念也就由象形字来表征了，即构件 𝌆 从 𝍖 从 𝍖 的象形字代表了 "夏天" 的概念意义。可见，𝌆 用 𝍖 和 𝍖 两个构件可以有效地激活相关概念，并最后整合出 "夏季" 概念意义来。这就是一个完整的概念整合过程。

结合语言概念整合的三序论及东巴文概念整合的具体情况，我们初步为东巴文意义的生成表达与理解阐释设计了一个基本的概念整合心理加工程序。这个程序主要包括以下六个步骤：

（1）对表意构件所携带的概念信息进行归纳，基本确定该构件所属的心理空间；

（2）为构成东巴文的每个构件分别建立心理空间，即东巴文概念整合的输入空间，每个构件所表达的概念信息即为该空间的内容成分；

（3）寻找不同心理空间之间的相关性，并在它们之间建立起跨空间的映射关系；

（4）基于相关的映射关系，将两个概念进行组合，使其距离拉近，为它们同时共现于共有空间的同一概念框架中提供可能；

（5）将两个概念带入合成空间，并借助社会背景、主观情感、历史文化及百科知识等进一步完善其组合；

（6）在合成空间中形成投射，并在与其他相关文化语境信息的共同驱动下生成新创意义。

其中步骤（1）、（2）大致相当于三序论中的首序整合；步骤（3）、（4）大致相当于二序整合；步骤（5）、（6）大致相当于三序整合。在构件概念信息清晰明确的情况下可以省略步骤（1）而直接进入步骤（2）。

根据复合空间模式，我们可以将东巴文的概念整合划分为三个关键领域：输入空间的概念表征、共有空间中概念框架的激活，以及合成空间中背景知识的融合。简而言之，这意味着构件首先在输入空间激活并表征相关概念；这些概念经互相映射后在共有空间中激活一定的概念框架，然后根据框架将输入空间的概念信息有选择性地投射到合成空间，并与背景知识相融合，从而创造出新的意义，也就是东巴文所表达的意义。合成空间中的背景知识有时也会影响输入空间的概念表征。接下来，我们将着重分析这三个空间对东巴文概念整合的影响。

需要注意的是，概念整合所带来的新创意义是东巴文的概念意义，而非构件本身的意义。构件义与其概念意义是不同的，就像词汇概念与词汇意义不同一样。词汇概念是语言使用者心理语法中不可分割的一部分，而词汇意义则存在于语言语境中的使用场景中。同样地，东巴文的构件本身并不具备语素意义，只有概念成分和概念意义。语素意义只有在该构件作为语素（包括成词语素和不成词语素）的身份与其他语素或词汇组合形成词语或短语时，在具体语境中才会显现，并随着语境的变化而变化。概念意义则是通过反复的组合使用过程逐渐形成较为固定的语素义或词义，即东巴文的本义或引申义。

第四节　小　结

概念整合理论是由 Fauconnier 和 Turner（2002）基于心理空间理论提出的一种理论。其主要目标是通过揭示语言在线意义构建背后的认知规律，利用心理空间之间的映射和投射关系来实现这一目标。概念整合涉及一系列非组构性过程，其中激发了意义建构的想象能力，从而形成层创结构。该理论在词义合成方面具有强大的解释力，成功弥补了概念隐喻和结构分析理论等以往解释模式的不足。

尽管先前的研究主要集中在阐述概念整合在现代语言新词的词义构建过程中的应用，但对于概念整合在少数民族语言文字的词义构建层面上的认知机制，却鲜有系统的论述。沈家煊（2006）将概念和词语的整合分为"糅合"和"截搭"两类，但他忽略了抽/截取过程的限制性质，即被抽/截取的绳子之间的理据性是决定新绳子的核心。

本研究认为东巴文的构形机制与概念整合理论具有良好适配性。东巴文意义的生成和阐释过程实质上是构件所表征的概念之间整合的过程。其构形理据实际上是概念整合思维。本研究以纳西族迁徙路线"白地—丽江—鲁甸"三地刊布的东巴经为文献依托，运用概念整合理论对不同地域东巴字在线意义构建进行机制解释和比对，以深刻揭示东巴文构形演变的规律，并探讨其与民族社会生态环境的紧密关联。

第四章

白地东巴文构形的概念整合分析

　　白地位于云南省香格里拉县东南处三坝纳西族乡，东以金沙江为界与丽江大具乡、奉科乡相望，南与虎跳峡为邻，西临小中甸镇，北接洛吉乡。白地是东巴教的圣地，也是纳西东巴文化的发祥地，在东巴教中占据独一无二的重要地位，出过阿明大师，有著名的白水台和阿明灵洞圣地，象形文字和东巴经书保持古老、独特的风格。和志武（1989：57）认为，"东巴教开始大规模用象形文编写东巴经，可能始于被奉为神明的白地人阿明，他生于北宋中期，这时的东巴教已发展到著书立说的新阶段，标志着东巴文化已形成于白地。"白地比较封闭的地理环境使其很少受到外来文化的影响，保存了比较古老的东巴文化形态并流传至今，是目前纳西族东巴文化原始风貌保存最完好的地区之一。

　　纳西族民间将白地视为东巴教的圣地，所有有条件的东巴信徒一生中都会前往阿明灵洞朝圣，进行烧天香和求威灵的祭祀仪式。从东巴对白地的崇拜、朝圣以及学习的实际情况来看，白地是文字系统和东巴文原典形成的中心，东巴文的起源、发展与白地之间关系密切。白地是文字系统形成的中心，东巴文最初在白地用于书写文献，从而成为东巴文原典的中心。东巴字是在纳西族先民沿川滇民族走廊向南迁徙的过程中逐步产生和发展的，在迁徙路线上东巴字的地域差异实际上反映了其历时差异。纳西族的迁徙路线在某种程度上也反映了东巴文化发展变化的轨迹，随着纳西族沿金沙江南下并向丽江发展，东巴文化也得以传承和发展。

　　本章选取具有代表性的两位东巴——和志本东巴和和占元东巴家的5本经书作为的研究文本：（1）《创世纪》；（2）《和氏家族祭祖经》；（3）《法杖经·上卷》；（4）《法杖经·下卷》；（5）《白地纳西族超度死者祭献供品经》。《创世纪》和《和氏家族祭祖经》是白地古都村和志本东巴家藏的经书。"创世纪"意为人类迁徙的来历经。这本书是开丧超度仪式中用的《创世纪》经典。《和氏家族祭祖经》按照祭祖仪式的先后，分为祖先之路、秽的出处来历、祭祖和献饭四个部分。《法杖经·上卷》是和志本 72 岁时写的，在 1999 年写成，主要讲述人类的生死是不可避免的规律，劝慰逝者不为个人死亡感到悲伤，引导其沿着祖先的路途回到祖居地，并指导逝者在这一旅途中面对困难时采取应对的方法。《法杖经·下卷》写于 1992 年、和志本东巴 65 岁之时。主要叙述了祖先团结和睦，提到死者可能的过错，强调在回祖居地的路上要偿还偷窃债务，表达死者与活者的分离，祈求死者保佑并将福泽传承给后代，描述祭祀仪式模仿先祖，包括东巴祭司用法杖镇压鬼魂。《白地纳西族超度死者祭献供品经》是 20 世纪 50 年代白地吴树湾村的和占元东巴抄写的，经书叙述祭祀仪式，包括请祖先回到死者家中共享孝子孝女们献上的供品和衣物，由东巴主持祭仪，孝顺的天子天女献祭天牛以报答父母之恩，死者的亲戚也仿效献祭，最后按照祖先的仪式为死者举行同样的祭祀，要求死者携带着孝子孝女们的供品回到祖居地。

　　本章将运用概念整合理论，以上述 5 本白地东巴经为研究对象，从概念映射、输入空间、共有空间以及合成空间四个角度对白地东巴文的构形机制进行详细解释。通过分析构件表达的概念之间的整合过程，深入了解白地东巴文的构形整合机制。下面以白地东巴文 "杀"作为构形示例，展现白地东巴文概念整合构建的详细过程。首先，构件 "刀"和构件 "死猪"分别代表两个输入空间，而"杀"是构形整合后的中心意义。第一个构件 包含了刀的特点，有"锋利""尖锐""细长"和"冷漠"的含义，所以它的心理空间就包含了"锋利""尖锐"和"细长"的概念成分；第二个构件 有"死亡""冰冷"和"无生气"的意思，所以它的心理空间就包含了"死亡""冰冷"和"无生气"的概念成分。其次是跨空间映射，意指寻找两个输入空间概念成分之间的对等映射成分，并将它们投射到共有空间。 "刀"和 "死猪"可以抽象出"冰冷""死亡"和"锋利"的范畴信息，之后选择"冰冷""死亡"映射到合成空间进行整合。然后在合成空间整合过程中，输入空间的概念信息融入人们的生活常识进行组合、拓展。 "刀"在东巴文中是一种生活用具，可以用来切割蔬菜、活物和其他东西，表示分割； "死猪"在东巴文中表示死亡，将动物的头翻转过来，代表另外一种状态，即死亡。因此，这两个构件都可以表示

"死亡"，即代表"杀"的含义。所以， ——"刀"和 ——"死猪"两个构件可以有效地激活关于死亡的概念，最后整合出"杀"的概念意义。这就是一个东巴文完整的构形概念整合过程。

因此，东巴文构形的概念整合过程可概括为三大部分内容：（1）输入空间的概念表征；（2）共有空间的概念框架激活；（3）合成空间的知识融合。首先，构件在输入空间激活并表征相关概念，这些概念互相映射之后在共有空间激活一定的概念框架。其次，根据所激活的框架选择性地将输入空间的概念信息投射到合成空间。最后，合成空间里的概念信息和背景知识相融合，产生新创意义，即完成东巴文的整个构形概念整合过程。

第一节　白地东巴文构形的概念映射

概念整合是心理空间之间的一种普遍认知操作，是一个由心理空间和心理空间之间的映射和投射构成的整合空间网络。它通过心理空间描写人是如何运用概念背景知识、语境知识、图式归纳和认知映现能力来构建意义。映射是概念域之间的认同和对应（或称为匹配关系），心理空间之间的连接主要是通过映射进行的。概念整合理论借鉴了概念隐喻理论的跨概念域映射方式，认为意义的构建是不同心理空间的成分和关系的映射。在白地东巴文构形过程中，其空间映射主要体现在输入空间之间的连接，而空间与空间概念之间主要通过镜像性映射、相似性映射和相关性映射桥接。

一　镜像性映射

镜像网络是概念整合的四种网络类型之一。它是指在这一概念整合网络类型中，输入空间、共有空间和合成空间都共享同一框架结构。也就是说，在映射或投射过程中，所有心理空间的组织框架完全相同。因而，框架与框架之间不存在任何竞争关系。白地东巴文构形的镜像性映射主要包括整体性映射和同一性映射两种类型。

（一）整体性映射

整体性映射是指在不同输入空间中，存在共享同一组织框架的映射类型，其中字形整体与字形所指实体具有相同特征。这一概念整合的过程通常表现出具象化的特点，即所造字形与汉字象形字相似，其字形本身即代表着字义。整体性映射多见于东巴文整体象形字中。在白地东巴经所建444个东巴文字形数据库中，整体象形字有167个，占总数的37.6%。也就是说，从概念映射的角度看，整体性映射是白地东巴文构形最主要的机制之一。根据东巴文构形的整体性映射特点，白地整体象形字主要包括天文地理、动植物、饮食居住和服饰器用四类，如例（1）。

(1) a. ⌒祭祖经6白1天；⊕创世纪6白1太阳；∽祭祖经1白2月亮

　　b. ↓乃乃抒7白4树；✍法杖经1白1雉；✍法杖经1白1鹤

　　c. ⌂祭祖经18白2房；✡祭祖经23白2栅栏；═创世纪24白3粮架

　　d. ◠创世纪4白3帽子；✕法杖经3白1木耙；❂法杖经35白1衣服

例（1a）属于天文地理类，代表自然万物中的天、太阳和月亮。字形⌒、⊕和∽的输入空间与所指实体天、太阳和月亮的输入空间共享同一组织框架，是人们加入自己的主观意识对天、太阳和月亮整体外形特征的描摹。此时，字形⌒、⊕和∽分别表达天、太阳和月亮之意。例（1b）为动植物类，代表了自然界中的三类动植物：树、雉、鹤。字形↓、✍和✍的输入空间与其所指动植物树、雉、鹤输入空间的组织框架完全相同。字形↓、✍和✍是对树、雉、鹤整体外形的镜像性反映，分别表达树、雉、鹤之意。例（1c）是饮食居住类，表示房子、栅栏、粮架。字形⌂、✡和═的输入空间与所指实体房子、栅栏、粮架的输入空间共享一个组织框架，是对客观外界房子、栅栏、粮架的刻画，字之形即指字之意。例（1d）属于服饰器用类，代表三个日常物件：帽子、木耙、衣服。字形◠、✕和❂的输入空间与日常物件帽子、木耙以及衣服的输入空间具有一致的组织框架。字形与所指实体具有镜像性关系，是对所指之物的具象化描摹。

（二）同一性映射

同一性映射指的是不同输入空间中的概念信息完全相同。无论涉及两个、三个还是多个输入空间，这些输入空间中的概念内容都完全一致。此种情况下，相同的信息连接会形成概念的重叠和反复发生。但是，这一过程不仅仅是信息的简单叠加，而是不同输入空间中相同概念内容发生映射，在构件意义基础上整合出新创意义的动态整合过程，如例（2）。

（2）a. 🖐法杖经 1 白 1 姐妹

　　　b. ↓法杖经 4 白 1 树林

　　　c. 〰法杖经 11 白 1 雨

例（2a）中有两个相同的输入空间🖐"女人"，两个构件🖐"女人"的概念叠加，整合产生新创意义"姐妹"。例（2b）中有两个相同的输入空间↓"树"，相同的构件↓"树"组合在一起形成"树林"之意。例（2c）中有三个相同的输入空间〰"雨点"，〰"雨点"概念意义的反复发生，整合出"雨"之意。从这三个例子我们可以看出，比起单个构件的意义，构件的复合可以整合出全新的概念信息。

二　相似性映射

相似性映射指的是属于不同概念域的构件概念在人们的主观认知中存在某种相似性或者内在的联系，也就是我们日常生活中的隐喻现象，如例（3）。

（3）🐟祭祖经 1 白 7 玉

例（3）中的玉和生儿育女属于两个不同概念域。纳西族社会文化中存在玉石崇拜：玉寓意着安全、健康和幸福的意思；戴上玉制品，可以让人避免灾难；玉也可以作为嫁女儿的陪嫁品。通过联想，玉概念域中的"祝福"之意和生儿育女概念域中的"福气"之意建立起相似性关系，两个输入空间得以连接，从而整合出"生儿育女的福气"之义。

三　相关性映射

相关性映射是指不同输入空间因不归属于同一认知领域或框架而产生的概念关系。在东巴文的空间映射过程中，相关性映射是最为普遍的。在相关性映射中，我们聚焦转喻现象和变体现象两种类型。

（一）转喻现象

转喻是一种认知机制，也是一种基本的认知方式。它是指在同一理想化认知模型下源域凸显或激活目标域的认知过程。在此过程中，转喻提供了一个概念实体通达到另一个概念实体的心理途径。转喻现象不仅丰富了概念之间的联系，也深刻地塑造了整个映射过程及其结果。通过深入了解这些转喻现象，我们能够更全面地把握相关性映射的复杂性，为理解和解释东巴文构形的概念整合机制提供深刻见解。白地东巴文构形主要涉及整体与局部转喻和符号与指称转喻两种类型。

第一类是整体与局部转喻。它是指在同一认知模式下，通过强调本体与喻体之间的关系，对东巴文其中的一部分构件进行凸显处理从而实现指称事物特点功能的转喻类型。一般情况下，通过整体与局部转喻方式构造的东巴字本义小于字义。这种东巴文构形与汉字构形中的局部象形字类似。根据东巴文构形的转喻特点，白地局部象形字多见于植物类、鸟类和兽类字形，如例（4）。

(4) a. 创世纪 4 白 3 稻

b. 创世纪 10 白 3 狮

c. 法杖经 6 白 1 象

例（4a）中的"稻"，通过截取字形，用稻的果实表示稻或者稻这一类植物。通过整体与局部转喻关系完成"稻"的意义构建。例（4b）和例（4c）则用动物的头部转喻该类动物或者动物集体。具体来说，例（4b）用狮子的头部、例（4c）用大象的头部作为凸显对象，转指狮子和大象两类动物群体。

第二类是符号与指称转喻。Kövecses 和 Radden（1998）将语言形式和所指概念之间的认知关系归为符号转喻类型，如"书"的字形转指"书"这一概念。同时，他们认为，语言形式、概念和指称的事物（事件）之间存在指称转喻，如"牛"的字形和概念可分别转指"牛"这一事物。在东巴文构形中，主要通过加点、加线和点线结合的方式来建立字形与所指事物的替代关系，如例（5）。

(5) a. 法杖经下 13 白 5 满、富余

b. 乃乃抒 4 白 4 增加

c. 法杖经下 7 白 5 听

d. 创世纪 8 白 3 地震

例（5a）和例（5b）在原有字形中加上散点来转指数量多或增加的抽象概念。例（5c）中，原来的字形表示耳朵，在耳朵上方加曲线表

示"听"。在这个意义构建的过程中，用曲线的字形来转指耳朵的功能——"听"这个概念。例（5d）表示地震，曲线用来转指地面的摇晃，通过符号的转喻来代替"地震"这一概念。

（二）变体现象

变体现象是指在构形过程中，同一个构件因发生不同类型的形变而导致整合意义改变的现象。在所建白地东巴文字形库中主要涉及倒置、折断缺损和人体动作三种变体类型。

倒置变体即指因构件方向发生水平转变从而导致其意义改变的变体类型，如例（6）。例（6a）中，当鹿头的方向朝上，代表活着的状态，指"鹿"或"鹿的群体"。而在例（6b）中，当鹿头发生倒置时，其意思也颠倒过来，表示死亡的状态（即"死鹿"）。从例（6a）到例（6b），通过构件水平方向的改变来表征生死的概念。又如例（6c）中，当构件的方向朝上表示"鸟儿飞着"的概念。而当构件发生水平翻转时则表示"鸟儿栖息"的概念，如例（6d）。从例（6c）到例（6d），用形式相同，方向相反的构件表示鸟的不同状态。

（6）a. 祭祖经 10 白 2 鹿

　　　b. 乃乃抒 5 白 4 死鹿

　　　c. 法杖经 11 白 1 飞

　　　d. 法杖经 11 白 1 栖息

折断缺损变体指因发生不同程度折断缺损而导致构件字形不完整的变体类型，如例（7）。例（7）中两个构件的基本构形义是相同的，都代表了植物"树"。但由于例（7b）发生折断，由此导致其意义也随之发生变化，从"树"变成"树折"。

（7）a. 创世纪 11 白 3 树

　　　b. 创世纪 23 白 3 树折

人体动作变体指以人作为基本构形，通过改变人体动作层创出不同新意义的变体类型，如例（8）。例（8a）的"人"是基本构形，通过改变人的肢体动作使其发生不同程度的形变，由此产生不同的意义。改变例（8a）中人体手部的肢体动作，使其从"人"变成"举"。改变例（8a）中人体腿部的肢体动作，使其从"人"变成"跳"。

（8）a. 🦶法杖经 7 白 1 人

　　b. 🦶法杖经 1 白 1 举

　　c. 🦶创世纪 2 白 3 跳

第二节　白地东巴文构形的输入空间

输入空间是指包含特定概念原始信息和元素的领域。这一领域涵盖了从外部环境中获取的各种感知、经验和信息。在这个空间中，个体或系统接收并储存有关概念的基本构建块，这些构建块将在后续的整合过程中被调用和处理。因此，可以将输入空间定义为一个包含初始概念元素的范围，这些元素构成了整个概念整合过程的起点。

东巴文构形的输入空间可以从不同角度进行刻画：一是根据东巴文构形输入空间在概念整合过程中层次地位的不同，可将其划分为一级输入空间和二级输入空间；二是根据概念整合过程的层次性，可将东巴文构形的概念整合过程分为平面整合与层次整合两种类型；三是根据输入空间数量的不同，东巴文构形的概念整合过程又可划分为两空间整合、三空间整合与多空间整合；四是根据输入空间中构件的不同表意特点，可将东巴文构形概念整合过程中的东巴文构件分为"以形表征"的形符和"以义表征"的义符两种。下文将从以上四种划分角度对东巴文构形的输入空间进行详细描述。

一　一级输入空间和二级输入空间

东巴文构形过程中，不同字形的输入空间具有不同的层次地位。根据东巴文构形输入空间在概念整合过程中层次地位的不同，可将其划分为一级输入空间和二级输入空间，如例（9）。例（9a）和例（9b）都属于一级输入空间。具体而言，例（9a）中，🦶"人"和🦶"矛"两个一级输入空间整合出新创意义"勇士"，即🦶"人手拿着矛"表示勇士。例（9b）中，🦶"眼睛"和🦶"泪水"两个一级输入空间整合出新创意义"哭"，即🦶"眼睛里面有泪水"表示哭的动作。与例（9a）和例（9b）不同，例（9c）中东巴文字形输入空间的层次地位有两级：首先，

🖺"勇士"和🖌"剑"是第一层级，属于一级输入空间；🖺"勇士"和🖌"剑"整合出新创意义🖌"竖拿长矛横配利剑"；其次，组成🖺"勇士"的🚶"人"和🖌"矛"是第二层级，属于二级输入空间，进行二次整合表示🖺"勇士"。所以例（9c）是一个复合字形，需要经过两次整合才能得到新创意义，而例（9a）和例（9b）只需要一次整合就能得到新创意义。

(9) a. 🖺法杖经4白1勇士

b. 🖌法杖经4白1哭

c. 🖌乃乃抒13白4竖拿长矛横配利剑

根据概念整合过程中所涉及输入空间数量（即直接参构件数量）的不同，白地东巴文概念整合可分为两空间整合、三空间整合和多空间整合，如例（9）和例（10）。例（9a）中的🖺"勇士"和例（9b）中的🖌"哭"都是两空间整合。因为🖺"勇士"和🖌"哭"都包含两个输入空间，即例（9a）中的🖺"人"与🖌"矛"和例（9b）中的👓"眼睛"和🖌"泪水"。例（9c）中的🖌则为三空间整合，涉及🖺"人"、🖌"矛"和🖌"剑"三个输入空间。多空间整合常见于白地合文，如例（10）中的🖼由⌒"天"、🚶"人"、🖼"村寨"、🖼"围墙"等多个输入空间整合而成。

(10) 🖼法杖经下5白5设祭坛撒祭粮，天做地的胸骨，地做天的胸骨，天地稳当了。

二　平面整合和层次整合

在白地东巴文构形过程中，不同东巴文字形的概念整合具有不同层次性。根据概念整合过程层次性的不同，可将白地东巴文构形的概念整合过程分为平面整合与层次整合两种类型，如例（11）。

(11) a. 🖺创世纪24白3栖息

b. 🖺创世纪27白3赶

c. 🖼创世纪27白3三块冰顶住了三抔土，三抔土顶住了三株草平面整合如例（11a）和例（11b）。在例（11a）中，🐦"栖息"由🐦"鸟"和🏱"栅栏"进行一次整合。例（11b）中的🏃"赶"，由👤"人"和\"木棒"进行一次整合。层次性整合如例（11c）：首先🗻"土顶草"与🏔"冰"进行一次整合得到🗻；其次，由🌿"草"和⬜"土"进行二次整合得到🗻表示"土顶草"。

平面整合中的构件属于一级输入空间。例（11a）中的🐦和🏱、例（11b）中的👤和\都属于一级输入空间。而层次整合既有一级输入空间也有二级输入空间。如例（11c）中的🗻和🏔属于一级输入空间，🌿和⬜则属于二级输入空间。

三　形符和义符

白地东巴文概念整合过程中，输入空间中的不同构件表意特点不同。根据输入空间中构件的不同表意特点，可将其分为"以形表征"的形符和"以义表征"的义符两种。它们都起提示概念的认知功能。通过视觉感知激活语言使用者脑中的相关概念信息，以构建东巴文的意义。下面分别阐述。

第一种类型是"以形表征"。它是指通过具体形象激活人脑中相关概念。因此，我们称之为形符，其功能是见形知物，如例（12）。例（12a）中的🐅"虎"、例（12b）中的🐎"马"、例（12c）中的🦗"蝗虫"形象都具有鲜明的画面感，其构件与动物本体具有较高的相似度，通过相似的形符构件激活人脑中关于"虎""马"和"蝗虫"的相关概念。"以形表征"的形符多见于白地东巴文中关于动植物的整体象形字。在白地东巴经所建的东巴文字形数据库中，整体象形字为167个，占总数的37.6%。由此可以看出，见形知物是白地东巴文构形的主要认知方式。

（12）a. 🐅创世纪28白3 虎

　　　 b. 🐎创世纪17白3 马

　　　 c. 🦗法杖经23白1 蝗虫

第二种类型是"以义表征"。义符指的是以词汇意义（如本义、基本义、引申义）参与构形的构件。义符虽不具备象形特点和见形知物的功能，但起到见形知义的作用，如前面例（13）。例（13a）中有两个构件

ꉆ和ꒁ。其中ꉆ用其本义"人"参与构形，ꒁ用其引申义 gv^{21}"熊声"参与构形。通过本义和引申义的整合激活人脑中关于"舅舅"的相关概念。例（13b）中，构件ꉂ和构件ꉄ通过本义"女人"和引申义 me^{33}"女阴声"参与构形，整合出新创意义"母亲"。例（13c）用ꉆ"人"的本义和ꒁ lv^{33}"石头声"的引申义参与构形，整合出"孙子"的意义。"以义表征"的义符多见于白地形声字。在白地东巴经所建 444 个东巴文字形数据库中，形声字为 37 个，占总数的 8.3%。可见，见形知义亦是白地东巴文构形的重要认知机制，说明纳西族人民不仅具有见形知物的形象思维，而且发展了见形知义的抽象思维。

（13）a. ꒀ a^{33}gv^{21}法杖经 15 白 1 舅舅

　　　b. ꉄ me^{33}法杖经 1 白 5 母亲

　　　c. ꉅ lv^{33}bv^{33}创世纪 22 白 3 孙子

第三节　白地东巴文构形的共有空间

共有空间指的是与构件概念相关的背景经验和知识结构，相当于框架。框架是在理解一个概念时必须涉及的与之相关的概念系统，是基于日常经验形成的概念网络。理解构件组合的意义，必须将构件纳入相关框架或概念结构、经验空间或东巴文构件概念的相互映射中，然后在共有空间中激活特定的概念框架。所激活的框架从类型上可分为两类：一是涉及特定情境或场景的情景式框架；二是强调各概念间关系的关系式框架。相应地，白地东巴文可划分为情景式东巴文和关系式东巴文。这种分类反映出在构建语言表达形式时共有空间中激活的概念框架是理解和解释东巴文语言结构的重要线索。下文将具体展开论述。

一　情景式框架

认知心理学的编码特征假说强调信息有效提取主要依赖于提取时的环境与编码时的环境的相似度。相似度越高，记忆就越容易。这种现象也被称为情境关联记忆。东巴文的构形过程采用了情景关联记忆造字，所造字形能唤起人们日常生活中熟悉的情境和场景，我们将其称为"情景式框架"，如例（14）。

（14）a. ꒂ法杖经下 11 白 5 杀

　　b. 🐗创世纪 19 白 3 生育

　　c. 🏑法杖经下 2 白 5 收割

　　例（14a）中，🔪"用刀杀猪"这个生活情景表示"杀"。其中，🔪"刀"和🐷"死猪"是构形的两个构件。这两个构件相互映射后激活出关于"死亡""冰冷"的概念框架，从而激活人们大脑中关于杀牲口的情景记忆，即"用锋利的刀杀牲口"表示动作"杀"。例（14b）中，🐗"生育"表示"女人生小孩"，由两个构件🐗"女人"和🐾"小孩"组成。这两个构件相互映射后激活出关于生孩子的概念框架，激活人们大脑中关于女人生小孩的情景记忆，"小孩从女人的下体中生育出来"的情景表示"生育"。例（14c）🏑"收割"中的两个构件〜"镰刀"和🌾"麦子"表示人们收割农作物的动作。这两个构件的概念相互映射后激活出关于收割农作物的概念框架，激活人们大脑中关于劳作的情景记忆，"人们使用镰刀来割麦子"的情景表示动作"收割"。

二　关系式框架

　　关系式框架是描述东巴文构件和新创意义之间关系的一种框架。这些关系涉及构件结构之间的空间关系、构件形义之间的逻辑关系和构件意义整合之间的联想关系。根据以上三种关系，可将关系式框架分为空间关系式框架、事理逻辑关系式框架和联想关系式框架三种类型。下面分节做详细解释。

（一）空间关系式框架

　　空间关系式框架强调构件事物本身的位置关系或事物间的空间位置关系。其概念往往是由位置关系所激活的。如果构件的位置有所改动，则构形的过程必受影响。空间关系式框架下的东巴文通常具有完全相同的构件，它通过两种不同方式传达特定的概念或信息：一是构件完全相同，通过调整构件的方向位置表达意义；二是构件完全相同，通过调整构件间的位置关系表达意义。

　　第一，构件完全相同，但构件方向位置不同。例（15）中的构件完全相同，但因构件方向位置不同而产生不同意义。例（15a）中，当构件中圆点的位置朝上时，其意为"月亮"；例（15b）中，当构件中圆点的方向变为朝下时则表示"夜晚"。同理，例（16）中的构件也完全一致，人体动作的方位关系不同则其所表达的意义也有异。但当人的手朝左时，表示"左",即例(16a);当人的手朝右时,表示"右",即例(16b)。

(15) a. ⏢祭祖经1白2月亮

　　b. ⏢乃乃抒10白4夜晚

(16) a. ⏢创世纪10白3左

　　b. ⏢创世纪10白3右

第二,构件完全相同,但构件间位置关系不同。在例(17a)中,当构件位置关系在同一平面时,表示"骨"的含义。当位置关系发生改变,构件不在同一平面时,意义就会发生改变,表示"骨折"之意,如例(17b)。

(17) a. ⌒法杖经下8白5骨

　　b. ⌒法杖经下18白5骨折

空间位置关系式是东巴文作为一种平面组合型符号特有的表达方式,从认知的角度来看,焦点主要在于凸显者。影响东巴文中空间位置关系式的因素有很多,但其中最关键的因素是认知思维的象似性。这意味着当构件在空间上的排列与认知过程中的某种思维结构相似时,它们更容易被凸显和记忆。这种象似性有助于提高信息的有效提取和记忆过程,从而加强空间位置关系在东巴文中的表达效果。

(二)事理逻辑关系式框架

事理逻辑关系式框架强调构件之间的内在逻辑关系和构件概念之间的合理性。通过构件间事理逻辑关系的呈现,理解构件之间的整合关系。白地东巴文构形整合过程涉及四种事理逻辑关系式框架:(1)整体与局部关系;(2)修饰限定关系;(3)动作涉及关系;(4)叠加反复关系。

第一,整体与局部的关系。它是指构件之间整体与局部的关联。例如:

(18) ⏢法杖经下3白1写

(19) a. ⏢法杖经11白1水

　　b. ⏢祭祖经4白2水头、北方

　　c. ⏢创世纪10白3水尾、南方

在例(18)的⏢"写"中,动作既可以理解为由身体局部发出,也可被视为整个主体执行的动作。具体而言,手是人的身体部位之一。⏢"写"是由手这一身体局部发出的动作,其行为主体是人,由此形成整体与局部的关系。又如例(19a)中,构件⏢作为一个完整的整体,表示

"水"。当我们将构件做局部截取处理后，意义就会发生改变。截取 ⟋ 的上部（即 ⟋ 水头），表示"北方"，如例（19b）所示；截取 ⟋ 的下部（即 ⟋ 水尾），表示"南方"，如例（19c）所示。

第二，修饰限定关系。共有空间激活修饰限定关系是指一个概念能够表达另一个概念的时空环境、性质特征或材料用途等。被修饰的概念可以包括事物、动作或空间等方面，如例（20）。

（20）a. ⟋ 祭祖经 23 白 2 桥

b. ⟋ 祭祖经 4 白 2 镜子

例（20a）中有两个构件 ⟋ "桥"和 ⟋ "水"。通过构件 ⟋ 修饰限定 ⟋ 表明其性质特征，以能与 ⟋ "木板"区别开来，避免字形混淆。又如例（20b）中，构件 ⟋ "镜子"容易和 ⟋ "太阳"的字形相混，因此在字形 ⟋ 中写上 ⟋ "人"去修饰它，表明镜子的用途。

第三，动作涉及关系。此类东巴文主要表示动作意义。但由于动作本身具有抽象性，只能借助动作涉及的其他要素来表示，主要有动作主体、动作对象和工具等，如例（21）。

（21）a. ⟋ 法杖经下 9 白 5 靠

b. ⟋ 法杖经 2 白 1 缝

c. ⟋ 法杖经 15 白 1 织

例（21a）⟋ 表示"人坐靠着"，借助动作主体 ⟋ 和抽象符号 ⟋ 整合出"靠"之意。例（21b）⟋ 表示"缝"。借助动作的工具 ⟋ "针"、⟋ "线"和动作对象 ⟋ "裙子"整合出"缝"之意。例（21c）中 ⟋ 表示"人在织布"。通过构件 ⟋ "女人坐"这一动作主体和动作对象 ⟋ "手持织布"整合出"织"之意。

第四，叠加反复关系。叠加反复关系主要指由两个或多个相同输入空间共同激活概念框架。此类东巴文字参与构形的构件大都可以独立成字，并且常以义表征概念。如例（22a）—（22d）中的一些数目字，表示数目多。又如例（22a）—（22c）也属于叠加反复关系，表示相同、重复。

（22）a. ⟋ 创世纪 23 白 3 一

b. ⟋ 祭祖经 14 白 2 四

c. ⟋ 祭祖经 31 白 2 五

d. ⟋ 创世纪 1 白 3 七

（三）联想关系式框架

在东巴文概念整合的过程中，联想关系式框架主要涉及隐喻和转喻现象。这种框架激活的概念之间并非基于空间位置关系或事理逻辑关系，而是通过特殊的文化认知思维产生的联想式关系。这种关系往往通过共有空间中相关的某一事物的特征来理解另一事物。联想关系式框架又可分为相似性联想和相关性联想两种类型。下面具体阐释。

第一，相似性联想。认知科学普遍认为，隐喻是作为一种认知方式存在的，是人类在范畴化、概念化过程中的一种重要认知活动，对人类认识世界有着深刻的影响。隐喻认知过程中，认知主体通过把一个概念域的信息投射到另一个概念域，从而使其产生联系，加深理解。相似性联系是隐喻最重要的特征，如前面例（3）中，人们通过玉石崇拜的社会认知，将玉的祝福含义与生儿育女的福气联想在一起。两个不同的概念域得以映射，整合出新创意义，即用玉隐喻生儿育女的福气。

第二，相关性联想。在相关性联想这一认知过程中，一个概念的激活将引发与之相关的其他概念的联想。这种联想不仅仅是基于直接的空间位置关系或事理逻辑关系，而更侧重于共享特征、性质或文化认知中的联系。例如：

（23）a. 🐦 创世纪 16 白 3 打雷

　　　 b. 🌾 祭祖经 1 白 3 庄稼

在例（23a）中，🌥 "天"和🏹 "箭"两个构件表示雷电像箭构件一样从天上迅猛而来，用箭的概念框架激活人们对于雷电的认知。在生活中，雷电的出现是非常迅速的，人们联想到用箭的速度来表示雷电的迅速，用箭来具象化雷电。在例（23b）中，小麦是纳西族的主要农作物之一，同时也充当着主要的粮食来源。将农作物与庄稼关联在一起，用构件🌾 "小麦"来表示"庄稼"，强调了庄稼收成在纳西族生产生活中的重要性，也反映出纳西族的农耕文化。

联想是一种普遍存在的认知思维方式和规律，具体的联想方式和联想通道呈现出明显的民族、时代和社会特征。因此，东巴文中的联想关系式充满了丰富的社会文化背景信息，整合这些信息时需要在构形过程中充分融合其他知识，才能顺利形成有意义的整合结果。

第四节　白地东巴文构形的合成空间

在东巴文构形过程中，合成空间涵盖丰富的综合信息，可划分为两大类别：结构合成信息和背景知识合成信息。无论是结构信息还是知识信息，都代表人类在认知外界过程中形成并存储于大脑中的背景概念和知识结构。这些背景概念和知识结构是人类认知成长发展逐渐积累形成的成果，同时也是认知新事物的基础和前提，是相关事物之间联系的线索。因此，在合成空间的整合操作过程中，这些结构或知识可以随时被调用。

一　结构合成信息

结构合成信息是指通过构件的数量关系、方向位置或构件间的相对位置关系等表层结构所传递的直观内容。这些关系在整合的操作过程中同时激活相关概念，无法截然分开。下文从空间位置合成信息和数量关系合成信息两个方面进行分析。

（一）空间位置合成信息

空间位置合成信息指当构件的位置关系发生变化时，我们需要在整合的过程中加入空间位置合成信息。如例（24），两个构件基本构形义相同，但由于构件位置关系不同，所以需要在整合过程中添加位置合成信息完成意义构建，从而使例（24a）中的 "猪"变为了例（24b）的 "死猪"。又如例（17a）和例（17b）中，构件水平位置发生了错位变化，导致表层结构传递的意义不同。在整合过程中融入位置合成信息来构建意义，使东巴文构形意义从例（17a）的 "骨"变成例（17b）的 "骨折"。

（24）a. 乃乃抒 7 白 4 猪

　　　b. 法杖经下 11 白 5 死猪

空间位置关系在东巴文的概念整合过程中扮演着重要角色，构件方向位置的不同会呈现出不同的意义。合成空间的空间位置合成信息与共有空间的空间位置式框架关系密切，但并不是一个概念。简单地说，所有空间位置式框架的概念投射到合成空间之后都会激活空间位置合成信息，但合成空间的空间位置信息却不单指空间位置式框架中的位置关系，还包括了情景式框架及其他所有框架中有关空间位置的信息。

（二）数量关系合成信息

数量关系合成信息是指由两个或两个以上相同构件参与构形，因相同构件的反复多次出现，给人带来的"多"的主观认知感受。例如：

（25）a. ⟨图⟩法杖经 11 白 1 雪

　　　 b. ⟨图⟩祭祖经 2 白 2 百

　　　 c. ⟨图⟩祭祖经 2 白 2 千

如例（25a）中，⟨图⟩"雪"由两个相同的构件⟨图⟩"雪"组成，构形前后意义并没有发生变化，都表示"雪"。此时，⟨图⟩"雪"构件的反复出现，主要凸显"雪多"的主观认知感受。当东巴文字形的构件相同且又不涉及空间位置关系时，一般表示数量关系。如例（22a）——（22d）是数目词，用相同的构件⟨图⟩表示不同的数量。当数量很多而用相同的构件不能表示时，则用例（25b）和例（25c）来表示更大的数量"百"和"千"。

二　背景知识合成信息

人脑中的背景知识信息主要涵盖对外界自然、人类本身以及思想情感等多方面的主观理解与认知。这些方面相互联系且相互影响。随着时代的不断发展、思维能力的提升以及认知水平的增长，对同一事物或现象的看法和情感可能发生变化。作为记录语言的文字系统被这些背景知识所环绕，随着时间的推移，留下了这些知识的痕迹。这些文字系统具有一定的主观性、时代性和民族性，反映了社会发展、文化演变以及人类认知的变迁。

（一）自然规律和生活常识

自然规律是描述自然界中广泛存在的一般性原则。生活常识则是个体在日常生活中通过经验和直接观察所获得的一般性知识。例如：

（26）a. ⟨图⟩祭祖经 17 白 2 云

　　　 b. ⟨图⟩法杖经 23 白 1 蝴蝶

　　　 c. ⟨图⟩祭祖经 11 白 2 饭

在例（26a）中，"云"被视为自然元素。通过观察天空中云的形态，人们逐渐形成对云的认知，在合成空间中加入了关于自然规律的信息，把对云的认知融入东巴文，并将其整合为⟨图⟩。例（26b）中，"蝴蝶"源自自然界动物的本体形态。人们对蝴蝶的认知根植于日常生活，在合成空间中加入关于生活常识的信息，将蝴蝶的独特形状融入东巴文中，整合为 ![字形]。例（26c）中，"饭"是人类的主食之一。在纳西族人生产生活中，人们用盛饭的碗来表示饭。在合成空间中加入生活常识的信息，整合为 ![字形]。

（二）主观认知与价值取向

主观认知与价值取向指的是在概念整合的过程中，以个体的思维观念和价值取向为基础，合成空间中必须激活与东巴字形相关的背景文化信息。这说明主观认知和价值取向在概念形成和理解过程中的至关重要性。东巴文概念的整合并非仅仅是简单的语言符号叠加，它还涉及与特定文化时代相关的深层次信息。这种整合文化信息的过程不仅是东巴文构形的过程，也是一种对特定文化传承的体现和延续。例如：

（27）a ![字形] 创世纪 16 白 3 埋

　　　b. ![字形] 法杖经 2 白 1 射

在例（27a）的 ![字形] 场景中，"板子压在人身上"表达动作"埋"。这一动作涉及两个论元：施事和受事。在这一情境中，板子压在人身上的行为可能承载着各种含义，如惩罚、控制或者象征性的仪式。人们通过亲身经历、社会观察以及文化传承，逐渐塑造了对于"埋"动作的主观理解，构建了对于埋压行为的认知结构。在例（27b）的 ![字形] 中，人作为主体，手持箭发出射击的动作。这一过程涉及两个关键要素：施事"人"和工具"箭"。动作"射"在人们的主观认知中逐渐形成了射击的场景概念。通过亲身参与、观察他人的行为，人们逐渐建构了对于射击的认知结构。

第五节 小 结

本章运用认知语言学中的概念整合理论，基于 444 个白地字形，从概念映射、输入空间、共有空间和合成空间四个方面详细解析了白地东巴文的构形过程，得出以下四个结论。

第一，在概念映射方面，白地主要采用整体性映射和相关性映射两种方式。整体性映射主要包括象形字中的整体象形字，相关性映射则包含局部象形字和变体象形字两种类型。在白地地区字形库中，整体象形字一共有 167 个，占比为 37.6%，而相关性映射中转喻现象涉及局部象形字有

74 个，占比为 16.7%。变体现象涉及变体象形字有 44 个，占比为 10%。相关性映射类字形在白地字形库中总占比为 26.6%，仅次于整体性映射的 37.6%。因此，从以上数据可以得出，白地东巴文构形机制以象形字为主导，其文字特点呈现出极强的图画性，通过简单的线条描绘出外部物象的形状，以记录纳西族人民生活中常见的具体事物和自然现象。这种描绘方式与早期人类的具象思维方式相一致，构形理据较为简单。在白地东巴文中，整体性映射和相关性映射是其主要的映射机制，这两种映射机制体现了纳西先民的具象化的认知思维，同时反映了此时概念整合思维在白地地区尚不成熟。

第二，在输入空间方面，白地东巴文多为一级输入空间类字形，根据白地所建立的文字库统计得出，其中 98% 为单字形。因此，在概念整合过程中，构件的输入空间层次为一级输入空间；而二级输入空间类字形不多，一般涉及复合字形，白地一共收集 8 个复合字，占比为 2%。可见，白地东巴文大多数字形简易，没有复杂的字形变化，其概念整合也更多地归属相对简单的平面整合。此外，白地东巴文中大多数构件是象形字，以形符身份参与构形，主要以具体形象激活人脑中相关概念，通过视觉感知激活语言使用者脑中的相关概念信息，具有明显的"见形知物"特点，表现出白地东巴文图像化的特征。

第三，在共有空间方面，输入空间激活的概念信息互相映射后共同激活了共有空间的概念框架。在构建语言表达形式时，白地东巴文共有空间中激活的概念主要涉及特定情境或场景记忆，即白地东巴文主要激活情景式框架，字形主要集中在象形字和指事字两种字形。其中象形字占比最高，为主要构形机制，指事字也仅出现以线指事和以点指事两种类型。由此可见，白地东巴文中图画性占据极为重要的构形位置，符号化思维初步出现，反映出文字背后纳西族人民思维的原始性，认知机制仍处于初级阶段。

第四，在合成空间方面，白地东巴文构形过程中，合成空间的概念合成方式主要采用背景知识信息。背景知识信息是纳西先民认知新事物的基础和前提，也是相关事物联系的线索，它与认知框架思维紧密相连，涉及情景式框架的概念。

因此，在合成空间的整合操作过程中，融入自然规律和生活常识合成信息或者加入主观认知思维，将这些结构或知识调用，整合出白地东巴文最终概念意义。合成空间中的背景信息反映出白地纳西族社会生活的文化意识和生产力发展水平并不发达。

根据以上综合分析可看出，白地东巴文字形主要为象形字，具有图画性和多样性的特点，其构形过程也较为简单，反映出白地东巴文概念整合中认知思维的原始性。

第五章

丽江东巴文构形的概念整合分析

　　丽江地区位于云南省西北部，青藏高原、云贵高原和滇藏高原的交会地，历史绵长、风景秀丽，拥有多样化的地形地貌和丰富的自然资源。丽江地区以其独特的文化景观而闻名于世。李劼（2007）提到，丽江位于青藏高原和云贵高原之间，因被山谷环绕，地形陡峭崎岖，空气流动多变，以风力大而闻名。虽然山和风是自然元素，但并非为人所控，因此纳西人将其视为超自然的存在，并吸收进东巴文化的精神世界中。自此，纳西族东巴教便将山视为神，并认为风具有灵魂，山和风因此成为东巴教极具特色的信仰。

　　李霖灿（1984）在东巴经的地域分布中，将丽江地区划分为第三区和第四区。他指出第三区的中心为丽江城，其字形精练，笔画稀疏，多为象形文字。在丽江地区，标音字形逐渐增多，同时初次出现彩色字形，因此我们可以根据标音字的数量和颜色来推测东巴文的所属区域。对比其他三区，丽江交通更为发达，易于东巴文的传播，因此丽江东巴文已经散布到外面。随着东巴文发展至丽江西部，也就是李霖灿（1984）提到的第四区，文字逐渐趋于成熟，字符间距缩小，构件连接更为紧密，特殊字表涌现，如变体标音和形声字大量出现。第四区为如今么些东巴的最后根据地，这里提到的第四区即为鲁甸地区，将在第六章进行详细介绍。

　　在《纳西东巴古籍译注全集》中囊括了丽江地区的众多东巴经书，本章仅选取白沙、大研镇、黄山、七河四个地区的东巴经作为研究对象。白沙地区，选取和鸿东巴的三本经书作为白沙东巴文的代表，分别是：（1）《延寿仪式·压冷凑鬼·砍翠柏天梯梯级·末本》；（2）《延寿仪式·在翠柏梯上给胜利神除秽·给胜利神施药》；（3）《延寿仪式·东巴弟子求大威灵·末本》。大研镇地区，选取和凤书东巴的两本经书作为代表，分别是：（1）《关死门仪式·解生死冤结·超度沙劳老翁》；
（2）《大祭风·招回本丹神兵》。黄山地区，选用东发东巴的四本经书作
为代表，分别是：（1）《祭署·普蚩乌路的故事》；（2）《禳垛鬼大仪
式·垛鬼铎鬼来历经》；（3）《禳垛鬼仪式·端和铀争斗、施放董若依古
度空的替身》；（4）《退送是非灾祸·捉拿仇鬼·煮杀瓦鬼》。七河地区，
选取东卢东巴的三本经书作为代表，分别是：（1）《抛卡吕面偶》；
（2）《超度死者·服装及白羊毛穗子的来历——在那刹坞门前，讲述三样
醇酒的来历》；（3）《唤醒神灵·撒神粮》。

　　按照概念整合理论，本研究将丽江东巴文构形的概念整合机制概括为
三大部分内容，主要涉及输入空间的概念表征、共有空间的概念框架激活
及合成空间的背景知识融合。简而言之，就是构件首先在输入空间激活并
表征相关概念，这些概念互相映射之后在共有空间激活一定的概念框架，
然后根据框架选择性地将输入空间的概念信息投射到合成空间，并与背景
知识相融合，从而产生新创意义，即为东巴文的意义。下面将从概念映射
以及三大空间的内容对丽江东巴文构形的概念整合过程进行具体分析。

第一节　丽江东巴文构形的概念映射

　　王正元（2009）提出人的心理空间是由无数概念块构成的整体，这
些概念块包括"读""想""写"等。心理空间的作用是积累知识、连接
记忆的认知矩阵和框架，通过刺激大脑神经元而产生特殊的桥接。心理空
间内的输入信息相互关联，构成一个概念包。框架是集体性的，每个心理
空间都有一个框架用于限定成员之间的关系。概念整合理论是对心理空间
理论的延伸和深化，它基于两个或多个空间的合并，通过层创推理而创造
出新的意义，允许我们将真实、虚拟和意象的东西进行概念化，所以它可
以建构我们的思维模式和背景知识。映射指的是一种匹配关系，是概念域
之间的认同和对应，而心理空间之间的连接主要通过这种映射实现。映射
作为构建和处理概念整合过程的关键工具，它能够激活相关背景知识进行
整合。在丽江东巴文构形过程中，空间和空间概念之间的映射通过以下三
种类型实现：镜像性映射、相似性映射和相关性映射。在这三种类型中，
丽江东巴文构形主要通过镜像性连接，相似性和相关性映射较白地地区有
所增加。

一　镜像性映射

镜像性映射是指在网络整合空间中，所有空间共享一个相同的框架结构，而不同输入空间的概念信息完全相同。这种映射关系帮助语言使用者更清晰地建立关联，且更易于把握和表达现实世界的事物。实际上，镜像性映射是一个认知过程，它将语言符号与具体概念或物体联系起来。在东巴文构形的概念整合过程中，镜像性映射可分为整体性映射和同一性映射两种类型。

（一）整体性映射

整体性映射是指不同输入空间共享同一组织框架，且字形整体与字形所指实体具有相同特征的映射类型。在这一映射中，构件能够反映所描绘事物的整体形象或其特定特征，提供了一种直观的连接方式。其概念整合过程往往具有具象化特点。在丽江地区的东巴文中，整体性映射多指象形字中的整体象形。在丽江东巴经所建 574 个东巴文字形数据库中，整体象形字为 219 个，占字形总数的 38.2%。也就是说，从概念映射的角度看，整体性映射是丽江东巴文构形最主要的机制。根据东巴文构形的整体性映射特点，丽江整体象形字可分为以下四类，如例（1）。

（1）a. ⌒ 21.5 丽 4 天；⊕ H4.234 丽 1 太阳；⌂ H.376 丽 1 山；⊷ H4.257 丽 1 水

b. ⌽ 85.48 丽 4 柏树；✳ H4.464 丽 1 大鹏；☍ H4.475 丽 1 眼睛

c. ✻ 23.13 丽 3 面粉；⊺⊦ H4.474 丽 1 秋千；⧘ 37.16 丽 3 栅栏

d. ⬢ H4.474 丽 1 衣服；✂ 6.280 丽 3 剪刀

例（1a）为天文地理类字形中的天、太阳、山和水。字形 ⌒、⊕、⌂ 和 ⊷ 与所象事物天、太阳、山和水的输入空间共享同一组织框架，是对所象事物外形的简单勾勒，以此表示天、太阳、山和水的概念义。例（1b）为植物、动物、人体类，字形 ⌽、✳ 和 ☍ 具有极强的具像化特点，即为所象事物柏树、大鹏和眼睛的主观描画。例（1c）为饮食、居住类，字形 ✻、⊺⊦ 和 ⧘ 为所指实体面粉、秋千和栅栏的整体象形，其字形与所指实体具有一致性。例（1d）为服饰、器用类，字形 ⬢ 和 ✂ 是对所指实体衣服和剪刀的整体刻画，所指实体即为字形之义。

（二）同一性映射

同一性映射指的是不同输入空间的内容是完全相同的。无论是两个、三个还是多个输入空间，概念内容都是一样的。输入空间内相同信息连接之后，往往形成信息的重叠与反复，从而激活叠加反复式框架，因此整合出名词"数量多"或形容词"程度深"等新的概念内容，如例（2）。

（2）a. ◦°◦ H4.233 丽 1 繁星

b. ↓↓↓ 23.22 丽 3 草地

c. ☰ 6.291 丽 3 茂盛的叶子

例（2a）中有三个相同的输入空间♥"星星"，三个构件♥"星星"的概念叠加后，整合出新创意义"繁星"。例（2b）中有三个相同的输入空间↓"草"，相同的构件↓"草"组合在一起形成"草地"之意。例（2c）中有三个相同的输入空间━"叶"，━"叶"概念意义的反复重叠，整合出"叶子"数量多之意。从以上三个例子可以看出，构件的重叠反复可以整合出全新的概念信息。在丽江东巴经所建 574 个东巴文字形数据库中，同体重复式象形字为 12 个，占总数的 2.1%。也就是说，从概念映射的角度看，同一性映射是丽江东巴文构形中较为罕见的机制。

二　隐喻性映射

在认知语言学的框架下，隐喻性映射是指不同输入空间之间具有相似或隐含的本体对应关系。隐喻性映射与同一性映射完全不同，隐喻性映射强调语言符号与概念之间存在一定程度的相似性，而同一性映射是指符号与所指概念完全一致。这种映射关系往往基于共享的特征、属性或关系，使得语言使用者在表达或理解时能够通过这些相似性来建立联系。隐喻性映射体现了语言的灵活性和创造性，允许人们用更为宽泛或抽象的方式来表达概念。

在丽江东巴文中，隐喻性映射主要指"涂黑"类字形。在丽江东巴经所建 574 个东巴文字形数据库中，涂黑字素占比极少。涂黑字形表示该字形所指代的事物产生了一些负面、黑暗的情绪和意义，如例（3）。

（3）a. ▨▨ 88.185 丽 2 鸟儿和黑鹰发生了争吵和战斗结下了仇恨

b. ◦━● 21.7 丽 4━━● H1.380 丽 1 黑骨

在汉语词典①释义中，将"黑"的字义解释为以下 5 种：（1）像煤的

---

① 中国社会科学院语言研究所：《新华字典（第 12 版）》，商务印书馆 2020 年版，第 184 页。

颜色（与"白"相对）；（2）光线昏暗，如夜晚；（3）比喻是非或善恶；（4）坏；狠毒；（5）秘密的；非法的。如例（3a）中，该经文的汉译为"鸟儿和黑鹰发生了争吵和战斗结下了仇恨"。此处的"鹰"属于黑色字素，"鹰"和"黑"属于两个完全不同的认知概念域。但在人们的主观认知中，黑色具有上方提到的5个概念义，通过联想，"鹰"的黑色字素所映射的概念和第4个概念义"坏；狠毒"存在本体对应性，两个输入空间得以连接，激活相似性联想而生出"黑化仇恨"等负面意义，从而整合出"黑鹰"之义。例（3b）中的"骨"和"黑"两个输入空间建立连接之后，通过相似联想，整合出"黑骨"之义。

三　相关性映射

相关性映射，是指各个输入空间所表征的概念关系因为同属某一认知域矩阵或框架而有所相关。从某种意义上说，同一性映射和相似性映射也存在相关性，是相关性映射的特殊表现。因此，这里说的相关性映射是指既非相同也非相似的情况。在丽江东巴文中，相关性映射主要包含转喻现象和变体现象两种情况。

（一）转喻现象

Kövecses 和 Radden（1998）指出，转喻是指用一个概念去理解另一个概念的思维活动。在丽江东巴文中，转喻现象主要体现在局部象形文字和加体指事字中。在丽江东巴经所建574个东巴文字形数据库中，局部象形字为71个，加体指事字为38个，共占总数的19.0%。也就是说，从概念映射的角度看，转喻现象也是丽江东巴文构形中较为重要的机制。转喻现象在丽江东巴文中可分为整体与局部转喻和符号与指称转喻两种类型，下面分类作详细阐释。

第一类为整体与局部转喻，字形为丽江东巴文中的局部象形字。这类转喻主要包括整体转指部分和部分转指整体两种情况。在丽江东巴文中，局部象形文字主要属于部分转指整体这一类型。这类文字大多使用所指实体的头部、枝叶等凸显部分来转指事物整体，如例（4）。

（4）a. H4. 477 丽 1； 37. 32 丽 3 黄豆

　　b. H4. 463 丽 1 白鹅； H4. 475 丽 1 孔雀

　　c. H1. 376 丽 1 虎； H4. 476 丽 1 豹

如例（4a）中的"黄豆"，字形只截取黄豆的叶子，来表示"黄豆"这一植物。通过部分转指整体的关系，完成字形 ⚬ 的意义构建。例（4b）和例（4c）字形均为部分转喻整体的关系，通过视觉焦点，即动物的头部这个极具特色的身体部位，作为凸显对象来转指"白鹅""孔雀""虎""豹"四类动物。

第二类为符号与指称转喻，字形为丽江东巴文中的加体指事字。Kövecses 和 Radden（1998）认为，符号与指称转喻类型为语言形式和所指概念两者之间的认知关系。同时他们认为语言形式、概念和指称的事物或事件之间存在指称转喻。这类转喻在丽江东巴文中主要体现在加体指事字。所谓加体指事字，是由象形字加非象形的抽象符号组合而成。抽象符号包括加点、加线、加圆圈等方式，如例（5）—（7）。

（5）a. ⚬ 23.7 丽 3 蕨菜繁殖、增多

　　b. ⚬ H4.257 丽 1 繁星

（6）a. ⚬ H4.253 丽 1 视线

　　b. ⚬ 21.12 丽 4 听

（7）⚬ H4.253 丽 1 大脖子病

如在散点指事中，例（5a）字形 ⚬ 本义为"植物蕨菜"，在该字形的周围加上散点来转指蕨菜增多或繁殖的概念义。例（5b）字形 ⚬ 本义为"星星"，在其周围加上散点，表示星星数量增加的抽象概念。在曲线指事中，例（6a）字形 ⚬ 本义为"眼睛"，在其下方加上一条线形成字形 ⚬，以此来转指眼睛所看到的视线范围，表示"视线"。例（6b）字形 ⚬ 本义为"耳朵"，在其基础上加曲线，转指耳朵听到的范围，此时概念义为"听"。在圆圈指事中，如例（7）字形 ⚬ 本义为"人"，用圆圈来转指脖子发生病变，以符号的转喻来指称"大脖子病"。

（二）变体现象

变体现象在丽江东巴文中主要指变体象形文字。所谓变体象形，即在原本象形字的基础上进行一些方向位置的变化而产生新的词义。在丽江东巴经所建 574 个东巴文字形数据库中，变体象形字为 60 个，占总数的 10.5%。由此可见，变体现象也是丽江东巴文构形中不可或缺的映射机制。在丽江东巴文中，变体象形包含倒置、横置、断折和人体动作四种类型，如例（8）—（11）。

（8）a. ⚬ 6.291 丽 3 村寨

        b. 26.110 丽 3 村寨倒

（9）a. 85.48 丽 4 柏树

        b. 37.26 丽 3 柏树折，柏香折

（10）6.283 丽 3 人—— 23.39 丽 3 跳

首先，倒置和横置是指构件的方向发生左右和上下翻转的变化。如例（8a）中的 表示"村寨"。例（8b）中的 将（8a） 向右横置，字形底部发生折裂，此时整合出新的概念为"村寨倒"。其次，断折类如例（9） 和 的字形基本相同，只在原有字形 的树干处发生形变形成 ，转指柏树断折，此时产生"柏树折"的概念义。最后，人体动作类是指人作为基本构件，在其基础上发生动作变化而转指新的词义。如例（10）字形 本义为"人"，由于腿部肢体发生形变形成 ，表示"跳"的概念义。以上三种概念义的改变都是在原构件基础上通过变体而映射出新词义。

第二节　丽江东巴文构形的输入空间

王正元（2009）提出心理空间是概念整合的基石，而概念整合理论恰恰是在心理空间的基础上发展起来的。概念整合是指人类选择性地提取输入空间中的有效信息，并将信息在合成空间进行融合，最后结合合成空间的背景信息而整合成的新创结构。在认知语言学中，输入空间是构件本身携带的信息内容或概念集合，是概念整合过程的起始点。输入空间为共有空间的信息合成提供一一对应的匹配关系。

从输入空间角度对东巴文或东巴文的概念整合类型进行分析可以有不同的分类，其中根据输入空间的整合地位不同，可以分为一级输入空间和二级输入空间。根据概念整合过程的层次不同，可分为平面整合与层次整合。从输入空间数量的不同可以分为两空间整合、三空间整合与多空间整合。从输入空间概念激活或表征方式的不同可分为"以形表征"和"以义表征"两种形式。

一　一级输入空间和二级输入空间

东巴文中的字形叠加和变化具有层次性。根据输入空间的整合地位不同，可分为一级输入空间与二级输入空间。如例（2a） 由三个 "星

星"进行一次性整合，三个构件 ♥ "星星"均属于一级输入空间，即"星"的概念重复之后，整合出新创意义"繁星"。二级输入空间如例（11）。

（11）㣺 88.184 丽 2 斗

在例（11）㣺的概念整合中，首先，㇏ "人"与"木棍"属于一级输入空间，即两个输入空间整合出新创意义"拿武器的人"；其次，二级输入空间则是由两个手持木棍的人相对而立，木棍交叉表示互相攻击，此时二级输入空间内的两个输入空间进行二次整合，得出新创意义"争斗"。

二　平面整合与层次整合

在丽江东巴文构形过程中，不同东巴文字形的概念整合具有不同的层次性。根据概念整合过程的层次不同，可分为平面整合与层次整合两种类型，如例（12）。

（12）a. ⌒ 23.19 丽 3 天裂

　　　b. ⌒ 23.19 丽 3 地裂

　　　c. ⺅ 37.13 丽 3 仇冤

平面整合如例（12），例（12a）中的 ⌒ 由 ⌒ "天"和抽象符号 ＼ 进行一次性整合，例（12b）⌒ 是由 ⺤ "地"和 ／ 进行一次整合。层次整合如例（12c），首先字形 ⺈ "山柳"和 ㇏ "人"进行一次整合得出 ⺅ 表示"仇人"；其次，㇏ "仇人"和 ⺅ "大脖子病的人"进行二次整合得出新的词义 ⺅ "仇冤"。

三　形符和义符

根据输入空间的概念激活或表征方式，参构东巴文的构件还可分为"以形表征"的形符和"以义表征"的义符两种类型。这两种表征方式，其实指的就是东巴文概念整合过程中构件激活概念或表征概念的方式。第一类为"以形表征"，它是指通过具象的图像来激活人脑中的相关概念，如例（13a）—（13c）。例（13a）中的 ❀ "叶子"，例（13b）中的 ⑪ "断裂"以及例（13c）中的 ⺗ "牦牛"都具有极强的图画性。其构形与所指实体具有较高的相似度，是人们根据主观意识对所指实体的描摹。通过观察字形可直接激活人脑中关于"叶子""断裂"以及"牦牛"的相关概念。

（13）a. 🦟 H1.412 丽 1 茂盛的叶子

b. 🦷 23.39 丽 3 断裂

c. 🐃 88.192 丽 2 牦牛

第二类为"以义表征"，是指以词义参与构形的构件，如例（14）。例（14a）🦟中 5 个输入空间的概念表征都是相同的，通过数量的叠加，整合出"五"的数字概念。例（14b）🦟中包含 9 个输入空间，9 个输入空间的概念整合出新创意义"九"这一数量词。

（14）a. 🦟 21.6 丽 4 五

b. 🦟 88.181 丽 2 九

第三节　丽江东巴文构形的共有空间

在丽江东巴文构形中，共有空间是指与构件概念相关的背景经验和知识结构，反映的是输入空间共同的、更为抽象的共享结构和组织，相当于框架理论中的"框架"或"图式"。东巴文构件概念互相映射之后，在共有空间激活一定的概念框架，这是概念整合过程中的一个重要环节。在丽江地区，共有空间所激活的框架有两类：一是情景式框架；二是关系式框架。

一　情景式框架

认知心理学中的编码特征假说强调，信息的有效提取在很大程度上取决于提取时的环境与编码时的环境之间的相似度。相似度越高，记忆的提取就越容易实现。这一现象也被称为情境关联记忆。东巴文大量运用情景关联记忆造字，所造之字能够激活人们生活体验中熟悉的情形景象，本研究称之为"情景式框架"，如例（15）。

（15）a. 🧍 37.12 丽 3 大脖子病

b. 🦷 H4.243 丽 1 牙

c. 🐎 6.279 丽 3 马惊吓

d. 🌧 H4.477 丽 1 下雨

e. 🧵 88.187 丽 2 织布

例（15a）中，在字形的脖子部位添加抽象符号圆圈，运用抽象符号圆圈来转指该部位发生病变，表示概念"大脖子病"。看到脖子有一个圈的情景激活的是脖子部位有肿块的景象，并由此生出"大脖子病"之意。在该例中，两个输入空间所表征的概念信息在共有空间激活情景式框架。如例（15b）字形由牙齿和牙齿所依附的上下唇组合构成，通过附加内容使字义能够比较准确地表现出来。牙齿依附上下唇的情景图像实质上是它们所表征的概念信息共同激活了唇包牙齿的情景式框架，并由此生出"牙齿"之意。例（15c）本义为"马"，在其头部加上曲线，转指马受到惊吓的场景，此时在共有空间激活马被吓到颤抖的情景框架，因此生出"马惊吓"之意。例（15d）从雨从天，线条从天上落下表示下雨。看到天和几条曲线的图像，激活的是大脑中雨滴从天上落下的认知情景记忆，因此生出"下雨"之意。例（15e）从人从麻布表示"织布"，字形由坐着的人形和麻布组合而成。看到坐着的人形和麻布，激活的是人坐在织布机前织布的景象，因此生出"织布"之意。

情景式框架类型下的丽江东巴文富有象形色彩且具有很强的直观性和画面感。在丽江东巴文构形中不管是象形字、指事字、会意字还是形声字等都属于此类型，且构件多为象形字，常组构出生动形象的情景画面。

二 关系式框架

东巴文构件概念互相映射之后，在共有空间会激活对应的概念框架。除了上文提到的情景式框架之外，还包括关系式框架。所谓关系式框架，是指构件结构之间的空间关系和逻辑关系。因此，关系式框架可被分为空间位置关系式框架和事理逻辑关系式框架两种类型，下面将分节作详细阐释。

（一）空间位置关系式框架

空间位置关系式框架，是指在原构件的基础上进行一些方向位置的变化，从而产生新词义。空间位置关系强调构件所指实体本身的位置，或是构件间的空间位置关系，概念往往是由位置关系所激活的，如果构件位置有所改动则整合的过程必受影响。因此我们将其分为以下两种类型。

第一种类型是构件方向位置不同。如例（8a）为"村寨"，

三　联想关系式框架

　　联想关系式在纳西族东巴文中又可细分为相似性联想和相关性联想两种类型。这类东巴文构件所激活的概念之间不具有空间位置或事理逻辑关系，而是通过特殊的文化认知思维产生联想式关系。这与 Fauconnier（1985）提出的心理空间的可及原则别无二致。假使 A 事物和 B 事物相互关联，且 A 和 B 处于不同的心理空间，有两种方法可以了解和辨别 B：一是通过 B 自身去了解；二是通过辨别 A 的特征去了解 B。第二种方法便利用了可及原则，即利用一个心理空间中的相关事物特征去认识另一个事物，也就是这里提到的联想关系式框架。

　　第一类为相似性联想，其字形对应丽江东巴文中的涂黑字素，涂黑字素表示该字形所指实体产生了一些负面、黑暗的情绪和意义。如例（3a）和例（3b）的涂黑字体中，因黑色的语义可激活相似性联想而生出"黑化仇恨"等负面意义。

　　（20）　天 23.39 丽 3 跳

　　第二类为相关性联想。如上文提到的例（1a），字形 ☀ 为描摹太阳的形状而构成，看到字形本身激活我们大脑中太阳的图像认知背景，因两者具有极强的关联性而生出"太阳"之意。再如例（20）中的字形 天，在 夭 "人"的字符基础上改变腿部动作激活人脑中跳的动作，因此激活相关性联想并整合出新创意义"跳"。

第四节　丽江东巴文构形的合成空间

　　在丽江东巴文的概念整合过程中，合成空间包含着极为丰富的信息，具体可分为结构合成信息与背景知识合成信息两大类。不管是结构信息还是知识信息，都是人类认知外界过程中形成的储存在大脑中的背景概念和知识结构。认知语言学的研究目标是探索语言、意义和认知之间的关系，发现人类认知或概念知识的实际内容，从而揭示人类语言的共性和人类认知的奥秘。所有这些背景知识结构都是人类在认知成长发展过程中逐渐形成积累起来的结果，但同时又是作为认知新的事物的基础和前提，是相关事物之间联系的线索，因此在合成空间的整合操作过程中这些结构或知识随时可能被调动和利用。

一 结构合成信息

结构合成信息是指表层结构所传递的直观内容，其中包括构件的数量关系、方向位置或构件间的相对位置关系等。这些关系在整合的操作过程中相互激活相关概念，因此无法被完全分离开来。结构合成信息可被分为空间位置合成信息和数量关系合成信息两种类型。

（一）空间位置合成信息

空间位置合成信息，是指如果参与建构概念的构件发生了位置关系的变化，我们需要在合成空间融入空间位置合成信息，从而形成完整的整合过程，如例（21）。

（21） a. ⌒⌒⌒ 6.280 丽 3 天摇

　　　 b. ⊏⊏⊐ 6.280 丽 3 地裂

　　　 c. 犬犬 59.53 丽 4 伙伴

　　　 d. 艸 H1.406 丽 1 树林

如例（21a）和例（21b）在字形 ⌒⌒ "天" 和 ⊏⊏⊐ "地" 上添加抽象符号 "曲线" 来表示 "天摇" 和 "地裂"。因在整合过程中融入了空间位置的相关信息，所以天的线在 ⌒⌒ 的下方，而地的线在 ⊏⊏⊐ 的上方。这种上和下的关系主要通过构件之间结构空间位置关系的不同来体现。例（21c）犬犬 和例（21d）艸 均通过构件之间结构的并列关系来体现，因此在整合过程中需要融入空间位置的相关信息。

（二）数量关系合成信息

数量关系合成信息是指在整合过程中激活数量关系合成信息。在丽江东巴文中主要指同体象形字和指事字，即由两个或两个以上相同构件参构的东巴文。数量合成信息主要是指相同构件的多次反复以带给人 "多" 的认知感受。而这种数量上的繁多同时又会连带激活其他性质和特点的相关概念。如上文提到的例（2a）和例（2b），字形属于同体象形字，例（2a）⚬⚬⚬中有三个相同的输入空间 ♥ "星星"，三个构件 ♥ "星星" 的概念重复之后，整合出新创意义 "繁星"。例（2b）↓↓↓中有三个相同的输入空间 ↓ "草"，相同的构件 ↓ "草" 组合在一起形成 "草地" 之意。再如数量词例（14a）和例（14b），例（14a）中 ⁞⁞ 的 5 个输入空间的概念表征都是相同的，通过数量的叠加，整合出 "五" 的数字概念。

例（14b）中⫶⫶包含 9 个输入空间，9 个输入空间的概念整合出新创意义"九"的数量词。此外，例（22a）◖◗和例（22b）⫽均通过构件的多次叠加分别表示数字"二"和"三"的意义。

（22）a. ◖◗ H4.234 丽 1 二

　　　b. ⫽ 21.5 丽 4 三

二　背景知识合成信息

人们对自然界、人类以及思想情感等方面有着主观的理解和认知，即为背景知识信息，这些方面相互关联和相互作用。时间的推移、思维能力和认知水平的提高会导致对同一事物或现象的看法和情感发生变化。个体的主观感受逐渐形成了群体的共同意识，个别的变化也可能逐渐引起整个族群的共同变化。东巴文作为一种记录语言的系统，被这些背景知识所包围，因此具有一定的主观性、时代性和民族性。这些背景知识的痕迹使得东巴文不仅仅是一种文字，而是充满文化和历史内涵的符号。因此，东巴文为人们探索和理解历史、文化和社会提供了一个重要的途径。

背景知识信息包含自然规律和生活常识，以及主观认知与价值取向两种类型。但在丽江东巴文构形中背景知识合成信息主要集中表现为自然规律和生活常识这种类型。如例（8）和例（23），上文提到的例（8a）Ⱨ表示"村寨"，例（8b）⚒表示"村寨倒"，两者首先通过激活关系式框架，根据人的生活常识，倒向一侧表示村寨倒塌。因此，除了共有空间中激活的关系式框架之外，在合成空间中还需要与人的生活常识进行整合，由此生出"村寨倒塌"之意。

（23）a. ⚏ 37.24 丽 3 庄稼

　　　b. ⚐ H1.381 丽 1 长寿

例（23a）字形⚏首先激活情景式框架，即看到庄稼在"地"的字形上竖立而激活庄稼生长的景象；其次根据人的生活常识，庄稼生长在地上而非地下，由此生出"庄稼"之意。例（23b）字形⚐首先激活联想关系式框架；其次在合成空间中还需要结合人的生活常识进行概念整合，即在人的头顶加一根线表示"延长"之意，因而生出"长寿"之意。

第五节　小　结

本章基于概念整合理论，针对丽江地区 574 个字形，从概念映射、输入空间、共有空间和合成空间四个方面，对丽江东巴文的构形过程进行分析，得出以下四点结论。

首先，在概念映射方面，丽江东巴文的概念映射分为镜像性映射、隐喻性映射和相关性映射三种类型，镜像性映射和相关性映射是丽江地区东巴文的基本构形机制。在丽江地区字形库中，整体象形字共有 219 个，占总数的 38.2%，而白地地区整体象形字占比为 37.6%，从以上数据可看出，对比白地地区，整体性映射依然是丽江东巴文构形最主要的机制。相关性映射类字形包含局部象形字、变体象形和加体指事字三种字形，占丽江字形库的 19.0%，仅次于镜像性映射类字形。与此同时，隐喻性映射的字形，即黑色字素占比对比白地地区也有所增长。这一发展趋势的形成并非偶然。隐喻是人类具身经验与思维活动的产物。隐喻的使用促进人类对周围世界的了解和认知范畴的扩大，因此隐喻字形的增长也体现了文字背后纳西族人民认知思维的发展。

其次，从输入空间的角度来看，随着东巴文发展到丽江地区，二级输入空间类字形，如变体象形字和加体指事字对比白地有所增加，加体指事字形的符号种类也愈加丰富。如在白地地区，仅出现以线指事和以点指事两种类型，在丽江地区则出现了圆圈指事和点线结合的方式。由此可见，在丽江东巴文中，两空间整合和多空间整合的字形大量出现，同时也体现出丽江东巴文开始由图画性向符号化的字形转变。

再次，在共有空间方面，白地东巴文主要通过镜像性映射连接而激活情景式框架，字形主要集中在象形字和指事字两种类型，体现了白地东巴文构形认知机制的图画性和多样性特点。随着纳西族先民从白地迁徙至丽江，丽江东巴文在共有空间除了激活情景式框架之外，其构形呈现符号指称转喻映射和隐喻性映射逐渐增加，激活空间位置关系框架、事理逻辑关系式框架和联想关系式框架的字形也随之增加。丽江东巴文构形激活的框架从情景式逐渐倾向于关系式框架，纳西先民开始用更为复杂和精细的概念结构来理解和解释世界，体现概念整合思维逐渐高级化。

最后，在白地到丽江的演变过程中，合成空间中的概念合成方式呈现出由背景知识信息向结构合成信息转变的趋势。这一发展趋势不仅揭示了东巴文中蕴含着丰富的远古历史知识和深厚的文化背景信息，覆盖生活生产方式、文化习俗等诸多领域，而且展现了纳西族人民从具象思维向抽象思维转变的认知进化过程。

　　根据对白地和丽江东巴文发展的深入对比分析，本章发现东巴文在丽江地区的发展过程中逐渐走向成熟。其字形从早期的象形性特征，逐渐向符号化过渡，这一变化趋势揭示了概念整合思维能够更加精准地捕捉和表达事物的内在逻辑和关系，思维模式逐渐从具体形象向抽象符号转变的进程，提高了东巴文的表达力和信息传递效率，同时也推动了当地文化和社会认知水平的提升。

第六章

鲁甸东巴文构形的概念整合分析

　　李霖灿（1984）按照么些经典的地理分布，将鲁甸地区划为第四区，位于丽江之西。么些人到达丽江后，西下至鲁甸、巨甸、塔城乡以及维西一带。鲁甸乡的东南部地区地处世界自然遗产"三江并流"八大片区之一的"老君山"腹地；巨甸镇位于金沙江沿岸，西邻鲁甸乡，北邻塔城乡；塔城乡则与位于金沙江的江乡隔江相望。

　　东巴是民间仪式和宗教活动的组织者，是纳西物质文化和精神生活的引领者。鲁甸主要由太安、鲁甸和塔城等乡镇组成，在此区域出现许多东巴大师。鲁甸位于太安和塔城之间，东巴大师和世俊家族与太安和塔城有着密切的交流和师承关系。根据师承关系、源流关系和跋语等相关情况以及当地东巴收集保存了许多和世俊、和文质的经书可知，由和世俊与其孙和文质所写的经书或所藏的经书较多。此外，在与太安和塔城的交流和合作过程中，和世俊发现鲁甸地区在仪式规程、诵经、舞蹈和绘画方面各有特色但又相互补充。此时东巴文化在鲁甸达到高峰。迄今为止，《全集》收录了最多的东巴经，共有 897 种，是目前经书数量最多的著作。而且大东巴们开设东巴学堂，为东巴文化的传承奠定了基础。李霖灿（1984：110）指出，"东巴文在地理分布上呈现由疏到密的趋势，且字间空隙减少，变体合成的拼音字和形声字在这一区域形成。并且大东巴和世俊在后期东巴抄写过程中，减少简笔画的运用，努力做到一音一词，使得后人在学经、释义方便省事。"

　　本研究主要选取和世俊、和文质以及和乌尤三位大东巴的 9 本经书作为研究的文本。首先是和世俊的 4 本经书：（1）《超度什罗仪式·规程》；（2）《延寿仪式·献牲·献圣灵药·求福泽》；（3）《超度胜利者·竖胜利者天灯树、武官树、美德者树，插胜利旗，挂武官和美德者衣服》；

（4）《超度胜利者·董的伊世补佐东巴，点着火把寻找失踪了的胜利者》。其次是和世俊之孙和文质的 3 本经书：（1）《超度胜利者·迎接优麻神·擒敌仇》；（2）《除秽·白蝙蝠取经记》；（3）《延寿仪式·大祭署·建署的白塔》。最后是和乌尤的 2 本经书：（1）《祭祀绝户家的天·献牲献饭》；（2）《大祭风·十二种牺牲的出处来历》。

　　本研究基于概念整合理论，从概念映射、输入空间、共有空间以及合成空间四方面对三位东巴的 9 本经书进行穷尽性分析。通过下文对鲁甸地区东巴文构形机制的研究，为对比各区域东巴字构形机制的异同和总结东巴文构形的历时演进规律奠定基础。

第一节　鲁甸东巴文构形的概念映射

　　概念整合是在心理空间中进行的一种认知操作。其核心在于构建心理空间之间映射和投射的整合空间网络。正如王正元（2009：13）指出，概念整合网络是概念整合进行的场所，该网络由两个或多个域（domain）的信息输入空间（input spaces）、各个空间共享的抽象组织框架类属空间（generic space）以及来自输入空间组织框架选择性投射的整合空间组成，这些构成了人的概念整合网络。

　　映射在人的心智空间中发挥着重要作用。通过映射，人们能够更好地理解和处理不同领域的信息和概念。它建立起心智空间中的目标成员与其他心智空间成员之间的联系，成为连接内部与外部世界、表征与实质内容、具体与抽象概念的媒介。Fauconnier（1997）强调在思维和交际中建立心理空间映射关系的重要性，指出映射在自然语言的构建和推理中扮演着核心的角色。在东巴文概念整合过程中，空间映射主要体现在各输入空间的连接。鲁甸东巴文构形的概念映射主要通过镜像性进行连接，但是相比白地和丽江地区，隐喻性映射和相关性映射占比大量增加。

一　镜像性映射

　　东巴文构形中存在所有空间的组织框架都相同的情况，即所有空间之间共享同一个组织框架，此时输入空间之间的框架结构不存在竞争关系，这种输入空间连接的方式被称为镜像性映射。举例来说，在"佛教僧侣之谜"的情景中，所有空间都同享"某人沿着山路行走"这一共有框架。

这个框架源自合成空间中更具体的情境，即"两人在山上某处相遇"。其中，属于镜像性映射的东巴文在选择性投射过程中，根据镜像性映射的侧重点不同分为整体性映射和同一性映射。整体性映射强调两个输入空间的框架和元素在显著特点上基本保持一致，在概念整合过程中体现"见形知物"的特点，即字形相当于字义。同一性映射强调两个或多个输入空间的框架和元素完全相同，在概念整合中体现数量多和程度深的概念。

（一）整体性映射

整体性映射强调字形的整体和它所代表的实体具有相同的特性，输入空间具有相同的框架和元素。整体性映射的字形具有图像性特点，此类字形多为东巴文中的整体象形字，正如东巴文中将纳西语称为 $sər^{33}tçə^{55}lv^{33}tçə^{55}$ "森究鲁究"，$sər^{33}$ 意为"木"，lv^{33} 表示"石"，$tçə^{55}$ 汉译为"痕迹"，即见木画木、见石画石。表明东巴文的主要特征在于对客观事物的写实，以物体原貌为基础构建字形，使得字形整体表现字义。如例（1a)中的 🐘 "象"，其整体象形的构形与实体"头部体积较大，耳朵如扇状展开，四肢粗壮如圆柱，其鼻子细长且呈圆筒状，可灵活蜷曲，一对长大的门齿伸出口外，显得格外突出"保持一致。输入空间的字形整体和实体在轮廓和突出细节上保持一致。例（1b）中的 🐟 "箭"，其整体象形的构形与实体"一端有尖头，一端附有羽毛"保持一致。概念整合过程中，两个输入空间共享相同的组织框架，使得东巴文字形的整体形象与字义之间形成了直观的对应关系，因此输入空间互相连接的方式属于镜像映射。

（1） a. 🐘 68.331 鲁 H1 象

　　 b. 🐟 1.255 鲁 H3 箭

在鲁甸所建 599 个东巴文字形库中，整体象形 134 个，占总数的 22.4%。如例（2a）—（2d）分别属于整体象形中的天文地理、动物植物人体类、饮食居住、服饰器用类。

（2） a. 🌞 81.205 鲁 H3 太阳；↶ 11.97 鲁 H1 天；☁ 68.310 鲁 H1 山坡

　　 b. 🌲 68.309 鲁 H1 黄栎树；🐅 68.331 鲁 H1 牦牛；🎭 1.242 鲁 H3 脸

　　 c. ✎ 11.126 鲁 H1 筷子；🥄 1.232 鲁 H1 漏勺；🗼 11.97 鲁 H1 塔

　　　d. 🐾 68. 314 鲁 H1 衣服；🪝 81. 151 鲁 H3 纺锤线；➡
　　　70. 233 鲁 H2 剑

　　例（2a）属于天文地理类，概念整合过程中两个输入空间分别为字形 🌞、～、和 ☁ 所指实体太阳、天和山坡。在构形过程中，人们加入了对太阳、天和山坡的形象联想，且字形整体和联想的轮廓及特征一致，这种映射关系建立在共同的组织框架之上，促使输入空间内的元素实现有效的对应与整合。所以，字形 🌞、～ 和 ☁ 分别表达"太阳""天"和"山坡"的概念意义。例（2b）为动、植物和人体类，字形 🌲、🐅、👤 和黄栎树、牦牛和脸的实体通过整体外形进行镜像性映射，字形的整体形象即为词义"黄栎树""牦牛"和"脸"。例（2c）是饮食居住类，✏"筷子"、🥄"漏勺"和 🕌"塔"分别对生活中筷子、漏勺和塔的外部形状和写实特点，字之形即指字之意。例（2d）属于服饰器用类，🐾、🪝 和 ➡ 字义分别为"衣服""纺锤线"和"剑"。概念整合过程中，字形与实体通过整体性进行连接，字形的整体外形是对实体的临摹。

　　总之，整体性映射东巴文的构形方式是依据物体原本的样子临摹而成，具有图像性，体现所象事物的整体形象或突出所象事物的特点，用与所指实体整体外形一致的直观性体现构意。

　　（二）同一性映射

　　构形过程中，如两个或多个输入空间的框架结构和组合成分完全相同，则属于同一性映射，如例（3）和例（4）。但在概念整合中，输入空间抽象的框架和元素通过相互映射，触发不同的认知框架，进而实现概念的整合，最终整合出大于东巴文单一构件的概念意义。

　　（3）a. ✦✦✦ 68. 308 鲁 H1 星光

　　　　b. 🌿🌿🌿 68. 308 鲁 H1 草

　　（4）🏃🏃 70. 236 鲁 H2 争斗

　　在例（3a）的 ✦✦✦"星光"中，无论输入空间的数量是两个还是三个，每个空间均为 ✦"星星"。所表征的组织框架和元素，互相连接之后形成信息的重叠反复，表示星星多且亮，从而激活叠加反复式框架，基于数量合成信息，整合出新创意义"星光"。例（3b）🌿🌿🌿 构形中输入空间均为 🌿"草"，多个 🌿 互相映射，表征数量多，经整合后产生"草茂盛"这一新的概念义。例（4）中的 🏃🏃，两人持刀相对，通过同一性互相连接后激活关系式框架中的空间位置关系，根据结构合成信息中的空间位置合成整合出"争斗"的概念意义。

二　隐喻性映射

根据认知语言学的概念整合理论，隐喻性映射涉及输入空间概念信息的相似性，即不同输入空间的概念在某种程度上具有相似特征或属性。通过隐喻性映射，人们能整合出不同于源域和目标域的新创结构和概念。例如，在词汇语言学中，相似性映射可能涉及词汇中具有相似意义或结构的词语。这些相似词汇共享一些语义特征，使它们在认知空间中形成相似性映射关系。通过这种映射，个体可以更容易地将新概念与已有概念相联系，促进信息的整合和理解。此类映射为个体提供了一种深入理解概念的方式，通过将不同领域的知识和概念联系起来，促进了认知的跨领域整合，有助于形成更为全面和丰富的认知模式。

东巴文中存在一类黑色字素，其构形通常涉及隐喻性映射，因为黑色在纳西族人民的认知中多与邪恶有关。如例（5）中的🌿"毒"属于黑色字素。🌿"毒"由🌿"花"涂黑形成。"黑色"和"毒"本分属完全不同的认知概念域。但在人们的主观认知中，黑色有深沉、压迫、庄重、神秘、无情色、黑暗和邪恶等概念意义。毒被定义为外部环境中的化学物质，当其进入肌体并在特定条件下，会与生物分子产生生物化学或生物物理反应。这种反应可能引发机体的正常生理功能受到干扰或破坏，导致短暂或持久的病理状态，甚至对生命构成威胁。"黑色"和"毒"通过隐喻性映射连接，最终整合出黑色是毒的新创概念。而且，刘安（1998：626）在《白话淮南子》中指出古代人类通过采集植物果实和饮水等方式获取食物和水分，但由于当时的环境条件恶劣，常常遭遇多种有毒物质和病痛的危害。为了解决这些问题，神农开始教导人们种植五谷、分辨土地的宜居性和水源的甘苦，并亲自尝试各种植物的滋味，以了解它们的药性和毒性。这一过程揭示了早期人类在饮水和寻找食物过程中，逐渐发现了植物的药性和毒性特征。因此"涂黑的花"和"毒"两个输入空间的概念信息得以连接，经过一系列的映射和投射最终整合出"涂黑的花"是"毒"的新创概念，即字形🌿表征"毒"的概念义。

（5）🌿 11.105 鲁 H1 毒

隐喻一般涉及相对具体的概念域向相对抽象的概念域的转移。这种映射不仅仅是语言上的转变，更是一种认知过程。通过将一个概念域中的具体概念与另一个概念域中的抽象概念相联系，促进了抽象概念的理解。这种映射过程涉及一个具体的概念被映射到一个更为抽象的概念域上，从而揭示了抽象概念的内在属性和特征。以"时间是金钱"这一隐喻为例，时间这一具体概念被映射到金钱这一抽象概念上。通过这种映射，我们能够理解时间的有限性、可管理性和价值等抽象特性。隐喻性映射促进了纳西族人民对东巴文认知结构的整合，促使概念从相对具体的范畴向相对抽象的范畴转移。通过隐喻性连接映射的概念信息具有激活关系式框架中联想关系的能力，从而实现概念信息的整合，有利于突出共同特性概念。并且隐喻性映射丰富了我们对抽象概念的认识，还为我们提供了理解和处理抽象概念的思维工具。通过深入研究这种映射过程，我们可以进一步揭示人类认知的内在机制。

三　相关性映射

相关性映射是概念整合理论中的一个重要概念，指的是输入空间中的概念关系由于同属于某一认知领域或框架而产生的相关性。在概念整合的理论框架下，镜像性映射和隐喻性映射在某种程度上也涵盖了相关性，但可以看作是相关性的特殊表现。因此，相关性映射描述的是一种既非相同也非相似的概念关系。在东巴文构形的空间映射过程中，相关性映射是最为常见且复杂多样的一种映射形式，且相关性映射包括转喻现象和变体现象两种情况。

（一）转喻现象

转喻涉及概念之间的映射，即将一个概念（源领域）映射到另一个概念（目标领域），这对概念整合的过程和结果具有重要的影响。Barcelona（1997）认为，概念转喻需遵循认知原则。认知原则强调人们倾向于选择与个体自身相关、具体、有生命、易于形象感知、典型并具有使用功能等特征的事物作为转喻的源领域，而将与人无关、抽象、无生命、不易于形象感知、非典型、无使用功能等特征的概念作为转喻的目标领域。Lakoff 和 Johnson（2003）进一步指出，转喻是概念和思维层面上的问题，对人类推理起着重要作用。在东巴文构形过程中，文字学分类中的局部象形和指事字通过整体与局部转喻和指称符号转喻两种方式。实现输入空间之间的互相连接，凸显目标域，激活相应的认知框架，融合背景知识完成概念整合。

第一，整体与局部转喻。整体与局部转喻指的是通过具体的、局部的概念引申到整体范畴的认知过程。举例而言，当我们谈论一个组织中的一位杰出成员，可以使用部分转喻整体的方式，将其个体贡献或特质比作组织整体的优势。部分转喻整体的运用不仅仅局限于语言表达，还反映了认知系统倾向于通过局部信息来理解整体概念的趋势。东巴文中以局部转喻整体的字形主要为局部象形东巴文。通过画出所象事物的局部形象，以其显著特征代表这个实体的整体。一般而言，东巴文构形中形体大的动物都可以用局部代替整体。在鲁甸东巴文所建的 599 个字形库中，局部转喻整体的字形有 138 个，占 23.0%。从意义类属来看，局部象形基本上限于植物类、鸟类、兽类的部分字，如例（6）。

(6) a. ✐ 1.248 鲁 H3 苋米；✦ 11.106 鲁 H1 麦

　　b. ☞ 75.214 鲁 H1 白鹇；☜ 81.209 鲁 H3 菁鸡

　　c. ☘ 81.209 鲁 H3 虎；☙ 11.118 鲁 H1 猴

例（6a）是植物类，通过强调实体显著的局部特征，✐用苋米的叶片代表整体，✦用麦子的种子代表整体。例（6b）属于鸟类，鸟类常采用头部代替整体，白鹇的头部☞凸显整体的特征，菁鸡用头部☜代替整体。例（6c）体型较大的动物以局部性的临摹手法用头部代替整体，☘表征为老虎的整体，☙即为猴的整体。东巴文的这一语言特征在认知层面上反映了概念整合映射过程中选择性关注和抽象的认知倾向。通过突出事物的独特部分，东巴文实现了对整体概念简明而富有表现力的表达。构形中局部转喻整体的运用，以显著特征代表整体实体，使东巴文书写更加便捷。

第二，符号与指称转喻。在 Köveceses 和 Radden（1998）的研究中，语言形式与所指概念之间的认知关系被归类为符号转喻类型，例如通过"笔"的字形来表示"笔"的概念。他们主张语言形式、概念和指称的事物或事件之间存在指称转喻。在东巴文的构形过程中，连接方式表现为符号指称转喻的字形对应文字学分类中的指事字。在鲁甸东巴文所构建的 599 个字形库中，指事字占据了 72 个，即符号指称转喻的字形占比达到 12.0%。东巴文常常采用线、点、圈以及点线结合这类抽象的语言符号来表达和理解更为具体的实际对象或概念。

首先，东巴文中散点 ⋮⋮ 作为一个整体符号，在构形中以符号指称概念，使概念中的性质或特征具象化，如例（7）。这种概念整合的方式凸显了东巴文将抽象概念通过图形符号直观呈现的趋势。

（7）a. 🔣 1. 251 鲁 H3 繁星

　　　b. 🔣 11. 112 鲁 1 增加

　　　c. 🔣 70. 244 鲁 H2 满

　　　d. 🔣 11. 115 鲁 H1 犁铧

　　例（7a）在构件 🔣 "星" 周围添加散点，成功地表达了数量多的概念，🔣 整合出新的概念义 "繁星"。🔣 通过散点分布在 🔣 周围将抽象的数量概念具象化，为观者提供了直观而有效的信息。例（7b）中的 🔣 在 🔣 "蕨菜" 周围添加散点，通过符号指称转喻整合新的概念义 "增加"。例（7c）中的 🔣 在牛角周围画上散点，表征 "满"。例（7d）🔣 在犁铧的顶端周围画上散点，表示 "尖锐"。通过将散点放置在特定位置，有效地将抽象概念 "尖锐" 转换为具象的图形符号，展现属性符号化和具象化的过程。这种构建性的概念整合通过散点的位置和形式，传递了事物特定的特征和性质，实现了从具象的图形符号到抽象概念的认知转变，体现了纳西族人民中对于非象形抽象构件的灵活运用。

　　其次，东巴文构形利用抽象符号) (示分开、≤ 示声音、🔣 示有声和说话、ヽヽ示看见、━ 示推门的动作、⌒示覆盖，如例（8）中均用抽象符号指称动作。

（8）a. 🔣 11. 118 鲁 H1 吼叫

　　　b. 🔣 11. 101 鲁 H1 看

　　　c. 🔣 81. 190 鲁 H3 石裂

　　　d. 🔣 11. 117 鲁 H1 笑

　　例（8a）🔣 曲线从牛的嘴巴打出，表示吼叫。例（8b）🔣 从人的眼睛打出两条线表示看。例（8c）🔣 在石头上画两条曲线表示石头裂开。例（8d）🔣 从嘴巴画出线并在周围打上散点，通过使用点线结合的方式指称动作，将抽象动作概念转化为可视化的具象符号。此类符号指称概念的东巴文将动作概念具象化，体现纳西族人民的直观动作思维。

　　最后，常用非象形的抽象符号圆圈 🔣 指称概念，东巴文中将抽象的概念以具体的圆圈形状来表示，实现物体概念的视觉化，如例（9）。

（9）a. 🔣 11. 116 鲁 H1 大脖子病

　　　b. ⟨字形⟩ 1.254 鲁 H3 肠炎

　　例（9a）⟨字形⟩在人的字形脖子部位画了一个圈，表示该人是大脖子，用
⟨字形⟩圆圈指称身体部位发生病变。例（9b）⟨字形⟩在肠子上打上一些圆圈，
表示长了其他东西，以示发炎，用多个圆圈指称疾病。

　　东巴文概念整合过程中，输入空间通过抽象符号指称映射来互相连
接，用符号指称概念。抽象的符号通过将具体的物象或形象符号化，不仅
体现认知从直观形象向抽象思维的递进，而且在语言表征上也提供了一种
高效的方式。

（二）变体现象

　　东巴文构形中字形变化后概念整合的通道发生改变，整合出新创概
念，此类东巴文被称为变体象形。在鲁甸东巴文所构建的 599 个字形库
中，变体象形有 30 个，占比为 5.0%。变体象形改变前后的字形具有相关
性，通过相关性映射进行概念整合，如例（10）。

（10）a. ⟨字形⟩ 11.102 鲁 H1 夜

　　　　b. ⟨字形⟩ 1.225 鲁 H3 村寨倒

　　　　c. ⟨字形⟩ 1.243 鲁 H3 跳舞；⟨字形⟩ 1.254 鲁 H3 发抖；⟨字形⟩ 12.39 鲁 H2
　　　　　　跪拜

　　例（10a）⟨字形⟩本意为"月亮"，将其倒置变为⟨字形⟩，字形方向发生
改变，用⟨字形⟩指称"夜"的概念义。例（10b）⟨字形⟩本意为"村寨"，将字
形横置，底部发生断裂，字形变为⟨字形⟩，整合出"村寨倒"的概念。
例（10c）⟨字形⟩"跳舞"、⟨字形⟩"发抖"、⟨字形⟩"跪拜"均由字形⟨字形⟩"人"改变形
体构成。⟨字形⟩"人"通过改变手部和脚部的动作形成字形⟨字形⟩"跳舞"、⟨字形⟩
"发抖"和⟨字形⟩"跪拜"。基于范畴理论，⟨字形⟩、⟨字形⟩和⟨字形⟩属于基本层次范畴，
具有更好的完形感知功能，人们通过基本范畴更好地认识和解读外部世
界。东巴文在这一理论基础上通过基本层次的典型事物或事例为依据，实
现对周边事物的认知，这表现为一个概念实体通过相关性映射为另一个概
念实体提供心理通道的认知过程。

第二节　鲁甸东巴文构形的输入空间

　　Fauconnier 和 Turner（2002）在研究中指出，心理空间是为了实现特

定的理解和行动目标，在思考和交流过程中构建的小型概念集合。基于心理空间的理论基础，概念整合理论涵盖了输入空间、共有空间和合成空间。这些空间之间能够进行跨空间的映射和投射，其中输入空间的部分结构会选择性投射到共有空间中。因此，概念整合可以被视为一个由心理空间之间的映射和投射构成的整合空间网络。典型的概念整合网络包括输入空间、类属空间和合成空间。输入空间在整合网络中的作用是为其他空间提供必要的结构和关系，而且两个输入空间之间存在部分结构对应关系，使得它们能够向共有空间投射部分结构，进一步促进了整合过程的理解。

东巴文的输入空间有多种分类方式：首先，根据在概念整合过程中的层次地位，可以分为一级和二级输入空间；其次，根据整合的层次性，可以分为平面整合与层次整合；再次，根据输入空间的数量，可以分为两空间、三空间和多空间整合；最后，根据构件的表意特点，可以将东巴文构件分为形符和义符。下文将详细描述。

一　一级输入空间和二级输入空间

根据概念整合理论，针对东巴文在概念整合过程中的层次和地位，可以区分为一级输入空间和二级输入空间。平面整合只有一级输入空间，层次整合分一级和二级输入空间。每级输入空间根据所涉及的空间数量，可分为两个输入空间整合、三个输入空间整合以及多个输入空间整合的情况。如例：

（11）a. 🐾 11. 105 鲁 H1 战神；🖋 11. 123 鲁 H1 翠柏天梯；⚡ 81. 159 鲁 H3 偷和赔

b. 🌿 11. 106 鲁 H1 烧天香

c. 🏔 40. 30 鲁 H2 居那若罗山上，太阳从左边出，月亮从右边出

🐴 70. 224 鲁 H2 马槽拴满了骏马，木桩都拴满了耕牛

🐸 40. 30 鲁 H2 蛙的肉变成了天地中间的土，巴格就此产生

两空间整合如例（11a）。🐾 "战神"有两个输入空间，分别为 ⚑ "方旗"和 ✋ "手"；🖋 "翠柏天梯"由构件 🌿 "柏"和 🖋 "梯子"整合而成；⚡ "偷和赔"的输入空间为 🌾 "黍"和 🌾 "收获"。三空间整合如例（11b）。🌿 "烧天香"构形中拥有三个空间，分别为 🌿 "烧天香之形"、🐛 "墨玉珠子"和 🐸 "青蛙"。多空间整合如例（11c）。🏔

由构件 ⊕ "日"、 ◠ "月"、 ⚲ "居那若罗山"、 ◡ "左" 和 ◠
"右" 构成， ▦ 汉译为语段 "居那若罗山上，太阳从左边出，月亮从右边
出"。例（11c） ▦▦，左边 ▦▦ 由构件 ▦ "马"、 ꒰ "绳"、 ▦ "马
槽"、 ✦ "养" 组合而成，右边 ▦▦ 由构件 ▦ "牛"、 ◂ "养"、 ▦
"栓"、 ⠿ "满" 组合而成。 ▦ 汉译为语段 "蛙的肉变成了天地中间的
土，巴格就此产生"，由构件 ◠ "天"、 ◡ "肉"、 ▭ "土"、 ✦
"蛙"、 ◈ "艾蒿"、 ▱ "地"、 ⠒ "四方" 组合而成。

二　平面整合与层次整合

东巴文概念整合的过程具有层次性。根据概念整合的层次不同，东巴
文的整合方式可分为平面整合与层次整合两种。如例（12）为平面整合，
例（13）为层次整合。

（12）a. ▭ 1.254 鲁 H3 雷电

b. ▦ 11.102 鲁 H1 主人一家

（13） ▦ 1.253 鲁 H3 崖上打桩能发芽，水中烧火火能燃

例（12a）中的 ▭ "雷电" 由 ◠ "天"、 ⸮⸮ "光线" 以及 ⚲ "箭
头" 进行一次性平面整合。例（12b） ▦ "主人一家" 由 ◂ "男"、 ✦
"女"、 ⊓ "房子" 进行一次性平面整合。层次性整合如例（13） ▦，该
结构的汉译为 "崖上打桩能发芽，水中烧火火能燃"。 ▦ 属于层次整合，
包含两级输入空间。一级输入空间为 ▦ "崖上打桩能发芽" 与 ▦ "水中
烧火火能燃"；二级输入空间为构成 ▦ 的 ▮ "锥子"、 ▦ "抽象符号" 和
▦ "山崖"，以及构成 ▦ 的 ◠ "水" 和 ◂ "火"。平面整合只有一级
输入空间，而层次整合中的构件可能代表一级输入空间也可能代表二级输
入空间。

三　形符和义符

依据输入空间的概念激活和表征方式不同，东巴文构形可分为 "以
形表征" 和 "以义表征" 两个基本模式。"以形表征" 的东巴文具有图画
性的特点，采用 "形符+形符" 的组合方式，呈现一幅自然图画，产生见
形知物的效果。如例（14） ▦ "喝" 和 ▦ "牵" 是对自然生活场景的
写实和临摹。

（14）a. 🐾 11.106 鲁 H1 喝

　　　 b. 🐕 81.195 鲁 H3 牵

例（14a）中的 🐾 "喝" 以 "形符+形符" 组合方式对生活场景进行写实，通过 🖐 "人"、⚱ "杯子"、曲线表示 "水" 以及人喝水的动作整合出 "喝" 的概念。例（14b）中的 🐕 "牵" 用人和狗构成生活中人牵狗的场景，经过心理空间的映射激活情景式框架，从自然图画的构成可直观看出其所表达的概念，构形过程中并未涉及符号指称转喻。

相比之下，"以义表征" 的模式是以 "形符+义符" 的组合参与东巴文构形。义符指的是词汇意义，包括如本义、基本义、引申义等。虽然义符不具备象形特点和见形知物的功能，但能起到见形知义的作用。义符用图形加词汇意义的组合方式参与概念整合，因此整体构形并非仅仅呈现一幅自然图画，更强调语义层面的信息交互。如例（15） 🌧️，输入空间分别为 〰 和 🌙。〰 在此为形符，表示 "雨"。🌙 本义为 "月" 被引申为 "月份"，🌙 用图形加词汇意义的方式参与概念整合。因此，🌧️ 从 〰 从 🌙 的构件组构后产生了 "夏天" 的概念意义。

（15） 🌧️ 68.310 鲁 H1 夏季

在输入空间的视角下，可以对东巴文的概念整合类型进行多层次的分类。传统汉字构形学分类中的象形和指事往往涉及平面整合，会意和合文更倾向于多空间的层次整合，形成更为复杂的结构。接下来对输入空间通过概念域的认同和对应后投射到共有空间所激活的概念框架进行分析。

第三节　鲁甸东巴文构形的共有空间

共有空间是与构件概念相关的背景经验和知识结构，相当于框架理论中的框架或图式。Fillmore（1976）提出了框架语义学，认为框架是基于日常经验形成的概念网络，是理解一个词或一组词需要的知识网络，是与认知域相当的概念结构或经验空间。在概念整合的过程中每个概念符号都会激活或者唤起相关框架或语境，这些概念符号就是这些框架语境知识的索引，符号语义的理解离不开框架或概念结构、经验空间或认知域。

概念整合理论中，共有空间被视为一个与构件概念相关的多维度知识网络。这个知识网络基于日常经验形成，并与个体的认知结构相交融，成为理解某一词或词组所需的整体知识框架。Fillmore（1976）的框架语义学认为框架不仅是一个简单的知识结构，而是一个动态的、多层面的认知域，与个体的背景经验、文化背景以及日常生活中的实践经验紧密相连，为我们提供了理解语言符号的基础。在概念整合过程中，每个概念符号都会激活或唤起相关的框架或语境。这些框架和语境不仅是知识的载体，而且是知识的索引，指向特定的认知域或经验空间。这表明，语言符号的理解不仅需要了解符号本身的含义，还需要理解符号所关联的框架或语境，以及它所指代的认知域或经验空间。

东巴文构件互相映射之后在共有空间激活一定的概念框架，所激活的框架从类型上看主要有三类：一是情景式框架；二是关系式框架；三是联想关系式框架。这三种类型并非同步产生和发展，而是随着纳西族人民的迁移和发展先后形成的。

一　情景式框架

纳西东巴文采用大量的情景来构建字形，通过视觉表征唤起人们生产生活中熟悉的情景，便于字形的编码和解码。在本研究中，我们将此类东巴文构形过程中所激活的框架称为情景式框架，以强调情景在概念整合中的重要作用。Marvine M. Chun（2000）也认为，情景信息会促进场景中的物体识别。例如上课的情景能够促进我们对教室的识别，而不会引起对厨房的识别。场景中物体的位置信息也是特别重要的信息，例如书桌上的电饭锅或卫生间的跑步机会增加我们的识别难度。纳西东巴文通过情境，将东巴文字形的构建与人们熟悉的生活场景联系起来，提高了其识别和记忆的效果，并在实际应用中更好地利用这种情景促进有效的信息传递。因此，在信息提取过程中，提取时的环境与编码时的环境越相似，信息的提取越快速。如例（16a）✦从手执笔表示"写"，两个构件"手"和"笔"所表征的概念信息在共有空间激活书写时的情景；例（16b）🦋男女面对面坐着一起吃饭，三个构件🔥"男"、🔥"女"和📱"碗"所表征的概念信息在共有空间激活情景式框架。例（16c）🖐人手执麻布表示织布，两个构件🖐"人"坐着之形和🖌"布"所表征的概念信息在共有空间激活生活中织布的情景。

（16）a. ✦ 40. 36 鲁 H2 写

　　　b. 🦋 1. 246 鲁 H3 一起吃饭

　　　c. 🖐 11. 101 鲁 H1 织布

东巴文构形过程中，激活情景式框架的字形具有强烈的直观性和生动的画面感，展现了"见木画木、见石画石"的特点，主要表现为对客观现实的写实表达。在这一类别中，通过直接传达实际物体的外貌特征以及呈现与生产生活场景相似的字形，激活视觉表征，有助于概念整合的成功。

二　关系式框架

东巴文构形过程中，构件经过心理空间映射并投射到共有空间，除激活上文叙述的情景式框架，还会激活关系式框架。其中，关系式框架包括空间位置关系式框架和事理逻辑关系式框架两种类型。

（一）空间位置关系式框架

在东巴文中，通过构件的空间位置关系来传递语义信息，说明构件间的相对位置和空间关系共同构成了一个整体的认知框架。Ungerleider 和 Haxby（1994）的研究发现，人的视觉加工分为腹侧通路和背侧通路，腹侧通路可以加工空间信息，比如物体的运动、位置等信息。Chun（2003）也认为，当某种情景进入视野之后，空间层次结构的整体特征将会激活海马体区，背侧通路开始加工情景空间信息。他们的研究说明，空间信息会激活视觉表征，对概念整合起到关键作用。东巴文的构形过程中会激活空间位置关系式框架。通过构件的相对空间位置，以视觉表征更准确地传达与概念相关的信息。如例（17）中的 🏃‍🏃 "拉"，由两个相同但方向相对的构件 🏃‍🏃 "人"组构。两个 🏃‍🏃 "人"手拉手，表示"拉"。如果构件的方向相反则不能整合出"拉"的概念意义。由此可见，空间位置关系式框架和情景式框架展现出密切的关联，因为情景往往发生在空间中，而构建情境时往往需要依赖空间位置关系。

（17）🏃‍🏃 11.106 鲁 H1 拉

相比之下，情景式框架更着重于对整个场景的全面感知。而空间位置关系式框架更注重位置关系对概念整合的影响。概念框架被位置关系所激活，并且构件位置的变化会直接影响概念整合的过程和结果。尽管这两种框架在东巴文的构形中都发挥着重要作用，但当位置关系凸显，情景则变为背景辅助理解。

第一种类型凸显构件方向位置。若两个构件的位置方向发生改变，则不能激活相应的概念框架，构件方向位置关系在概念整合中被凸显。

例如：

（18）a. 🐾 11.117 鲁 H1 推

　　　b. 🐾 68.311 鲁 H1 争斗

　　　c. 🐖 75.210 鲁 H1 死黑猪

例（18a）中的🐾从一个人用手推着一个背东西的人，表示"推"，如果两个人面对面，则无法整合出"推"的意义。例（18b）中的🐾从两人执兵器相对，表示"争斗"。例（18c）由🐷"黑猪"倒置产生🐖，通过方向改变表示"死黑猪"的意义。这些都是典型的通过构件方向位置关系来激活空间位置关系式框架的例子，强调方向位置关系，即通过空间中不同的位置方向激活不同概念框架，而生成不同的概念意义。

第二种类型凸显构件之间的位置关系。如例（19），构件间的相对位置关系发生了变化。

（19）a. ⟨ 40.26 鲁 H2 柜子开

　　　b. 🌿 81.190 鲁 H3 树折

　　　c. 🏔 81.216 鲁 H3 十二垭口坡

例（19a）⬜"柜子"变为⟨"柜子开"，⟨由⬜变形而来，构件的位置关系由闭合到打开，激活的概念框架由情景式概念框架变为空间位置关系式框架，整合通道发生变化，概念意义则发生改变。例（19b）🌱"树"变为🌿"树折"，树干和树尖的位置关系变化后激活不同的概念框架，产生不同的概念意义。例（19c）该结构的输入空间为🌱"树"、✚"十二"、⬢"坡"和⌒"绳"，通过概念映射投射到共有空间激活空间位置关系式框架。

在东巴文中，通过构件的平面组合呈现空间位置关系，这种构建方式凸显了认知焦点，构形中空间位置关系被特别强调。这些构件的位置和排列在视觉上强调了某些概念或者信息，使得空间位置关系凸显，在构形过程中利于激活空间位置关系式框架。

（二）事理逻辑关系式框架

除了可以构成空间位置关系外，构件概念更多地是激活事理逻辑关系，如整体与局部关系、动作涉及关系、叠加反复关系以及修饰限定关系。

第一种类型是整体与局部关系。这一类是指构件之间的关系涵盖了整体与局部之间的关联。文字构形学分类中的局部象形均激活事理逻辑关系式框架的整体与局部关系。例（20a）麦子的种子 ✦，通过局部代替整体，激活整体与局部的关系。例（20b）用鹰的头部 🦅 代替整体，激活事理逻辑关系中的整体与局部关系。例（20c） 🐎 "马"用头部代替整体，事理逻辑关系被凸显，体现整体与局部的关系。

  （20）a. ✦ 11.106 鲁 H1 麦

    b. 🦅 11.107 鲁 H1 鹰

    c. 🐎 111.112 鲁 H1 马

  第二种类型是动作涉及关系。这类东巴文主要用于表达动作意义。由于动作本身具有抽象性，因此必须借助与动作相关的主体、对象、工具、场所等帮助构形。如例（21a）🧍"绝育"由两个构件组成，从女人下体处画出一条短线表示"绝育"。例（21a）↗"睡"由两个构件组成，从躺着的人嘴巴画一条线表示"睡觉"，借助抽象符号指称动作的主体部位表示动作概念。例（20b）↤"吃"，张开嘴巴吃肉，将吃东西的主体以及被吃的对象同时呈现，通过激活事理逻辑关系，整合出吃的概念。例（21c）🥤"背水"，在升子中装水，装水的工具被呈现，通过对象和工具激活动作涉及关系，整合出"背"的概念。

  （21）a. 🧍 1.257 鲁 H3 绝育；↗ 40.5 鲁 H2 睡

    b. ↤ 40.9 鲁 H2 吃

    c. 🥤 40.13 鲁 H2 背水

  第三种类型是叠加反复关系。激活叠加反复关系的字形主要为同体重复式象形字，它涉及两个到多个输入空间的共同激活。这类东巴文的参构构件通常可以独立成字，并且经常以义表征概念。如例（22）🍃🍃由多个相同的构件⁅"叶子"组成，并在周围画上散点，其中单一形体所表达的概念即对应词义，而同体重复则表示其群体意义，整合出数量多或程度深的概念。

  （22）🍃🍃 68.318 鲁 H1 叶子

  第四种类型是修饰限定关系。修饰限定关系是指一个构件对另外一个构件的限定、说明、描述和区分等，如例（23）。例（23a）👗由构件👗表示"穿衣服的女人"，以及🌸本意为"花"被假借为"美"构成。用🌸修饰限定👗，表示"身穿漂亮的衣服的女人"；例（23b）由构件

⿰"胜利旗"，以及**✳**本意为"千"被假借为"天灯"构成。用**⿰**修饰限定**✳**，表示"胜利者的天灯树"。例（23c）**⿰**由构件**干**"白"和**◻**"桥"构成。用**干**修饰限定**◻**，表示"白桥"的概念。此类东巴文构件之间是修饰限定的关系，在概念整合过程中激活修饰限定关系式框架。

（23）a. **🐦** 40.13 鲁 H1 身穿漂亮的衣服的女人

　　　b. **⿰** 68.326 鲁 H1 胜利者的天灯树

　　　c. **⿰** 75.206 鲁 H1 白桥

三　联想关系式

在第二代认知科学的视角下，认知的本质被视为源自身体经验，并强调概念、推理和意义对个体经验的完全依赖。在这一理论框架下，概念化、想象力和认知元素如隐喻、转喻、意象、原型、框架和心智空间等被视为认知研究的核心。东巴文的概念整合在这一理论背景下具有重要意义。在东巴文构件中，概念之间的激活并不涉及空间位置或事理逻辑关系，而是通过特殊的文化认知思维生成联想式关系。这与 Fauconnier（1985：3）提出的心理空间可及原则相呼应。可及原则指出，当两个相关联的事物 A 和 B 位于不同的心理空间时，人们认识和识别 B 的方式可以有两种：一是通过 B 本身的特征进行认知，二是通过 A 的特征去认知。第二种方式正是利用了可及原则，即利用一个心理空间中的相关事物特征来认知另一个事物，这与东巴文中联想关系式框架的运作方式相契合。联想关系式框架可进一步细分为相似性联想和相关性联想。在东巴文的解读中，这两种联想方式都发挥着关键作用，它们通过特定的文化认知思维，将不同的概念联系起来。

（一）相似性联想

认知科学普遍认为隐喻是一种认知方式，存在于人类进行范畴化和概念化过程中，对人类认知世界产生深远影响。在隐喻认知过程中，认知主体采用特定映射机制，将一个概念域的信息投射到另一个概念域，从而建立起两个概念域之间的联系，并进一步深化对概念的理解。这种投射过程是基于相似性进行的，使得一个概念域中的某些特征或属性能够被映射到另一个概念域中，以生成新的意义和关联。相似性联系被认为是隐喻的主要特征，其中相似性联想通常伴随着隐喻性质，如例（24）中的 **◣** 也属于黑色字素的范畴，纳西东巴文中的黑色素字，多与鬼与邪恶有关。通过跨空间的隐喻性映射，从而使得黑色和毒互相连接后投射到共有空间激活相关性框架，整合出"坏"的概念意义。

(24)　 11.98 鲁 H1 坏

通过这种映射机制，认知主体能够更好地理解抽象概念，并扩展其认知范围和深度。因此，隐喻认知过程在人类认知发展中具有重要的作用，它促进了人类对概念的深入理解和创新思考。

(二)　相关性联想

相关性联想指的是在认知过程中，人们倾向于将相关的概念或元素联系在一起，形成一种共同激活的认知网络。如例(25a)中的"牙"，字形不仅表达了牙齿的形状，还包括了与牙齿相连的嘴巴。若省略嘴巴的形状描述，读者可能无法理解字形表达的概念。这体现了在东巴文中通过字形的相关性来确保语义的准确传达。再如例(25b)中表达耳朵的字形不仅涵盖了耳朵的形状，还包含了连接耳朵的头部。在这个字形中，头部的表示被简化为一个圈，这种字形设计的特点在于将相关身体部位之间的关联以简约的方式呈现。例(25c)"桥"不仅写出了桥，还写出了桥下的水。此处如果不写出下面的水，只写出，很难整合出桥的概念，尤其是东巴文表示木板的字形也是。因此，在字形下附加东巴文"水"，通过附加部分在概念整合中激活联想关系式框架，便于更加准确地整合出概念。

(25) a. 11.126 鲁 H1 牙

　　　b. 11.101 鲁 H1 耳

　　　c. 11.119 鲁 H1 桥

联想是一种普遍存在于人类认知思维方式和认知规律中的能力。然而，具体的联想方式和联想通道则表现出明显的民族性、时代性和社会性等特征。因此，东巴文中的联想关系式在其语境中蕴含着丰富的社会文化背景信息。在整合过程中，为了顺利诠释这些关系，需要在合成空间中充分融合其他背景知识信息。

共有空间提取的抽象结构是基于各输入空间之间的相似性或相关性进行的，有助于建立输入空间之间的联系，通过共有空间的连接和制约作用，输入空间中的信息得以有效整合，形成一个更加完整、一致的概念结构。东巴文整合过程中情境有利于概念成功地整合，东巴文对生活情景的写实更容易刺激眼动，唤起视觉表征，从而激活情景式框架。关系式框架关注构件互相连接后在共有空间中的组织和元素之间的相互关系，其中空间位置关系和事理逻辑关系在情景中凸显，成为概念整合中的认知焦点，激活东巴文整合过程中的关系式框架。联想式框架强调通过联想激活认知框架，涉及输入空间中相似或相关的概念被互相连接后投射到共有空间激活联想关系式框架。合成空间在概念整合网络中扮演着核心角色，它不仅接收来自输入空间的语义结构投射，还通过组合、完善和细化等复杂过程，逐渐生成自身独特的显现结构。这个显现结构不仅仅是对输入空间信息的简单汇总，而是经过深度整合和创新思维的产物。下文将深入探讨东巴文构形过程中合成空间的运作机制。

第四节　鲁甸东巴文构形的合成空间

东巴文概念整合的合成空间涵盖了丰富的综合信息，可以概括性地分为两大类，即结构合成信息与背景知识信息。结构合成信息指的是在人类认知外界的过程中形成并储存在大脑中的框架。Lakoff（2006）认为框架是人们用来理解现实，并构建人类自以为是现实的心理结构，它会影响人们的感知和行为。东巴文构形中涉及在合成空间中的框架和元素之间的关系，包括空间位置关系和数量关系。而背景知识信息则包含了与文字相关的文化、历史、社会等方面的知识。意义被解释为概念化的过程和结果。概念通常是基于某一事物的显著典型特征或某一场景的理想化模式来描述的。而概念化的认知结构是在人类认知成长发展过程中逐渐积累的，构成背景知识信息，这些结构同时也作为认知新事物的基础和前提，是相关事物之间联系的线索。在合成空间的整合操作过程中，这些结构或知识可以被随时调动和利用，为认知和理解提供了基础。

一　结构合成信息

结构合成信息是指构件互相连接后，通过空间位置和数量的表层结构传递直观内容。下文共有空间的结构合成信息包括空间位置合成信息和数量关系合成信息。

第一类是空间位置合成信息。在东巴文构形过程中，通过构件的方向和位置就能产生不同的意义，表明在东巴文的概念整合过程中空间位置关系扮演着重要的角色。而且涉及空间位置关系式框架的东巴文投射到合成空间后，需要空间位置合成信息帮助完成概念整合。如例（26a）🖋"熄灭"由🔥"火炬"倒置后形成，火苗向上表示"火炬"，火苗向下表示"熄灭"。构件经过互相连接后激活空间位置关系式框架，根据空间位置关系合成出"熄灭"的概念。如例（26b）中的🔥"斗争"，董神和术神手持棍面对面争斗，构件经过映射激活空间位置关系式框架，根据空间位置关系整合出"斗争"的概念。

（26）a. 🖋 81.271 鲁 H13 熄灭

　　　 b. 🔥 81.153 鲁 H3 斗争

第二种类型是数量关系合成信息。激活数量关系合成信息的主要是同体重复式象形字，即由两个或两个以上相同构件参构的东巴文。如例（27）中的✦✦✦由三个相同的构件✦构成。通过数量关系在概念整合过程中体现光芒四射的星星的概念，整合出星星多且光芒四射的新创概念义。

（27）▦ 68.308 鲁 H1 天上出现了光芒四射的星星，出现了明亮美丽的花草

数量合成信息主要指这类字由若干相同的构件构成，其中每个单一构件所携带的信息等同于词义，而相同构件的重复在概念整合过程中则引发人们主观上数量多或程度深的认知感受。

二　背景知识信息

人脑中的背景知识信息主要涵盖对外界、人类本身以及思想情感等各方面的主观理解与认知。在概念整合中，背景知识有助于理解和融合新的概念，促进新认知框架的形成和激发创造性思维。其中，背景知识包括学科知识、文化传统、历史事件等，通过将新概念与已有的知识连接，个体能够更好地理解新信息。当新概念与个体原有的认知产生冲突时，背景知识可以充当调解者，通过借助背景知识来解决认知不一致，使新概念与旧有知识相协调。并且随着时代的演进、思维能力的增强，以及认知水平的提高，对同一事物或现象的看法和情感可能发生变化，个体的主观感受逐渐形成团体的共同意识，个别的变化也可能逐渐引起群体的共同变化。纳西东巴文字被这些背景知识所环绕，久而久之，便在其中留下了这些知识

的痕迹，具有了一定的主观性、时代性和民族性。

（一）自然规律和生活常识

自然规律和生活常识为新概念赋予实际意义，通过将新概念与个体的日常经验和生活背景相联系，概念不再是抽象的符号，而是与生活息息相关的有意义的信息。自然规律和生活常识是概念理解的基础，能使个体更容易记忆和运用这些概念，有助于提高对概念的灵活运用和整合。东巴文具有象实物之形，显示见形知物的特点，重视对客观事物的写实，构形呈现事物的整体形象以及与生活息息相关的情景，因此概念整合的过程中自然而然地融入了不可或缺的自然规律和生活常识，如例（28a）“山坡”和“地”是自然世界中的天文地理类，在概念整合中则需要天文地理相关的自然世界的背景知识。例（28b）“鸡蛋”、“鱼”、“脸”、“梳头”是植物、动物、人体类，在构形过程中需要知道相关的生活常识，比如形状、用途、特点等。例（28c）属于饮食、居住、服饰、器用类，人们需要“帽子”、“斧头”和“帐篷”的外形和特征，其整合过程需要加入人们对自然规律和生活常识的背景知识。

（28）a. 81. 158 鲁 H3 山坡；11. 99 鲁 H1 地

b. 11. 9 鲁 H1 鸡蛋；75. 208 鲁 H1 鱼；11. 125 鲁 H1 脸；68. 317 鲁 H1 梳头

c. 40. 7 鲁 H2 帽子；11. 98 鲁 H1 斧头；11. 102 鲁 H1 帐篷

（二）主观认知或价值取向

纳西族拥有独特而丰富的文化传统，他们的主观认知和价值取向在语言、习俗和信仰等方面都有体现。纳西族的语言是一种汉藏语系的语言，通过东巴文的构形过程，可以窥见纳西族人的主观认知和价值取向。

首先，纳西族的信仰系统中有着丰富的神灵和自然崇拜元素。这种信仰体系不仅在东巴宗教仪式中表现，还在纳西族人民日常生活和社会行为中有所体现。例如，他们对自然力量的敬畏、对祖先的尊重等价值观念，构成了纳西社会道德和行为规范的一部分。在东巴文的构形中大量融入了他们对自然和神灵元素的敬畏。如例（29a）汉译为“向众神求延年益寿的福分，求生儿育女的福分，求富裕和强盛的福分”，体现祭祀求

福。例（29b）🔲"男子带着红牛乳制的酥油祈祷"，是对祈祷的描述。例（29c）🔲"烧天香"是纳西族人民祈祷的一种方式。由于纳西族人民主要信仰原始宗教，东巴经中关于宗教、祭祀、占卜的记录极为丰富。

(29) a. 🔲 11.115 鲁 H1 向众神求延年益寿的福分，求生儿育女的福分，求富裕和强盛的福分

　　　b. 🔲 12.33 鲁 H2 男子带着红牛乳制的酥油祈祷

　　　c. 🔲 75.214 鲁 H1 烧天香

其次，纳西族非常重视家庭和社群的稳定。在他们的主观认知中，家庭是社会的基本单位，社群关系是他们生活的支柱。这种价值观在他们的家庭结构、婚姻习俗和社交活动中得到体现。

最后，纳西族有着丰富多彩的传统习俗，包括节庆、婚嫁、葬礼等。这些习俗体现了他们对生命、人际关系和自然的理解和尊重，同时在习俗中传承了一代又一代的文化认同。

主观认知和价值取向反映了个体对信息的个人理解和看法。在概念整合中，个体通过主观认知构建自己的观点和理解框架，这些观点会影响对新概念的接受和整合程度。不同的主观认知可能导致不同的概念整合路径。

第五节　小　结

本章从概念映射、输入空间、共有空间和合成空间四个方面分析了鲁甸东巴经所建 599 个字形，得出以下四点结论：

首先，鲁甸地区输入空间互相连接的方式被分为镜像性映射、隐喻性映射和相关性映射三种类型。随着纳西族先民从白地、丽江迁移至鲁甸，语言在不断地积累。与白地和丽江地区相比，鲁甸地区隐喻性映射和转喻性映射比例逐渐增加。鲁甸通过隐喻性映射将熟悉、具体、有形、常见的认知领域中积累的知识和经验投射到陌生、抽象、无形、罕见的认知领域中。白地转喻性映射占比为 23.8%，丽江地区为 21.3%，鲁甸地区为 36%。其中，以局部转喻整体的字形在白地占 16.6%，迁移到鲁甸时增至 23.0%；白地符号与指称转喻占比为 7.2%，丽江为 9.1%，鲁甸为 12.0%。数据统计说明鲁甸局部转喻整体和符号指称转喻的数量逐渐增加。隐喻性映射和转喻性映射广泛的运用，促进纳西先民对周围世界更深

层次的理解，拓展其认知范畴，并加速对陌生领域的理解和感知，展示出纳西族人民的分类逻辑逐步提高。

其次，针对输入空间，从白地、丽江至鲁甸地区，东巴文构形中层次整合和多空间整合的字形大幅增加。而且，在鲁甸地区，"形符+形符"组合参与构形的字形数量减少，"形符+义符"的组合逐步增加，凸显纳西先民在符号上不断增加意义的倾向，更加强调语义层面的交互。东巴文构件也逐渐从象形符号演变为表义符号，同时大量加入声符，呈现出东巴文向标音化发展的趋势。可以看出东巴文构形的理据变得更加复杂和抽象，同时概念整合的通道也随着演变而发生改变。

再次，鲁甸东巴文涌现了许多与生产生活场景相仿的字形，旨在引发视觉表征并激活情景式框架。但与此同时，鲁甸地区的大量字形在共有空间倾向于激活空间位置、事理逻辑、相似性联想以及相关性联想关系式框架。其中，构件之间的事理逻辑关系，如整体与局部关系、动作涉及关系、叠加反复关系以及修饰限定关系，在概念整合中也发挥着越来越重要的作用。这样的倾向体现纳西先民善于利用心理空间的可及性原则来认知相似或相关的概念，体现出纳西族先民认知思维逐步从主观形象思维转变到抽象逻辑思维。

最后，在共有空间中，个体更多地借助结构合成信息、主观认知和价值取向，将新概念与已有知识相连接，以更好地理解新信息。在丽江地区，依靠主观认知和价值取向方面的背景知识，以协助完成合成空间内新创意义的整合类字形极为少见，而在鲁甸地区却大量涌现。合成信息的更新和积累，说明随着纳西先民的不断迁移，思维能力逐渐增强，认知水平大幅提升。

总的来说，在考察纳西族从白地、丽江至鲁甸的迁徙轨迹中，通过对比不同地域的东巴文构形认知机制，并梳理其发展演变的脉络，体现出东巴文发展的动态性，凸显了东巴文所积累的主观性、时代性和民族性，反映出纳西先民的思维方式从具体形象思维向抽象逻辑思维转变的认知规律。

第七章

概念整合与纳西东巴文
分域构形演变认知机制

　　周寅（2015）梳理了白地、丽江和鲁甸三地经书中的东巴文字形，并从文字学视角对三个地域东巴文构形进行了专域及分域对比研究后，得出以下4点结论：（1）三个地域间东巴文构形方式基本上是相似的，主要以象形、指事、会意和形声为主。在四种构形方式中，象形是最主要的构形方式。（2）从白地到丽江再到鲁甸，东巴文逐渐朝着标音化的方向演变。（3）随着东巴文发展到鲁甸，其字形趋于稳定，呈现出更为细致典雅的体态。（4）在形声造字方面，方法逐渐增多且趋于稳定，表明鲁甸的东巴文已经相对成熟。

　　从研究视角来看，周寅（2015）的分析仍停留于从形式和指涉两个层面对东巴文构形进行描述，东巴字的构成解析是其研究重点。然而，如前文指出，东巴文的"取象表词"和"据义构形"现象是纳西民族认知思维的一种外化形式，构形既是一种造字方式，更是一种思维方式。它通过形象的整合和整合的推衍来表达一个新的概念意义，是形象思维和抽象思维相结合的产物，是符合中国人思维方式和审美意趣的一种世界认知方法。因此，从概念层面对东巴文意义建构过程的分析考察才是探究纳西民族造字思维的有效路径。换句话说，也正是在概念整合这样的思维前提下，构形才成为创造东巴文和解释东巴文的基本方法之一。

　　概念整合既是一种认知机制，也是一种思维方式，其发展具有一定规律。纳西东巴文的意义生成过程就是概念整合的过程，而东巴文的发展演变过程也正是概念整合认知机制或思维方式发展演变的体现。东巴文的概念整合类型及其整合过程，呈现出明显的阶段性、区域性特征，这使得在不同历史阶段，纳西东巴文的形义演变呈现出不同的表现形式和类型特点。通过分析东巴文构形认知机制的概念整合过程，能揭示纳西东巴文形义关系演变的特征。这些特征既是东巴文的特征，也反映了概念整合认知机制的特性。

在第四、第五和第六这三章中，我们从概念映射、输入空间、共有空间和合成空间四个视角对纳西东巴文在白地、丽江、鲁甸三个地域表现出的概念整合特征进行了专域分析。在此基础上，本章将从概念映射、输入空间、共有空间和合成空间四个方面对比三个地域东巴文构形认知机制的异同，以探究东巴文分域构形的演变历程。通过对东巴文的历史溯源研究，并结合其演变的过程和结果，本研究发现纳西东巴文的历时演变主要呈现出两种情况：一是东巴文构形通道的继承；二是东巴文构形通道的演变。下文将分别展开讨论。

第一节　纳西东巴文构形通道的继承

纳西东巴文构形通道的继承是指在纳西东巴文的发展过程中，从白地地区到丽江地区再到鲁甸地区，概念整合的过程（即输入空间中构件表征的概念、共有空间中激活的概念框架以及合成空间中融入的合成信息）和结果都基本保持一致的情况。这类东巴文的构形认知机制特点表现为：在字形演变过程中，构件形体与构件组合方式都没有发生大的变化，构件的理据性得以稳定继承。换言之，鲁甸地区的字形保留了白地地区字形的整体空间结构和具体构件形态特点。尽管在字形上构件的书写特征可能有所改变，但构件所表征的概念意义始终保持一致，构形的通道亦始终保持一致。

一　纳西东巴文概念映射的继承

映射指的是一种匹配关系，是概念域之间的认同和对应，而心理空间之间的连接主要通过这种映射实现。纳西东巴文概念映射的继承，是指从白地至鲁甸地区，东巴文概念整合过程中构件互相连接的方式没有变化。例如：

(1) 黍：

  a. ⟋乃乃抒 3 白 4；◢法杖经下 1 白 5；◢谱 173 白

  b. ∮6.288 丽 3；∮86.46 丽 4

　　　　c. ⚡11. 116 鲁 H1；🦅12. 19 鲁 H2

　　例（1）中，"黍"在汉字构形理论的分类中为局部象形。白地、丽江和鲁甸三个地域均画出"黍"的果实之形以表达"黍"之意。白地的字形写作⚡、⚡和⚡，如例（1a）；丽江为⚡和⚡，如例（1b）；鲁甸常作⚡和🦅，如例（1c）。从白地、丽江到鲁甸，"黍"的字形虽有所改变，但构件表征的概念没有变化，即均用表示"黍"果实之形的局部象形表达"黍"的概念意义，输入空间中构件的概念表征仍可顺利进行。这就是说，在纳西东巴文概念整合过程中，均属于相关性映射范畴的概念映射通道得以完整保存，因此可称之为概念映射继承型东巴文。

二　纳西东巴文输入空间的继承

　　根据概念整合理论并结合第四、五、六章对于东巴文分域构形的分析，本研究将输入空间理解为构件所表征的概念，而输入空间的继承是指在从白地到鲁甸的演变过程中，构件的概念义没有发生变化。例如：

　　（2）蛙：

　　　　a. 🐸创世纪 2 白 3；🐸创世纪 1 白 3；🐸乃乃抒 10 白 4

　　　　b. 🐸6. 279 丽 3；🐸H4. 255 丽 1；🐸6. 286 丽 3

　　　　c. 🐸70. 236 鲁 H2；🐸40. 30 鲁 H2；🐸81. 169 鲁 H3

　　（3）草：

　　　　a. 🌿法杖经下 13 白 5；🌿法杖经 18 白 1；🌿🌿法杖经下 6 白
　　　　　　5；🌿祭祖经 33 白 2

　　　　b. 🌿23. 34 丽 3；🌿59. 60 丽 4；🌿🌿23. 22 丽 3；🌿85. 43
　　　　　　丽 4

　　　　c. 🌿11. 113 鲁 H；🌿🌿🌿68. 308 鲁 H1；🌿11. 109 鲁 H1

　　例（2）中的"蛙"，白地、丽江和鲁甸地区所使用的字形都采用了截取蛙的头部来表示蛙的整体，通过整体与局部转喻的方式构形。尽管字形的轮廓基本相似，不同地区之间依然存在书写形式的差异。从白地、丽江到鲁甸，构件的字形虽稍有不同，但构件表征的概念都是恒定的。🐸、🐸、🐸均用局部象形表示蛙的头部，表达"蛙"的概念意义。再如例（3）中的"草"，由于造字取象不同，草在演变过程中形成了两种不同的字形：🌿和🌿。🌿应取象于初夏草初长成的样子，🌿应取象于盛夏草长得很高的样子。从例（3a）—（3c），从白地到丽江再到鲁甸地区，"草"的字形基本一致，且构件本身所表征的概念在演变过程中均属于一级输入空间，输入空间的数量都是两个，输入空间的概念激活方式都为以形表征。从输入空间的类型分析，在字形的演变过程中构件的概念表征并未发生任何改变，因此，这类字形可被称为输入空间继承型东巴文。

三　纳西东巴文共有空间的继承

在概念整合理论中，共有空间反映的是输入空间共同的、更为抽象的共享结构和组织。共有空间涉及语言使用者之间共享的知识、信念、文化背景以及一般性的生活经验。在纳西东巴文中，共有空间的继承指的是从白地到鲁甸的构形通道演变中，共有空间激活的概念框架始终是保持一致的。例如：

（4）稻：

a. ⺐法杖经 1 白 1；⺐祭祖经 22 白 2；⺐祭祖经 4 白 2
⺐乃乃抒 8 白 4；⺐乃乃抒 8 白 4；⺐乃乃抒 8 白 4
⺐创世纪 3 白 3；⺐法杖经下 3 白 5；⺐法杖经下 3 白 5

b. ⺐H4. 258 丽 1；⺐54. 118 丽 2；⺐5. 286 丽 3

c. ⺐68. 312 鲁 H1；⺐12. 17 鲁 H2；⺐81. 210 鲁 H3

例（4）的"稻"，写作⺐。用稻穗的形状来代表稻谷。构形过程包含两个输入空间：一为构件本身，这里指的是⺐的字形；二为此构件所指称的实体，即为"稻"的概念义。在概念映射过程中，输入空间 1 和输入空间 2 形成了以局部转喻整体的映射，作为跨空间域映射的共有空间则包含了"稻"和⺐的共有成分和组织。不管是在白地、丽江还是鲁甸地区，该字形从输入空间的映射到共有空间的成分和组织都没有变化，且共有空间激活的概念框架均属于情景式框架。因此，这类字形属于共有空间继承型东巴文。

四　纳西东巴文合成空间的继承

在概念整合理论中，合成空间被视为两个输入空间有选择性地映射到的第四个空间。这一合成空间的信息和结构并非两个输入空间的简单叠加，而是经过组合、完善和细化三个相互关联的认知过程后形成的新创结构。合成空间的继承是指在东巴文演变的过程中，合成空间中融入的合成信息基本没有发生变化。例如：

（5）叶子：

  a. ⌒创世纪9白3；⌒乃乃抒7白4；⌒法杖经99白1

  b. ⌒:37.25丽3；⌒23.22丽3；⌒6.291丽3

  c. ⌒1.231鲁H3；⌒68.318鲁H1

  例（5）中，"叶子"在三地的字形基本相同，以象形方式表达叶子的形状。不同地域在表达不同的概念意义时，常表现为独体象形结构或同体重复式象形结构。表示"叶子"之意时，用独体象形结构的时候居多。在表示"繁盛""枝繁叶茂"之意时多用同体重复式象形结构。在例（5）的概念整合过程中，输入空间1是⌒，输入空间2为叶子的实体。因⌒和实体形成了整体性映射关系，共同抽象的框架和元素投射到共有空间激活情景式框架。根据概念整合的运作机制，概念整合在进行组合、完善及扩展这一系列认知操作之后，形成新创结构，表达"叶子"之意。以上为该字形概念整合的全部步骤。结合⌒概念整合的过程和其演变的过程可以看到，不论是在白地、丽江还是鲁甸地区，这种字形的合成空间都符合背景知识信息中的自然规律和生活常识。因此，本研究将这种字形称为合成空间继承型东巴文。

第二节　纳西东巴文构形通道的演变

  东巴文造字之初主要以形象思维为主，依靠整体感知。因为概念整合思维在早期阶段不够成熟，概念映射多以镜像性映射为主，输入空间多为平面整合类，所以导致了早期东巴文具有极强的图画性。但是，在纳西族先民沿川滨民族走廊向南迁徙的过程中，东巴文构形的概念整合通道发生了以下两个方面的变化：（1）在东巴文从白地、丽江到鲁甸演变的过程中，部分东巴文字形发生了较大的变化，甚至出现与其他字形相混的情况。在这种情况下，构件的概念表征功能虽然没有完全丧失，但增加了概念激活和整合的难度，从而导致东巴文构形的概念整合过程发生了相应的变化。（2）在纳西族迁徙过程中，由于需要满足新的用字需求或因社会历史文化背景发生改变，部分字形的构件表征出新的概念意义。概念意义的改变引发概念整合过程中映射方式的变化，激活概念框架的转换以及合成空间中信息的更新。因此，东巴文构形需要重新构建新的整合理据。从概念整合的角度来看，需要建立一个与之前整合完全不同的整合通道。一般来说，比之前的概念整合通道更经济便利，也更符合人们更新后的认知思维特点。

根据三地所建字形库数据统计，有 19.7% 的东巴文发生了构形通道的变化。与之前对比，构形通道发生变化后的纳西东巴文，虽然相对保持在一定的轨道方向，但过程细节变得更为复杂，通常需要对纳西东巴文的源流演变和相关历史背景有一定的了解，整合才能成功完成。东巴文构形通道的改变表现在概念映射、输入空间、共有空间和合成空间四个方面，且一个心理空间的变动通常会引起其他心理空间的变化。因此，构形通道的改变在心理空间之间存在相互映射的关系，往往协同体现在以上四个方面。下文将分别举例展开讨论。

一　纳西东巴文概念映射的演变

在第四、五、六章对纳西东巴文构形的概念整合分析中，概念映射分为三种类型：镜像性映射、相似性映射和相关性映射。纳西东巴文概念映射的演变，是指在三地东巴文发展的过程中，东巴文构形概念映射方式在镜像性映射、相似性映射和相关性映射三种类型之间的转换，如一些原本属于镜像性映射的字形演变为相似性或相关性映射。例如：

（6）鸡：

  a. ▨ 创世纪 17 白 3；▨ 创世纪 4 白 3

  b. ▨ 23.6 丽 3；▨ 37.23 丽 3

  c. ▨ 31.209 鲁 H1；▨ 31.205 鲁 H3；▨ 68.317 鲁 H1

例（6）中的"鸡"，纳西语为 $æ^{21}$ 或 $ɛə^{21}$。在白地、丽江和鲁甸都存在整体象形和局部象形的书写方式，属于镜像性映射和相关性映射。但是在鲁甸，还出现了形声的结构方式。如例（6c）中的 ▨，$ɛə^{21}$ 鸡，藏音，由象形字 ▨ 和注音符号 ▨ 组合而成。▨ 即汉字"下"，借入到东巴文中充当了声符。该字形结构仅出现在鲁甸的经书中，为鲁甸专用字形。随着该字形发展到鲁甸地区，概念映射的方式已经发生了变化，从原来的镜像性映射发展为相关性映射，且相关性映射的字形仅仅出现在鲁甸地区。因此，我们将这类字形称为概念映射演变型东巴文。

二　纳西东巴文输入空间的演变

在东巴文从白地、丽江到鲁甸演变的过程中，各种原因导致构件的形体发生改变，且这种改变可能会与其他字形混淆。这种改变具有一定的系统性或类推性，构件的形体虽然发生了变化，但表意功能并没有丧失。换句话说，构件的表意功能仍然存在，只是增加了激活相关概念的难度。在一定的知识条件下，概念整合仍然是可以完成的。

第一种情况是输入空间的变化使概念激活的方式或难度发生相应改变，呈现出越来越复杂的趋势。在东巴文生成的早期阶段，构件的图像性较高，并且与概念之间的激活关系或对应关系通常是直接、明显、确定和一目了然的。然而，随着语言的迅速发展，引申和假借现象大量涌现，文字所承担的任务也变得日益繁重，导致构件与概念和意义之间逐渐形成了复杂的交叉对应关系，同时构件的形式与其语义也逐渐发生分离。如例（7）中的"水头"与"北方"ho^{33}gyv^{33}lo^{21}和例（8）中的"水尾"与"南方"i^{33}tshl^{33}mw^{21}。东巴文中，🜨"北方"的字形由🜨"水"的字形切分而来。🜨"水"，切分为🜨"水头"和🝪"水尾"两个部分，分别表示"北方"和"南方"。李霖灿（1984）对东巴文表示南北的字形进行了考证，结合实地的田野调查，得出结论：东巴文中南北的字形由水切分而来；水的上部分，即"水头"，表示"北方"；水的下部分，即"水尾"，表示"南方"。他同时指出，东巴文南北字形应该是在无量河流域所造，而切分南北的水是指无量河。

（7）北方：

    a. 🜨祭祖经4白2；🜨创世纪7白3

    b. 🝣88. 191丽2；🝣6. 297丽3

    c. 🝣1. 251鲁H3；🝣12. 7鲁H2

（8）南方：

    a. 🝪创世纪10白3；🝪创世纪9白3

    b. 🝪85. 48丽4；🝪H4. 252丽1

    c. 🝪12. 3鲁H2；🝪12. 7鲁H2；🝪11. 99鲁H1

例（7）中，表示"北方"方位的字形，有两种不同的结构方式：一是象形，即以"水头"为"北方"，如🜨、🝣；二是形声，标出一个音符提示此处指的是"北方"，表示"北方"方位的形声结构。此字形一般由象形字加蛋组合而成，注音符号为蛋 ⬭ kv^{33}，标注"北方"ho^{33} gv^{33} lo^{21}的第二音，如例（7b）中的🝣。但在白地的字形中，我们发现了由象形字加石头组合而成的字形，注音符号为石头 ⬭ lv^{33}，标注"北方"ho^{33}

$gv^{33}lo^{21}$ 的第三音，如例（7a）中的 ▯，这是"北方"一词在白地读为 ho^{21} $gv^{23}lv^{21}$ 的发音差别所致。

再如例（8）中，表示"南方"的字形，亦存在两种不同的结构方式：一是象形，利用"水尾"来表示"南方"，如例（8c）中的 ▯；二是在象形字"水尾"的下面加注音符，一般加注音符 ▯ 来标注第三音 mw^{21}。但是，在鲁甸的字形中我们发现有加两个声符标注第一、第二音的字形，如例（8c）中的 ▯，加注声符 ▯ i^{33} 漏，▯ $tsh\int$ ^{33} 悬挂，标注南方 $i^{33}tsh\int$ $^{33}mw^{21}$ 的第一、第二音。因此，在"北方"和"南方"的整合过程中，由于构件发生了更换，导致输入空间的概念激活产生了相应的变化。因此，我们将这种情况归类为输入空间演变型东巴文。

第二种情况是输入空间的变化可能使概念整合的层次性发生相应改变。如例（9）中的"炙" bv^{33} 或 di^{55}，在经书中有两种结构形式：一为会意，如例（9a），从肉在火上烤，有两个输入空间，为平面整合；二为形声，如例（9b）▯，在东巴文的基础上添加注音符号 ▯ dzi^{55} 酒药，构成形声字，属于层次整合。"炙"在从丽江迁徙到鲁甸的过程中概念整合的层次性发生了变化。

（9）炙：

　　a. ▯ 37.6 丽 3

　　b. ▯ 75.210 鲁 H1；▯ 75.210 鲁 H1

第三种情况是输入空间的变化还可能使输入空间的数量发生相应改变。如例（10a）和例（10b），在白地和丽江，"主人一家"使用会意的形式来表达。男女在同一个房子里表示"主人一家"。当文字发展到鲁甸地区，由于出现了加注声符 ▯ i 漏和 ▯ da 砍的注音式形声字 ▯，概念整合过程中输入空间的数量发生了变化，由白地和丽江地区的 3 个输入空间变为鲁甸地区的 5 个输入空间。再如例（11），"闪电"的字形在白地和丽江都只发现了象形的形式，在鲁甸出现了形声字的形式。由于加注了声符 ▯ $tshy^{55}$，形成注音式形声字 ▯。因此，输入空间的数量增加，由白地和丽江地区的 1 个输入空间变为鲁甸地区的 2 个输入空间。

（10）主人一家：

　　a. ▯ 祭祖经 2 白 2；▯ 法杖经下 1 白 5

　　b. ▯ H4.241 丽 1；▯ 54.120 丽 2；▯ 37.9 丽 3

　　c. ▯ 11.102 鲁 1；▯ 11.106 鲁 1；▯ 12.4 鲁 H2

（11）闪电：

    a. ⚡法杖经 6 白 1；⚡创世纪 29 白 3；⚡法杖经下 25 白 4

    b. ⚡H4.243 丽 1

    c. ⚡1.254 鲁 3；⚡12.3 鲁 2；⚡11.97 鲁 1

三　纳西东巴文共有空间的演变

共有空间主要指的是两个或两个以上输入空间的概念信息，相互映射后共同激活的概念框架。如果输入空间中的概念表征发生变化，可能会导致概念框架类型的变化。共有空间的概念框架变化，主要是由于输入空间投射的信息不同所引起的。因此，可以说共有空间的变化大多是输入空间发生变化的结果。例如：

（12）烧天香：

    a. ▨法杖经下 1 白 5

    b. ▨H4.237 丽 1；▨88.192 丽 2；▨21.7 丽 4

    c. ▨81.180 鲁 3；▨11.113 鲁 1；▨11.106 鲁 1

      ▨75.209 鲁 1；▨75.214 鲁 1

（13）箭：

    a. ➤创世纪 4 白 3；➤法杖经 27 白 1

    b. ➤6.291 丽 3；➤H4.236 丽 1

    c. ➤81.212 鲁 H1；➤68.317 鲁 H1

在例（12）中的"烧天香"$tshu^{55}pa^{33}be^{33}$或$tshu^{55}pa^{33}dxi^{55}$中，"烧天香"在例（12a）白地地区的字形采用会意形式；在例（12b）丽江地区出现了加注声符▨的情况；在鲁甸地区则加注声符的情况比较多。"烧天香"有两种读法：一种读为$tshu^{55}pa^{33}be^{33}$；另一种读为$tshu^{55}pa^{33}dzi^{55}$。因此，加的声符也有两种不同的形式：（1）读为$tshu^{55}pa^{33}be^{33}$加注➤ $tshu^{2}$墨玉珠子，🐸pa^{33}青蛙，➤ be^{33}做；（2）读为$tshu^{55}pa^{33}ti^{55}$的加注▨ $tshu^{55}$墨玉珠子，🐸pa^{33}青蛙，➤ dzi^{55}酒药。从白地、丽江至鲁甸，形声的加入使概念整合过程中的共有空间由情景式框架变为语词式框架，因此属于演变型东巴文。再如例（13）中的"箭"lw^{33}。在例（13a）和例（13b）的白地和丽江地区，"箭"的字形都为象形➤；在鲁甸地区出现了形声字的形式，加注了声符▨ lw^{33}牛虱，形成了注音式形声字▨。输入空间的数量发生改变，所激活的概念框架也随之发生改变，因此属于共有空间演变型纳西东巴文。

四　纳西东巴文合成空间的演变

在纳西东巴文构形的概念整合机制演变过程中，合成空间中的概念合成方式呈现出由背景知识信息向结构合成信息转变的趋势。这一趋势不仅说明东巴文蕴含着大量远古时代的相关历史知识和文化背景信息（包括生活生产方式、文化习俗等诸方面），而且体现了纳西族人民认知思维由形象向抽象的进化。

随着时代的发展，社会对文字记录语言的功能要求越来越高，需要用文字来记录的词也越来越多，仅记录某些事物的名称已经不能满足需求，还需要记录这些事物的属性、动作和状态。出于语言的经济性原则，人们往往通过改变象形字字形本身来记录新的概念意义，从而使得东巴文造字逐渐从对静态事物的临摹发展到对属性、动作和状态的刻画。例如：

（14）a. ⌒祭组经1白2月；b. ⌒11.102鲁H1夜；

　　　c. ⋈6.291丽3村寨；　　d. ⋈1.225鲁H3村寨倒；

　　　e. 夭6.283丽3人；　　　f. 夭1.243鲁H3跳舞

　　　g. 夭1.254鲁H3发抖；h. ⅃12.39鲁H2跪拜

例（14a）⌒的本义为"月"，将其倒置则变为例（14b）⌒，属性发生变化，概念表征也发生变化，意为"夜"。例（14c）⋈"村寨"，将其横置，字形底部发生折裂，如例（14d）状态发生变化，概念表征也随之改变，⋈意为"村寨倒"。例（14e）本体为字形夭"人"，为表示其他不同动作的目的，改变字形以满足用字需求。例（14f）夭改变手部和腿部线条的形状表示"跳舞"；例（14g）夭勾勒字形的线条弯曲表示"发抖"；例（14h）⅃"跪拜"用简化的线条表示屈膝下拜的动作。其中，本体字⌒"月"、⋈"村寨"、夭"人"在概念整合过程中心理空间互相连接的方式为整体性映射，通过激活情景式框架并运用意象图式中的背景知识进行信息整合。变体后，⌒"夜"、⋈"村寨倒"、夭"跳舞"、夭"发抖"和⅃"跪拜"字形的概念整合通道发生了变化，互相连接的方式由整体性映射变为相关性映射，激活的概念框架由情景式变为空间关系式，合成空间也加入了空间位置信息。因此，这类文字被称为合成空间演变型东巴文。

第三节　　纳西东巴文构形演变的认知规律

纳西族，一个拥有三十余万人口的少数民族，主要聚居于中国的云南省丽江纳西族自治州。在地域上与藏、白、彝、普米、傈僳等少数民族相互依存，并与中原地区保持着密切的政治和文化联系。纳西族的文化特性，不仅仅体现在其独特的东巴文化上，更在于其对于外来文化的包容与借鉴。这种开放的态度，使得纳西族在保持自身文化传统的同时，能够不断地吸收和融入其他民族的文化元素，形成了一种丰富多元的文化形态。此外，纳西族文化的主体性和独立性，也是其文化特性中的重要组成部分。无论在文字、宗教、艺术还是日常生活中，纳西族都坚守着自己的传统，同时又不断创新，使得纳西族文化在历史的长河中始终保持其独特的魅力和活力。东巴文也被外界誉为"世界上唯一活着的象形文字"，被认为是表示"表音—意音文字的起始状态"的文字。而且用东巴文记载的文献资料极为丰富，它成为了解和研究纳西族历史、文化、宗教和艺术等领域不可或缺的重要资料。这种独特的文字系统不仅承载了纳西族深厚的历史底蕴，还为我们揭示了纳西族在漫长岁月中的文化传承与发展。

喻遂生（2003：205）认为，东巴文的起源和发展与纳西族的历史迁移紧密相连，东巴文字是纳西先民在漫长迁徙过程中逐渐创造和完善的。在这个过程中，纳西族丰富的民族文化为东巴文的发展提供了肥沃的土壤。东巴文在从白地到鲁甸地区的发展过程中，变得越发丰富和稳定，正是概念整合趋于成熟的表现。本研究认为，通过分析纳西东巴文演变过程中的认知规律，可以窥探出概念整合的发展历程。认知规律是指人类认知过程中的一些普遍性规律或模式。这些规律描述了人们在感知、学习、记忆和思考等认知活动中常常表现出的一些固定模式。

思维与语言是密切联系着的。马克思和恩格斯（1972）明确提出，思维的产生、发展和表达都离不开语言的支持。思维是语言的思想内容，而语言则是思维的工具。没有思维的语言是没有意义的。反过来，语言是思维的物质外壳，没有语言的承载，思维无法具体化。斯大林（1950：26）指出，语言的结构、语法构造和基本词汇是经过多个时代共同塑造的产物。远古时期的文字为现代语言奠定了基础，并具备一定的稳定性和延续性。这意味着一旦语言形成，它就能够代代相传，维持其基本的结构和特征。综上所述，语言与思维相互依存、相互影响。语言不仅是思维的工具，也是思维内容的载体。而语言的形成和传承具备稳定性和延续性，前人的思维模式、规律以及思维内容固定在语言中，并将其代代传承。

　　概念整合并非只是语言学的研究范畴，它更是人类思维方式的体现，映射出客观世界的演进、进步以及科学发展的规律。概念整合理论从深层次上阐明了意义生成的机制，将各种现象提升至人类心智层面的认知高度，进而触及语言背后隐藏的认知规律。王正元（2009：10）指出，整合行为的出现以及新事物的创造，其根本在于人的心智，即人的思维在起着决定性的作用。因此，通过对三地东巴文构形的分析。可以了解到随着纳西族人民从白地迁至鲁甸，思维逐渐从原始形象思维转向抽象逻辑思维。下面分别展开阐述。

一　原始思维的认知特点

　　根据语言学家的研究，全球范围内文字的发展历程可总结为以下阶段：初期文字图案、具象化图画文字、象形文字、表达抽象意义的文字（或意音文字）以及侧重于发音的拼音文字。图画文字不断地积累会形成象形文字。象形文字是文字发展的第一个阶段，具有形象性。随着文字的演变，会出现引申义、假借、注音，而且字形会逐渐简约化、义符化、符号化和声符化，进而过渡到表音文字。东巴文则属于象形文字过渡到表意文字的阶段，或者说属于表意文字的低级阶段。根据本研究对三地所选经书中象形字的统计，白地象形文字占比为 72.3%，丽江占比为 66.2%，鲁甸占比为 52.6%。从数据可知，象形文字的比例从白地至鲁甸呈递减趋势，但不可否认的是，象形文字在东巴文中占主体地位。

　　由于概念内容具有即时动态性，而其表征形式则相对稳定，这两者之间存在一定的矛盾。这种矛盾使得概念整合过程的认知指向可以朝着两个相反的方向发展：一方面具有创新性，能够推动认知的进步；另一方面则具有回溯性，能够回顾和总结已有的认知成果。这种回溯性也有助于深化对概念内容的理解，从而可以通过分析东巴文构形的深层认知机制，了解纳西族人民思维发展所处的历史阶段和认知特点。通过研究白地 444 个东巴文构形的研究发现：整体象形概念映射的方式都属于镜像性映射，其中整体象形字有 167 个，占比 37.6%，其次是局部转喻整体的相关性映射较多，占比 16.6%，其他种类的映射占比均低于 10%。因此，白地地区概念映射的方式基本属于镜像性映射，易激活情景式框架，在合成空间融合生活常识和自然规律完成概念整合。在概念整合过程中镜像性映射和情景式框架与东巴文字对实体和情景轮廓和细节的临摹紧密联系。造字之初，由于对于同一字义不同造字者选取了不同的实体进行临摹，从而导致白地地区字形不稳定。白地地区东巴文构形的特点展示了纳西族人民造字之初的认知处于原始思维阶段，具有图画性和多样性特征。

（一）图画性

方国瑜（2005）提到，纳西语自称"森得鲁究"，"森"象征着"木"，"鲁"意味着"石"，"究"则代表"痕迹"。这表明纳西文字，也被称为东巴文，是以图像方式呈现的，属于象形文字的范畴。和志武（1981）在其研究中进一步细化了纳西文字的两种类型，其中一种是原始的表意象形文字，纳西语意为"木石之痕"。他强调这种文字的产生年代久远，其特点是见木画木、见石画石，以图画的方式写成。

东巴文的重要特征之一是图画性。它通过简单的线条描绘出外部物象的形状，以此表达意义，记录了先民生活中常见的具体事物和自然现象。这种描绘方式与早期人类的具象思维方式相一致，使得东巴文成为一种独特的文字形式。例如：

（15）a. ⟨图⟩创世纪2白3云；⟨图⟩81.173鲁H3天；⟨图⟩85.46丽4山

b. ⟨图⟩创世纪3白3杉；⟨图⟩23.38丽3杉；⟨图⟩11.105鲁H1柏树

c. ⟨图⟩法杖经下7白5虎；⟨图⟩85.51丽4虎；⟨图⟩12.36鲁H2孔雀

d. ⟨图⟩创世纪6白3手；⟨图⟩88.199丽2眼睛；⟨图⟩68.314鲁H1手

e. ⟨图⟩乃乃抒4白4肉；⟨图⟩37.15丽3杯子；⟨图⟩11.105鲁H1奶渣

f. ⟨图⟩法杖经下12白5粮架；⟨图⟩6.278丽H3床；⟨图⟩11.112鲁H1房子

g. ⟨图⟩祭祖经17白2衣服；⟨图⟩59.53丽H4衣服；⟨图⟩68.308鲁H1衣服

h. ⟨图⟩祭祖经15白2犁；⟨图⟩85.39丽H4秤锤；⟨图⟩11.111鲁

H1 法轮

例（15a）中的 ⟨图⟩"云"、⟨图⟩"天"和⟨图⟩"山"属于天文地理类，在构形过程中，人们加入了对云、天和山的形象联想，字形整体和联想的轮廓与特点用直观形象的图画展示。例（15b）中的 ⟨图⟩、⟨图⟩、⟨图⟩ 展现了"杉树"和"柏树"树叶和树干的典型特征。例（15c）中的⟨图⟩、⟨图⟩、⟨图⟩是对动物"虎"和"孔雀"整体形象特点的描写，描绘出了虎的花纹、孔雀头顶的毛等细微细节。例（15d）中的 ⟨图⟩"手"、⟨图⟩"眼睛"和 ⟨图⟩"手"是对人体部位轮廓和突出特点的描绘。例（15e）中的 ⟨图⟩"肉"、⟨图⟩"杯子"和 ⟨图⟩"奶渣"是对食物器用特点的再现。例（15f）中的⟨图⟩"粮架"、⟨图⟩"床"、⟨图⟩"房子"居住类事物字形具有很强的图画性。例（15g）中的⟨图⟩"衣服"、⟨图⟩"衣服"、⟨图⟩"衣服"和例（15h） ⟨图⟩"犁"、⟨图⟩"秤锤"、⟨图⟩"法轮"是对服饰器用类事体的描绘。东巴文大到对事物整体轮廓的描绘，小到事物本身细微特征的凸显，如虎、孔雀、杉和衣服等字形在纳西东巴文中栩栩如生，形象逼真。此类字形在概念整合中互相连接的方式均为镜像性映射，具有见形知物的特点，字形即为字义。

早期文字图画性的另一表现是涂色。在东巴文中有一类特殊字形称为"黑色字素"，添加方式为加一个黑点或者整体涂黑。如例（16a）⟨图⟩把山的顶部涂黑表示"黑山"。例（16b）⟨图⟩在崖的上部分涂黑表示"黑崖"。例（16c）把太阳描黑⟨图⟩表示"黑太阳"。例（16d）在石头上加上黑点⟨图⟩表示"黑石祭"。例（16e）在字形坡上加上黑点⟨图⟩表示"黑坡"，在此字形中，黑色表示颜色，为中性词。随着纳西族的迁移发展，黑色在鲁甸多为贬义。黑色字素的出现恰恰体现了纳西族人民对于隐喻思维方式的运用，其对纳西族人民思维和认知的影响将在下文进行详细阐释。

（16）a. ⟨图⟩祭祖经 8 白 2 黑山

　　b. ⟨图⟩75.211 鲁 H1 黑崖

　　c. ⟨图⟩创世纪 6 白 3 黑太阳

　　d. ⟨图⟩祖经 5 白 2 黑石祭

　　e. ⟨图⟩11.125 鲁 H1 黑坡

邓章应（2015：7）在研究中指出，东巴文中用于记录语段的符号，其结构往往相当复杂，且这些符号存在于特定的语境之中。它们所蕴含的信息量庞大，图画性强，犹如一幅幅生动连贯的连环画。如例（17a）〇 用构件⊕ "日"、〇 "月"、〇 "居那若罗山"、〇 "左"和〇 "右"表示语段"居那若罗山上，太阳从左边出，月亮从右边出"。通过这些图画符号，纳西族人能够以直观和生动的方式记录和传达信息。例（17b）〇 以类似连环画的形式，图画的左边〇 用构件〇 "马"、〇 "绳"、〇 "马槽"和〇 "养"组合而成，图画的右边〇 用构件〇 "牛"、〇 "养"、〇 "栓"和〇 "满"组合而成。东巴文在造字之初，经常对客观情景进行仿拟，具有极强的图画性。在例（17a）〇 和（17b）〇 概念整合的过程中，情景式参与了概念框架的激活，体现了对客观现实情景的刻画和描绘。

（17）a. 〇 40.30 鲁 H2 居那若罗山上，太阳从左边出，月亮从右边出

　　　b. 〇 70.244 鲁 H2 马槽拴满了骏马，木桩都拴满了耕牛

在纳西东巴文概念整合的过程中，输入空间所连接的方式有同一性、相似性和相关性。其中，图像性在两个输入空间映射的过程中发挥重要作用。输入空间互相连接后激活概念框架中的情景式框架、关系式框架和联想关系式框架。正如在前三章提及的，关系式框架和联想关系式框架均有情景式的参与。由于东巴文构形与生活中熟悉的场景相似，所以能够激活情景式框架。根据概念整合的回溯性可知，东巴文大量运用情景关联来造字。所造之字与生活的真实场景非常相似，所以字形具有极强的图画性。

（二）多样性

首先，形象思维是以事物的外部形态为基础来进行记录的。然而，对于同一事物，由于个体差异、时间变化、地理位置、观察角度和表达方式的不同，可能会导致字形的多样性。这种多样性会导致一个词有多种不同的书写形式，即一词多字的情况。如在例（18）"稻"的字形在三地发生变化，但在概念整合的过程中，他们互相连接的方式都属于相关性映射中的局部代替整体，激活情景式框架，根据自然规律完成概念整合。

（18）稻：a. 〇 法杖经 1 白 1；〇 祭祖经 22 白 2；〇 祭祖经 4 白 2

　　　　b. 〇 H4.258 丽 1；〇 54.118 丽 2；〇 5.286 丽 3

　　　　c. 〇 68.312 鲁 H1；〇 12.17 鲁 H2；〇 81.210 鲁 H3

例（18a）中，白地"稻"的三个字形分别是⿰、⿰和⿰。根据概念整合理论的回溯性，字形产生差异的原因主要是白地、丽江和鲁甸的造字者所见到稻的实体不同，因此出现了不同的字形，此类字形被称为异体字。但是在例（18b）丽江地区"稻"的字形为⿰、⿰、⿰和例（18c）鲁甸地区字形为⿰、⿰、⿰，看得出丽江和鲁甸字形逐渐稳定，字形差异逐渐减小。因此，在概念表征结果明确的情况下，增加一些信息或者减少一些信息，并不影响概念整合过程的完成，当然也不会影响整合的结果。异写字在白地较多，到丽江和鲁甸逐渐趋于稳定，主要是因为白地东巴文体系未完全定型所造成的。概念整合作为一种思维方式，决定着人们的思考、认知和表达。因此，在白地地区，纳西先民概念整合的思维方式还不成熟，导致了东巴文系统中存在诸多摇摆和可能。

二　抽象思维的认知特点

随着纳西族先民从白地地区向鲁甸地区的迁徙，东巴文不断地发展和变化，东巴文字形越来越发达，其构形方式也愈加复杂和多样。如前文所述，白地地区东巴文构形的通道主要是通过镜像性映射连接激活情景式框架，利用自然规律和生活常识实现概念整合，体现了白地东巴文构形认知机制的图画性和多样性特点。然而，在纳西族先民从白地迁徙至丽江和鲁甸地区的过程中，符号指称转喻映射和相似性映射逐渐增加，激活空间位置关系框架、事理逻辑关系式框架和联想关系式框架的字形增加。这些字形更多地利用结构合成信息、数量合成信息和主观认知以及价值取向在合成空间中进行概念整合。东巴文的字形也逐步向符号化和声符化过渡，体现在纳西族先民的思维模式上即是他们的认知方式或思维方式也逐步由形象性向抽象性发展。下文分别展开讨论。

（一）转喻现象

东巴文字形及其构形方式保留了纳西先民对事物的认知。在研究东巴文的造字方式时，过往的学者已经认识到转喻的重要作用。Lakoff 和Johnson（2003）认为转喻是一个认知过程，基于此认知过程，可以通过其他事件的关系对另一事件进行概念化。张辉（2003）发现转喻在某些汉语现象的意义构建中起着至关重要的作用。Gibbs（2007：21）指出，认知语言学主张转喻是由思维提供理据的，人们常常以转喻的方式来思考问题。认知语言学认为，转喻不仅是人们认识事物的一种基本方式，而且是一种基本的认知能力。它揭示了在同一认知领域内，始发概念域如何凸显或激活目标概念域的过程。

东巴文构形过程中，输入空间映射方式涉及局部与整体之间的转喻和符号与指称转喻两种类型。Lakoff 和 Johnson（2003：26—39）认为，转喻是概念、思维层面上的问题，对于人类推理起着重要的作用。东巴文构形的概念整合过程中，部分字形输入空间的连接方式为局部转喻整体以及符号指称转喻，白地地区转喻性映射的占比为 19.3%，丽江地区为 19.2%，鲁甸地区为 26.8%。从数据分析可知，白地、丽江和鲁甸局部转喻整体和符号指称转喻的数量逐渐增加。

第一类转喻现象为整体与局部转喻，是指一种通过将某个具体的、局部的概念引申到整体范畴的认知过程。在白地、丽江和鲁甸东巴文构形中，通过局部转喻整体的方式进行输入空间映射的字形被称为局部象形，且主要分布在植物类、鸟类和兽类当中。在白地地区，局部转喻整体的字形较少，但是使用频率较高。如例（19a）在同一本经书中，字形 出现 2 次，字形 出现 23 次，即"牛"的构形过程中采用整体性映射的次数为 2 次，以局部象形 转喻整体的次数为 23 次。例（19b）字形 出现 7 次，字形 出现 10 次，即"虎"的构形过程中，输入空间的映射更倾向于采用局部转喻整体的连接方式。

　　（19）a. 法杖经 4 白 1 牛； 法杖经 4 白 1 牛

　　　　　b. 法杖经 7 白 5 虎； 法杖经 7 白 5 虎

随着纳西族人民的迁移，语言也发生了历时演化，表现为东巴文中局部转喻整体构形方式的逐渐增多。在丽江东巴文构形中局部转喻整体的字形数量有所增加。尤其在动物类字形中，以头部转喻整体的数量最多。比如在《延寿仪式·东巴弟子求大威灵·末本》中共有动物头部转喻整体出现 23 次。经书中，构形方式仅采用整体映射的仅有一例，即例（20a）"鸟"，且在经书中仅出现 2 次。整体映射和局部转喻整体共同出现的仅有 2 例，即例（20b）"大鹏鸟"和 "鹰"，其中 "大鹏鸟"的构形中整体性映射出现 3 次，局部转喻整体出现 3 次；"鹰"的构形中整体映射出现 1 次，局部转喻整体出现 6 次。构形方式仅出现局部转喻整体的有 20 例，其中例（20c）"猪"局部转喻整体的次数最多，出现 60 次。

　　（20）a. 88.185 丽 2 鸟

b. 🦅 H4. 464 丽 1 大鹏鸟；🦅 H4. 475 丽 1 鹰

c. 🐗 H4. 238 丽 1 猪

在鲁甸地区关于鸟类和兽类的东巴文构形中，采用局部转喻整体映射的方式已经远远超过整体性映射。在经书《超度胜利者·竖胜利者天灯树、武官树、美德者树，插胜利旗，挂武官和美德者衣服》中，例（21a）出现整体性映射的只有 9 种，总次数为 21 次。而例（21b）局部转喻整体的动物种类为 10 类，出现的总次数为 118 次。将以上数据对比可知，在鲁甸东巴经书中局部转喻整体映射的构形方式远远多于整体性映射。

（21）a. 🦟 68. 307 鲁 H1 牛虻 8 次；👁 68. 310 鲁 H3 蚕蛹 3 次；

🦎 68. 307 鲁 H1 飞鸟 2 次；🐟 68. 314 鲁 H3 壁虎 2 次；

🐟 68. 310 鲁 H1 鱼 2 次；🦅 68. 329 鲁 H3 大雕 1 次；

🐂 68. 331 鲁 H3 牦牛 1 次；🦟 68. 326 鲁 H1 牛蝇 1 次；

🐍 68. 314 鲁 H2 蛇 1 次

b. 🐇 68. 308 鲁 H3 兔 33 次；🦌 68. 308 鲁 H1 黑鹿 19 次；

🦅 68. 311 鲁 H2 鹰 11 次；🐐 68. 333 鲁 H2 岩羊 6 次；

🐒 68. 307 鲁 H1 猴 4 次；🐸 68. 308 鲁 H3 青蛙 22 次；

🐑 68. 307 鲁 H1 羊 6 次；🐔 68. 310 鲁 H2 鸡 8 次；

🦢 68. 308 鲁 H2 水葫芦鸟 5 次；🦆 68. 314 鲁 H3 白鹇 4 次

从白地到丽江再到鲁甸，东巴文的构形过程逐渐展现出局部转喻整体的特点，这种连接输入空间的趋势日益显著。这表明人类心理具有一种普遍的倾向，即倾向于将事物的高凸显度部分视为整体。正如 Langacker（1991）认为，相对凸显的原则为转喻提供理据。在东巴文的构形中，高度凸显的特征作为参照点唤起其他不太凸显的部分得到明显的体现，这也进一步揭示了人类认知世界的一种重要方式。

第二类转喻现象是符号与指称转喻。在东巴文中，通常使用非形象化的抽象符号，如散点、曲线和圆圈，来进行符号的指称转喻。这些符号通过独特的形状、线条或布局，来代表或指代特定的概念或事物，从而在东巴文中发挥转喻的作用。

例（22）的散点 ⁝⁝ 被视为使概念中的性质或特征具象化的符号。这种概念整合方式表明东巴文已呈现出将抽象概念以图形符号进行直观化的趋势。通过将散点布置在特定位置，东巴文有效地将抽象的概念转换为可见的图形符号。如例（22a）中的 "繁星"，通过在构件周围添加点的方式，成功地表达了数量"多"的概念。又如例（22b）中的 "增加"，通过在构件周围加上点表示"增加"。再如例（22c）中的 "犁铧"，通过在近似三角形的符号顶端画上点，以表示"尖锐"。 展现了一种具体物体属性的符号化过程，将抽象的数量或性质概念具象化，为观者提供了直观而有效的信息。

（22）a. 1.251 鲁 H3 繁星

　　　b. 11.112 鲁 1 增加

　　　c. 11.115 鲁 H1 犁铧

例（23）东巴文利用抽象符号 示分开、 示声音、 示有声和说话、 示看见、 示推门的动作、 示覆盖。例（23a）用曲线从牛的嘴巴打出，表示"吼叫"。例（23b）在石头上画两条曲线，表示"石头裂开"。如例（23c）通过使用点线结合的方式，从嘴巴处画出点和线，表示"笑"。将抽象的动作概念转化为可视化的形式。

（23）a. 11.118 鲁 H1 吼叫

　　　b. 81.190 鲁 H3 石裂

　　　c. 11.117 鲁 H1 笑

例（24）常用非象形的抽象符号如 的圆圈指称概念，东巴文中将抽象的概念以具体的圆圈形状来表示，实现了对物体概念的视觉化映射。如例（24a）在人的字形脖子部位画了一个圈，表示"该人得了大脖子病"。例（24b）在肠子上打上一些圆圈，表示长了其他东西，以示"发炎"。

（24）a. 11.116 鲁 H1 大脖子病

　　　b. 1.254 鲁 H3 肠炎

在东巴文构形中，三地都存在符号指称转喻现象，但所使用的抽象符号存在差异。在白地地区仅出现使用抽象符号曲线以指称摇动、声音和视线，用散点指称数量众多的概念。在丽江地区，新增用抽象符号圆圈或曲线指称部位，用曲线和点线结合的方式指称声音、动作、视线、摇动、断裂、延续的概念，用散点指称数量众多。在鲁甸地区，采用圆圈指称部位和疾病，用曲线和点线结合的方式指称声音、视线、断裂、分裂，用散点指称数量众多的性质。其中，白地地区符号与指称转喻在字形中的占比为5.0%，丽江为9.1%，鲁甸为13.4%。从这一数据变化可以看出，在三域东巴文构形中，符号指称转喻的比例在逐渐增加。

Dirven（2005）提出的"给养"（affordance）理论，为转喻在心理连接和桥梁构建中的作用提供了有力的支撑。这一理论认为，转喻作为一种认知手段，为语言的输出和理解提供了信息通道，使得语言信息与各种非语言信息得以有效连接。此外，徐盛桓（2008：93）对转喻的逻辑特性进行了深入探讨。他强调，分类逻辑意识是转喻发生的前提条件，转喻在原有分类秩序的基础上运作，体现了运用分类逻辑的配置和独特形式。有些转喻运用凸显性展示世界的一些基本特征，进一步印证了转喻作为一种重要的认知和语言现象的独特地位。这些研究为我们深入理解转喻的本质和作用提供了重要的理论框架。转喻不仅在语言的输出和理解中发挥着信息通道的作用，还在人类认知世界的过程中起着关键作用。通过分类逻辑的运用和可能世界的构建，转喻成为连接语言与非语言信息、现实与认知的重要桥梁。因此，从三域东巴文构形中转喻映射的比例逐步增加可以得出以下三点结论：一是概念转喻在语言和认知中起到了桥梁的作用，它使纳西族人民在运用语言时把感知、行为和认知紧密地联系在一起；二是转喻思维提高了语言使用和交际的效率；三是随着纳西族人民的迁移，转喻在东巴文构形中的使用率逐渐增加，说明纳西族人民的分类逻辑逐步提高，逐步从主观形象思维转变到抽象逻辑思维。

（二）隐喻现象

Grady（1999：79—100）提出，隐喻与整合之间的关系在于隐喻的喻体体现的概念整合类型具有独特性。隐喻理论和概念整合理论紧密结合，其中常规的隐喻形式为整合提供了真正的时间结构呼应和连通。许多隐喻是储存在人的长期记忆中的模式，而整合则是随机处理的、迅速且自由的。Coulson 和 Oakley（2000：175）指出，概念整合理论作为一种在线的意义构建理论，该理论认为意义的理解是一个概念化的过程，且这个过程是在一定时间过程中在线生成的。但必须注意的是，心智中储存的内容是概念整合所需的原材料（Grady，2005：1595—1614）。概念整合理论关注人的心智中储存物的状态、形式和位置，因为只有当这些储存物被激活时，才会产生概念间的连通并形成意义。人的心智之所以能够建立各种概念模式，主要源于整合网络的规约化。一旦整合网络被规约化，人的心智概念模式的来源就随之而来。例如，在英语和汉语中，有许多成语通过隐喻概念化的词汇方式构建意义，这些成语的隐喻是文化背景基础上概念化的产物。东巴文中也存在整合被规约化的现象，在其构形的过程中，隐喻在概念映射中出现的频率逐渐增加。此外，这种规约化的来源主要来自对输入内容的整合网络的反复运用。这一网络的形成是基于人们对不同概念之间的联系和相互作用的认知。因此，随着人们对特定概念的不断接触和运用，这些概念之间的联系和相互作用逐渐被固定下来，形成了规约化的整合网络。这种规约化的过程使得人们能够更加高效地理解和运用概念，从而更好地理解和表达意义。

纳西族人对各种色彩持有不同的情感态度。他们或肯定、或否定、或两者兼有、或持中立态度。对于黑色，纳西族人的态度尤为复杂。在他们的语言中，"黑"可以指代种族，如纳西人自称为"纳"，而"纳"即代表黑色，黑色也象征着强大。此外，纳西族人也用"黑"来形容高山大川。同时，"纳"还可以表示美好或精致，例如美酒被称为"日纳"，精肉（麦肉）被称为"矢纳"。然而，黑色也可以表示否定或贬低的意义。在现代纳西人的观念中，白色被视为崇高的象征，而黑色则与一切不好的事物关联在一起，如鬼魅、邪恶等。如例（25a）中的 🐦"毒"是一个概念隐喻式东巴文。🐦和黑色代表概念结构，组成东巴文语义合成的输入空间。但合成空间里"毒"的语义结构则来自黑色。东巴文造字结构里有一类特殊的成分叫黑色字素，是纳西族"托义于物"隐喻认知的体现。例（25b）属于纳西文字中有黑色素字，黑色多与鬼和邪恶有关，所以 🦅涂黑后整合出"坏"的概念意义。

（25）a. 🐦 11.105 鲁 H1 毒

b. 🦅 11.98 鲁 H1 坏

隐喻是人们把熟悉的、具体的、有形的、常见的认知域投射映现于陌生的、抽象的、无形的、罕见的认知域，从而建立不同概念系统之间联系的认知过程，是日常语言中存在的普遍现象。日常生活中，习惯性的使用逐渐使一些隐喻失去了意象性，以至于人们往往对日常词语中所隐含的隐喻习而不察。隐喻的形成并非偶然，它是人类生存活动与其认知思维相互作用的必然结果，既反映出人类认知的具身体验性，又是对原有范畴再范畴化的产物。隐喻的使用促进人类对周围世界的了解和认知范畴的扩大，并加快纳西族人民理解并感知周围世界。

（三）符号化

从理论层面来看，文字的符号化是一个涉及形体变化的进程，这一过程使得文字的形体逐渐远离具象表达，转向抽象化的趋势。文字在更广泛的意义上被视作符号的代表。然而，当我们仔细观察各类表意文字的形体特征时，可以发现一个重要的事实：根据其形态特点，文字基本上可以分为两类。其中一类是《说文解字·叙》中所描述的"画成其物，随体诘诎"的字，这类字的象形程度极高，能生动地表现出事物的形象和特征。如例（26a）东巴文中的 🦢 "鹤"，象形度很高，将鹤的轮廓的细节性特征都表现出来。另一类则是《说文解字·叙》中所描述的"视而可识，察而见意"的字，这类文字的形体简洁明了。如例（26b）东巴文中的 🦅 "看"，从人的眼睛打出两条线表示看。

（26）a. 🦢 法杖经 1 白 1 鹤

　　　b. 🦅 11. 101 鲁 H1 看

这两类文字均属于文字系统的核心，从构形上可以观察到它们在体态上呈现出不同的特征。前一类文字，以其高度图画化的体态，展现了与具象世界的紧密联系。其笔画和结构不仅模拟了事物的外形，更在某种程度上传达了事物的内在特质和情境背景，使得观察者能够通过视觉感知直接理解其意义。相对而言，后一类文字则展现了更为抽象和符号化的体态特征。它们并不直接模拟事物的外形，而是通过简洁明了的符号形式，代表特定的概念或意义。这种符号化的体态使得文字能够更加高效地传达信息，同时也为文字系统的进一步发展和演变提供了可能。

抽象符号是通过特定的语言或形式，将现有的具象事物进行高度概括和提炼，以揭示其核心属性和共同特征。这一过程不仅涉及对事物外在特征的抽象表达，更深入其内在本质和共性。思维在赋予外界对象以形式和概念的过程中，使得这些对象比在自然状态下更容易被人们理解和把握。

人的活动并非被动地接受外界刺激，而是主动地摄取信息，这种主动性与外界刺激的结合构成了符号化的过程。在这一过程中，存在两个关键的方面。一方面是图式的符号化，即通过图形、图像等方式将具象事物抽象化；另一方面则是人们解读图式的思维符号化，形成一种特定的思维模式或框架。当某一视觉图式的符号性不断被强调和突出时，这一符号的意义、地位和影响力也逐渐得到确立。符号化不仅影响了人们对该事物的思考方式，而且可能导致某种思维定式的形成。当符号所指的意义与人们的思考达到一致时，人们开始有意识地解读和诠释这一符号，形成一种相对固定的认知和理解模式。

基于这一概念界定，文字的符号化可被视作文字符号形态从具象写实向抽象写意方向演进的体现。这一演变过程不仅涉及文字符号表征方式的转变，更涉及意义表达的深层次抽象化发展。如例（27a）中的 ▼ 和 ✗ 用抽象化的符号表示数字"一"和"十"的概念，▬ 用抽象化的符号表示"高"。此类字形仅由非象形的符号构成。例（27b）由象形字加上抽象符号表征概念。在字形 ※ "水波"中，用曲线指称"海"；在周边打上波浪线，表示"水波荡漾"。 ⟩⟨ "分"用抽象符号指称"石头"；加上两条曲线表示"石头裂开"，指称分的概念。在字形 ⚡ "绝育"中，在女人的下体画上一条断线表示"绝育"。此类字形在概念整合过程中用符号来指称转喻，激活关系式框架。比起激活情景式框架的象形东巴文，符号的加入使东巴文概念整合过程的抽象化程度逐渐增加，体现出纳西族人民的认知水平也在逐步提升。

(27) a. ▼ 11.97 鲁 H1 一； ✗ 11.107 鲁 H1 十； ▬ 11.98 鲁 H1 高

b. ※ 68.310 鲁 H1 水波； ⟩⟨ 11.109 鲁 H1 分； ⚡ 1.257 鲁 H3 绝育

符号化过程不仅使得概念得以简明而紧凑地表达，也为语言的简练表达提供了一种更为高效的方式。这类语言特征通过将具体的物象或形象符号化，逐渐演变为更为抽象的概念符号，表达了一种认知上的递进过程。

（四）标音化

标音是抽象思维的标志性特征，而标音化则是文字发展中的一个关键转折点，标志着文字开始逐渐脱离其原始的图画形式。随着东巴文的发展，它不仅保留了原始阶段的图画式象形字和构图，还逐渐发展出许多抽象的符号。从文字结构上看，东巴文中高达81.3%的表形字表明，它仍然处于一个相对原始的象形阶段，尚未完全成熟。然而，值得注意的是，在三个不同地域的东巴经书中，存在大量形声字，这是文字发展到成熟阶段才具备的特征。此外，还出现了用形声字充当形符或声符的多层形声字现象，这种复杂的结构在现代汉字中也是较为罕见的。这表明东巴文的形声字已经超越了萌芽阶段，展现出较高的成熟度和发展水平。因此，我们可以认为东巴文是一个具有独特魅力和历史价值的文字系统，它既保留了原始文字的图画特征，又展现出向抽象化发展的趋势。如例（28a）和例（28b）"杉树"的字形在白地和丽江都是象形字，在鲁甸出现了形声字如例（30c），在象形字的基础上加注声符 🐂牛虱，形成注音式形声字 🖊。

(28) 杉树：

  a. 🌿法杖经9白1；🌿祭祖经21白2；🌿创世纪3白3

  b. 🌿14. 257丽1；🌿23. 23丽3；🌿23. 38丽3

  c. 🌿1. 228鲁H3；🖊58. 315鲁H1

例（29）"看"的字形在白地和丽江都是由象形字加上抽象符号构成，如例（29a）🐂、🌿、🖊三种字形和例（29b）🌿、🌿两种字形，但在鲁甸出现了加声符的形声字如例（29c）🖊和🌿，加上了声符。

(29) 看：

  a. 🐂创世纪3白3；🌿法杖经下16白5；🖊创世纪19白

  b. 🌿H4. 245丽1；🌿21. 12丽4

  c. 🌿11. 101鲁H1；🖊58. 317鲁H1；🌿68. 317鲁1

在对三个地域东巴文进行专域研究和比较研究后，白地地区共有444个字形，其中形声字达到37个，占总字形数的8.3%。而在丽江地区的574个字形中，形声字的数量增至62个，占比达到10.8%。在鲁甸地区的559个字形中，形声字的数量更为显著，达到106个，占总字形数的比例为19.0%。从白地到丽江再到鲁甸的过程中，形声字的数量和占比均呈现出明显的增长趋势。少部分形声字在白地、丽江和鲁甸都存在，但鲁甸地区出现大量声符的标注，从白地到鲁甸形声字数量逐渐增加，东巴文逐渐朝着标音化的方向发展。鲁甸形声字数量最多显示出鲁甸东巴文已经相对较为成熟，声符化体现了纳西族人民的认知思维逐步从形象思维转向抽象思维。

第四节　小　结

本章从概念映射、输入空间、共有空间和合成空间四个方面比对三地东巴文构形认知机制的异同，以探究东巴文分域构形的演变历程以及认知规律，得出以下两点结论：

第一，通过对东巴文的历史溯源研究，并结合其演变的过程和结果，本研究发现纳西东巴文的历时演变主要呈现以下两种情况：（1）在字形演变过程中，构件形体与构件组合方式都没有发生大的变化，构件的理据性得以稳定继承，从白地、丽江至鲁甸东巴文的构形通道保持不变。换言之，从白地至鲁甸地区，东巴文概念整合过程中构件互相连接的方式、构件表征的概念义、共有空间共同和抽象的组织框架、合成空间中融入的合成信息保持不变。（2）纳西族先民从白地、丽江到鲁甸迁徙的过程中，由于需要满足新的用字需求，或因社会历史文化背景发生改变，部分字形的构件表征新的概念，并且出现字形混淆的情况，构形过程中理据发生改变。由于一个心理空间的变动通常会引起其他心理空间的变化，因此其概念整合通道也发生了相应的变化。根据三地所建字形库数据统计，有19.7%的东巴文构件概念整合的过程发生了变化，如映射方式逐步抽象化、输入空间的层次和数量不断增加、激活概念框架复杂化以及合成空间中融入更多的历史文化背景知识、主观认知和价值取向等。

　　白地、丽江和鲁甸三地东巴文概念整合的整体发展趋势表现为从具象到形象再到抽象的过程，具体体现在以下三个方面。（1）从输入空间的视角来看，构件激活概念的方式经历了由以形表征向以义表征过渡的变化；（2）从共有空间的角度来看，构件信息共同激活概念框架经历了从情景式向关系式转化的过程；（3）从合成空间的角度观察，纳西东巴文的合成发展经历了从人本主义突出到人文氛围浓厚，再到倾向于理性分析的阶段。

　　第二，本章通过概念整合的回溯性得出，在东巴文的构形和演变过程中，留下了纳西族先民的社会文化和语言思维的烙印。通过分析三地东巴文构形的深层认知机制，得出三地纳西先民们认知世界万物的思维方式和认知特点有以下三点：

　　（1）在白地时期，思维具有图像性和多样性的原始思维认知特点。根据本研究收集的数据，白地整体性映射的占比为37.6%，这表明整体性映射是白地地区主要的映射类型。而整体性映射主要指象形字中的整体象形，这类文字的构形是对所指实体的外形进行描摹而形成，其文字特点体现了极强的图画性。白地东巴文构形过程中构件大都以形符身份参构，通过字体形象和情景来引导和激活相关概念，具有明显的"见形知物"特点。在构形中也常激活情景式框架，反映出在白地地区纳西族人民所造之字具有明显的图画性和多样性，体现了纳西族人民运用具象和直观原始思维的认知能力。

　　（2）随着纳西族人民迁徙至丽江，原始直观形象思维逐渐减弱，抽象逻辑思维慢慢增强。丽江东巴文中的整体象形字在丽江地区字形库中占比 38.2%，相较于白地地区的 37.6%，整体性映射仍是其构形的主导机制。此外，与黑色字素相关的隐喻性映射在丽江也渐渐出现，隐喻思维在丽江东巴文中逐渐凸显，同时反映出文字背后纳西族人民认知思维的发展。通过对比白地和丽江东巴文构形的演变展现了纳西族人民认知进化过程，也体现了东巴文在丽江地区趋向成熟，反映了概念整合思维在这个阶段已经具备一定的抽象意识和思辨成分。

（3）至鲁甸时，构形中的转喻和隐喻现象大量出现，文字逐渐符号化和标音化，抽象逻辑思维逐渐占据主体地位。首先，对比白地和丽江地区，鲁甸东巴文中输入空间通过隐喻性映射和相关性映射的比例大幅增加。在白地地区未发现黑色隐喻字素，但在丽江及鲁甸地区大量出现黑色隐喻字素，由此可见，东巴文发展到鲁甸地区，其相似性联想能力已渐渐成熟。其次，相关性映射中的转喻现象在白地占比为 23.8%，丽江为 21.3%，而在鲁甸则达到 36%，其中，局部转喻整体的字形白地占比 16.7%，在鲁甸则增至 23.0%，说明了鲁甸东巴文的构形机制中，视觉凸显能力加强，用事物高凸显度部分转喻整体的能力越来越强，体现了纳西族先民认知思维深度加深。再次，符号与指称转喻类字形在鲁甸地区的占比也显著增加，占比为 12.0%，体现了字形逐步符号化，思维逐步抽象化。最后，在白地形声字达到 37 个，占比为 8.3%；丽江增至 62 个，占比达 10.8%；鲁甸地区形声字的数量更为显著，达到 106 个，占比高达 19.0%。这些数据表明转喻现象、隐喻现象、符号化、标音化在鲁甸地区逐渐占据主体。标音化是文字发展到高级阶段的体现，体现思维的高度抽象。这反映出纳西先民在迁移至鲁甸地区时，对周围世界的理解更加深刻，对陌生领域的理解和感知更加快速。他们的认知范畴也得到扩展，体现出纳西族先民范畴化的能力得以提升，也说明其思维已经从形象思维发展到抽象思维的高级阶段。

第八章

纳西民族社会生态与东巴文分域构形演变

　　语言永远处于不断地发展之中。它的发展既受自然环境、经济、政治等外环境的制约，还会受到宗教、文化、语言谱系等内环境的影响。而东巴文分域构形演变体现了东巴文发展的过程。在东巴文发展的过程中，民族社会生态的内环境与外环境是解释纳西东巴文分域构形演变不可或缺的两个方面。本章旨在探讨纳西族社会生态内环境和外环境如何影响东巴文的分域构形演变，促使东巴文向更为系统和成熟的方向发展。

第一节　纳西族民族社会生态内环境

　　纳西族民族社会生态内环境是指影响东巴文分域构形演变的内部因素，包括以下四个方面。（1）纳西族起源。纳西族的起源展现了纳西民族形成的历史脉络、文化渊源以及各种历史事件对其文化传承的影响。这有助于认识纳西族社会的根基，理解其文化发展的起点和轨迹。（2）东巴教和东巴文化。东巴教是纳西族的传统宗教，而与之关联的东巴文化包括了一系列的信仰体系、祭祀仪式、文学作品等。了解东巴教和东巴文化，可以揭示纳西族在精神信仰和宗教仪式方面的独特特征，为理解其价值观、道德准则以及社会组织结构提供深刻的洞察力。（3）哲学思想。纳西族哲学思想体现了纳西先民的原始思维与哲学认知。这一哲学思想不仅是对自然、宇宙、生命等基本概念的探索，也是对人类存在和与周围环境互动的深刻思考。纳西族的哲学思想生动地反映了纳西族对外部世界的独特认知。（4）语言谱系。纳西族语言谱系反映了东巴文语言内部结构的复杂性，深入了解语言谱系有助于系统化地分析东巴文，揭示出不同语言元素之间的联系、演变过程以及它们在构建整个语言体系中的作用。这些因素相互交织，共同构成了纳西族社会生态的文化底蕴和精神风貌。下文分别展开讨论。

一　纳西族起源

纳西族的起源既可见于史书翔实的记载，也深融在族内丰富的神话史诗之中，形成了一个历史悠久、丰富神秘的话题。历史文献作为珍贵的线索，记录了纳西族的迁徙、兴盛与衰退等重要历程，勾勒出了这一古老民族的历史画卷。历史文献记载了纳西族在历史长河中的迁徙轨迹、社会变革，以及与邻近民族的互动。这些史书所述，既为后人提供了珍贵的文化遗产，也为我们理解纳西族的历史根基提供了线索。与此同时，纳西族传承的丰富神话史诗则包含了关于纳西族起源的独特记录，讲述了纳西族祖先诞生的神话故事。神话史诗以生动的叙事形式传承着纳西族人对纳西族起源的理解，包含着神秘的创世神灵和祖先的传承，构建出一个充满传奇的纳西族起源图景。历史文献与神话史诗两者相互交织，共同组成了纳西族的起源故事，为东巴文的分域构形演变奠定了文化基石。

（一）历史起源

纳西族的起源可以追溯到史前时期，他们的祖先在公元前 4000 年前后已经在云南地区生活和繁衍。根据历史资料记载，起初纳西族是西北古羌人分支，从河湟地区南迁而来，并与当地的土著居民融合发展。约公元前 3 世纪时，他们移居丽江一带，逐渐稳定，形成了现今的纳西族。西周时期，纳西族的祖先在陕西和甘肃地区建立犬戎国，国都位于现在的静宁县。据载，犬戎国为西北地区最早的游牧部落之一。从秦汉到魏晋，纳西族主要活动于大渡河、雅砻江流域一带，主要从事游牧和畜牧业。东汉时期，纳西族人在四川建立白狼国，并与中原地区汉朝保持着良好的关系。唐朝时期，纳西族祖先沿着雅砻江南下，来到丽江，在这一地区建立了第一个政权"越析诏"，但是这一政权并未存在多久便被南诏国灭亡。纳西族便退守金沙江中游，在这个时期，纳西族文化受中原、南诏、吐蕃三种文化的影响，逐渐形成了纳西本族文化——东巴文化。宋朝时，吐蕃与南诏处于乱战状态，因此，纳西族政治环境有所改善，有了自主发展的机会。社会经济生产亦有了全面发展，各部落在政治上逐步统一起来，使纳西族的文化体系渐趋完备。元明清三朝纳西族政治制度日臻完善，经济有了发展，文化科技有了明显提高。1723 年清政府在丽江推行"改土归流"，使土司势力锐减，从而使丽江经济得到了快速发展，丽江古城雏形在此时终于形成。在这段时间里，殉葬现象盛行，丽江被称为"殉情之都"。鸦片战争以后，纳西族地区步入了"乱世十八年"社会动乱时期。辛亥革命时期，不少纳西族人民投身到反帝反封建的运动中去，积极响应号召，要求摆脱清政府的统治。1949 年 7 月 1 日丽江和平解放；1961 年，丽江纳西族自治县成立。现存的纳西族分布于云南省丽江古城区和玉龙纳西族自治县及四川省、西藏自治区等地。

（二）神话史诗《创世纪》

在中国南方广大区域内，长期居住着北至岷江流域和武陵山脉、南至海南五指山、西至滇缅边陲、东至闽浙丘陵地带的少数民族。这一地区的独特山地自然环境，包括群山重叠、深谷密布、交通闭塞、易涝易旱等条件，虽然具备一定的农业耕作条件，却也充满着生存的艰难性。在这样的背景下，这些南方少数民族共同根植于相对较为缓慢发展的社会历史、悠久而充满艰辛的民族历史形成过程，并形成了神巫之风盛行、口承文化发达的独特文化特征。以上特征构成了这些民族历史文化的根本基础，而大量丰富的原始神话则成为其重要的文学渊源，孕育并创造了一种特殊的文艺形式，即中国南方神话史诗群落，主要表达了关于天地起源、物种来源、人类诞生等重大问题以及人与大自然斗争的艰难历程。

纳西族神话史诗《创世纪》作为其中的一部重要作品，承载着纳西族先民对宇宙万物产生、民族起源与历史、民族文化风俗来源、远古时期社会经济生活方式等方面的想象、解释与记忆。作为中国南方少数民族神话史诗群落中的重要组成部分，它在基本情节构成、主要艺术表现形式和重要社会功能地位等方面表现出了与其他作品较多带有规律性的共同特点。然而，《创世纪》不仅在作品篇幅的宏大性、结构的完整性和艺术水平的成熟性方面卓越，同时也以广泛的流传地域、多样的传承形态以及对纳西族社会文化生活各个领域影响的深刻性而脱颖而出，是中国南方少数民族神话史诗群落中最具代表性和典范性的杰出之作。

《创世纪》分为四个部分：第一部分是"开天辟地"；第二部分是"洪水翻天"；第三部分是"天上烽火"；第四部分是"迁徙人间"。四个部分情节连贯，讲述了纳西族的神话起源。全文共有 1900 多行，汉译文字超过 1 万字。

"开天辟地"主要讲述了在远古时期，天地混沌未分、摇晃不止，人类还未诞生，一切都处于混乱无序的状态。后来，善神"米利东阿普"和"勒金色阿仔"通过规整布置，使天地万物先有了影子。这些影子在经过太阳光、绿松石、白气、美妙的声音和月亮光、黑宝石、黑气、噪耳的声音四个阶段的变化后，逐步形成了天地万物，并有了"真假"和"实虚"之分。这过程中，善神"依格窝格"和恶神"依估丁那"分别诞生。善神"依格窝格"变化为白露、白蛋和白鸡"恩余恩曼"，试图开天辟地，但力量不足，"恩余恩曼"便产下了九对白蛋。其中四对白蛋变成了天神和地神，还有四对白蛋便成了开天的九兄弟和开地的七姐妹。而恶神"依估丁那"变化为黑鸡"负金安南"，生下九对黑蛋，孵化出九种妖魔和九种鬼怪。神的九兄弟和七姐妹便和这些妖魔鬼怪战斗，经历了许多困难和挫折，并承担了开天辟地的任务。他们在东南西北中五个方位竖起五根擎天大柱，用绿松石补天、用黄金铺地等方式，最终成功开辟了天地，使天成为圆圆满满，地也变得平平坦坦。然而，善神"恩余恩曼"生下的第九对白蛋因孵化未能成功，被"恩余恩曼"怒扔进大海。这对蛋最终生下一只野牛，但因其角太大、蹄太重、毛太多，导致天地再次摇晃震荡。为了稳固天地，九兄弟和七姐妹在董神和色神的授意下合力砍死了野牛。为了确保天地的稳定，人们共同商议决定建造居那若保神山，他们使用了大量的金银、石土、宝石珍珠、海螺和珊瑚来建造神山。神山由青草、土坡、三根冰柱、三滴白露、三捧黑土、三棵绿草、三棵灵芝、三棵红栗树、三棵灌木、三棵青松、三棵翠柏、三棵梯杉、三座石崖和三座高山支撑着。九匹神马、九块神石、九只虎豹、九头白狮、九头金象和九个大力士则守护着神山。神山巍峨雄壮，稳稳地屹立在天地之间，使天地不再动摇。神山上开始有万物生长，产生美好的声音和白气。这些声音和气相配，最终产生了三滴白露水、三个大海和一枚海蛋。那枚海蛋中孵化出了恨时恨忍，传到第九代，成为人类的祖先，包括"从忍利恩"和他的五兄弟、六姊妹。

"洪水翻天"主要讲述除"从忍利恩"六兄弟和六姊妹之外，天下再没有其他男人和女人。因此，他们只能相互婚配，过着同居的生活，女性负责采集，男性负责耕种和狩猎。然而，"从忍利恩"的两个兄弟金古和夸古在耕田时不小心越过了天神的领域界限，激怒了天神，导致天神决定用洪水来惩罚人类。为了先行警告人类，天神派遣一头野猪到人间，翻乱"从忍利恩"兄弟犁好的地来示威。然而，不知情的金古和夸古却捕获了野猪，并打伤了前来救援的天神"米利东阿普"和"勒金色阿仔"。"从忍利恩"出手相救，治愈了受伤的天神，并得知三天后将有洪水淹没大地的灾难。"米利东阿普"和"勒金色阿仔"告诉"从忍利恩"，可以通过制作牛皮囊，用铁链拴在高处的柏树和杉树上，将各种家畜、家禽、家务用具和各类谷物放在其中，以躲避洪水的威胁。得知消息的金古、夸古兄弟也寻求帮助，但天神出于怨恨却告诉他们要用竹索将猪皮囊拴在低平的松树和栗树上，将物品放在外面，自己躲在皮囊里。三天后，洪水来临，世界变得一片荒凉，只有躲在牛皮囊中的"从忍利恩"和各种家畜、家禽幸免于难。为了让人类继续繁衍，天神"米利东阿普"制作了九套木人，并嘱咐"从忍利恩"等待九天后再打开，以确保木人成功转变成人。但由于"从忍利恩"急于寻找其他人类，提前三天打开了木人，导致木人成了怪物。天神只好将木人砍碎丢弃，世界再次陷入混乱的状态。某天，"从忍利恩"回到住处时发现屋内有香气四溢的米饭，连续两天都如此。第三天，他发现是一位穿着白鹤衣裳的仙女，名叫"衬红褒白"。她为了逃避天父"子劳阿普"包办的与凶神"可兴可洛"的婚姻，便来到人间寻找伴侣。于是，"从忍利恩"与仙女"衬红褒白"结为夫妻，并一同回到天上，准备向天神讨取万物的种子。

　　"天上烽火"主要讲述了天女"衬红褒白"携带来自人间的丈夫"从忍利恩"回到天上后，她担心自己与人间丈夫的结合可能会遭到天父子劳阿普的反对。因此，她决定让丈夫"从忍利恩"暂时藏身于竹林，以避免引起注意。然而，当猎狗和羊群闻到陌生气味并引起天父"子劳阿普"的警觉时，它们准备捕杀这位擅自闯入天界的生人。面对这一危机，"衬红褒白"只好承认她将人间的洪水遗民"从忍利恩"带到天上，并请求天父将其留下，理由是"从忍利恩"能够帮助天界工作。在女儿"衬红褒白"的不断请求下，天父"子劳阿普"勉强同意让"从忍利恩"梳洗干净并爬过九座刀梯后见他。"从忍利恩"在"衬红褒白"的引导下成功来到天神"子劳阿普"的面前，并请求娶女儿为妻。"子劳阿普"不仅以女儿已许配他人，天女和凡人不能婚配等理由拒绝了求婚，他还提出了一系列艰巨的任务，包括砍伐森林、烧毁树木、撒播种子、收回全部种子等。如果"从忍利恩"能在一昼夜内完成这些任务，证明自己的能力，他就可以娶"衬红褒白"为妻。在"衬红褒白"的指导和小动物的帮助下，"从忍利恩"成功地完成了所有任务，包括面对最后由天父设置的野兽群中的考验。"从忍利恩"用非凡的勇气、智慧和毅力战胜困难，最后天父"子劳阿普"勉强同意将女儿嫁给"从忍利恩"。

"迁徙人间"主要讲述天父"子劳阿普"和天母"衬红阿仔"为女儿"衬红褒白"准备了嫁妆，标志着"从忍利恩"和"衬红褒白"之间的联姻。两人通过互换信物，正式结为夫妻，与天父天母共同生活了一段时间后，决定返回人间。但是天父"子劳阿普"并不愿意他们回到人间，因此只给了除了猫之外的九种畜禽和除了蔓菁籽之外的十样粮食种，同时，他嘱咐负责星象的天神们不得为他们的迁徙提供便利。然而，"从忍利恩"和"衬红褒白"聪明地将蔓菁籽藏入指甲缝中、将猫混入畜群中，成功地带走了所需的畜种和粮食种。尽管遭到了天父"子劳阿普"的诅咒，他们还是开始了艰难的人间迁徙之旅。在这段旅途中，他们相互扶持，共同经历风餐露宿、跋山涉水的艰难时刻，并在东神色神和居那若保神山上的鹿、獐子、红公鸡等动物的帮助下，巧妙地化解了凶神"可兴可洛"的各种阻挠。最终，他们成功回到人间，在一个名为"崩石套卑当"的平坝定居，并用辛勤劳动建设了一个美好家园。几年后，"衬红褒白"相继生下三个男孩，但令人奇怪的是，这三个孩子在长到三岁时还不会说话。"从忍利恩"夫妇心急如焚，只好派蝙蝠上天向天父"子劳阿普"询问原因，然而，天父"子劳阿普"对"从忍利恩"夫妇将种子和牲畜偷带回人间的事仍心存怨恨，拒绝透露让三个外孙开口说话的秘密。但聪明的蝙蝠没有放弃，悄悄躲到天父"子劳阿普"和天母"衬红阿仔"房间的房梁上，在半夜时分偷听到了让三个男孩说话的秘密。按照蝙蝠偷听到的秘方，"从忍利恩"夫妇隆重地举行了祭天仪式。于是三个儿子分别说出了藏语、纳西语和白语，并各自繁衍发展了三个不同的民族，成为这三个民族的祖先。

（1）🔲创世纪15白3（美利董主教"从忍利恩"）把九根线拴在柏树上、九根线拴在杉树上，把金黄色的小羊羔、金黄色的小鸡、金黄色的小狗等九种好的财物放在鼓里。

（2）🔲创世纪4白1这一只黑鸡，说要想办法开天辟地。

（3）🔲H1.376丽1美利董主作变化，变出了金色的山与绿松石色的沟，变出了海螺色的山与黑墨玉色的沟。

（4）🔲26.119丽3美利董主说："我的父亲是天的宗族。"便逃到天上去。

(5) ⬚⬚⬚⬚ 81.165 鲁 H3 产生了红猴子，美利董主家的替身由红猴子来做。

(6) ⬚⬚⬚⬚ 67.135 鲁 1 十座白雪皑皑的山岭，七百座赤色的山崖，也就可以畅通无阻地过去了。

白地、丽江、鲁甸三地的东巴文都记载着纳西族神话史诗《创世纪》，描述了物质运动和变化而孕育天地万物的过程，情节内容丰富且生动，展现了纳西族强烈的文化融合。同时也初步反映了纳西族先民朴素的唯物主义和原始辩证法的思想，与西方神话中强调上帝创造世界的唯心主义宇宙观形成了明显的对比。在上文的例（1）—例（6）中，详细描述了创世纪的若干情节，展现了纳西先民对《创世纪》的传承。这不仅反映了他们对于神话故事的珍视和保留，同时也清晰地呈现了《创世纪》在纳西文化中所具有的深远影响。这种对创世故事的表达和传承既是文化传统的延续，也是纳西族群在形成自身独特文化认同过程中的关键元素。通过这些合文，我们得以窥见纳西文化中神话传说的重要性，以及它们如何成为文化传承的媒介，塑造了纳西族的信仰体系和价值观。

二　东巴教与东巴文化

东巴教是纳西族独特而古老的宗教信仰，融合了宗教、哲学和文化元素，贯穿于纳西族的生活和社会结构之中，其核心信仰是对自然、祖先、神灵和宇宙的崇拜。它与自然元素、山水神灵、宗族祖先之间的联系息息相关，通过仪式、祈祷和祭祀来维护与这些力量的联系，以求得平衡和祝福。东巴教的仪式、祭祀和信仰传承了许多原始宗教的特征，同时也融合了佛教、道教和藏传佛教的一些元素。东巴文是一种独特的文字体系，用于书写东巴教的经典、宗教文献和神话传说。这种文字系统以象形文字为基础，结合了图像、符号和文字，被用于记录东巴教的神话、仪式、宗教经典和族谱。东巴教和东巴文化作为纳西族文化的重要组成部分，展现了这个民族独特的宗教信仰、文化传统和语言特征。它们在保留着古老传统的同时，也不断地适应和融合现代社会的变化，为纳西族的身份认同和文化传承提供了坚实的支撑。

（一）宗教信仰

东巴教是纳西族传统宗教，主要流传于中国云南省丽江地区。这一信仰体系是纳西族独有的，与其他主流宗教如佛教、道教或基督教有所不同。传说中，东巴教的创始人是一位被尊称为东巴祖师的文化英雄，他被描述为一位智慧和神秘的人物，并在远古时期创立了东巴教。东巴祖师通过神秘经历和冥思苦想，获得了关于宇宙、自然和神灵的真理奥秘，他将这些真理传授给纳西族后代，这些真理成为纳西族信仰的基石。东巴祖师不仅传达了信仰，还创造了一种独特的文字系统，即东巴文，用于记录宗教经文、神话故事和仪式文本。东巴文字系统在东巴教的仪式和文化传承中具有关键作用。

东巴教的核心信仰体系围绕着神话故事，内容涉及自然界、鬼神、人类起源和宇宙起源等诸多领域。东巴教是融合了多种信仰与文化，同时又受苯教、藏传佛教、白族本主信仰、汉族道教、汉传佛教等诸多因素的共同影响，构成了一套独具特色的宗教制度。东巴教虽然扎根于纳西族地区，但其影响延伸到邻近的傈僳族、普米族、藏族和其他民族地区。东巴教对纳西社会生态文化产生广泛影响。其信仰核心强调人类与自然界的相互依存关系，促使纳西族人对环境更为谨慎。东巴教的仪式和庆典与自然现象、季节变化相关，体现了对自然的尊重和感恩之情。在纳西族传统社会中，被称为"东巴"的东巴祭司社会地位崇高，拥有丰富的知识和多种技能。他们是东巴教的传承者和传播者，通过神秘的仪式和礼仪传承宗教传统。此外，东巴教在纳西族文化中扮演着传承和凝聚力的角色，通过神话传说、宗教经文和仪式文本构建了丰富的文化体系；而东巴文作为一种独特的文字系统记录着宗教经文、纳西族的历史、智慧和价值观，成为连接过去、现在和未来的文化纽带。

（二）东巴文化

东巴文化的中心是东巴教，在东巴教中，祭祀仪式是其核心和灵魂。融合了自然崇拜、祖先崇拜和精神信仰，深深植根于纳西族的日常生活和精神世界。这些仪式贯穿于纳西族人的生命周期的各个阶段，从出生到婚礼再到死亡，每个重要时刻都伴随着相应的祭祀仪式，凝聚着族群的共同记忆和文化认同。

祭祀仪式在东巴文化中的体现不仅仅存在于实际的仪式活动中，还深刻地反映在东巴经文中，承载着丰富的神秘教义和祭祀仪式的相关内容。随着时间的推移，在东巴文分域构形的演变过程中，祭祀仪式在东巴经中的描绘也经历了演进和调整，在这个演变过程中，东巴经的撰写和传承也受到了影响。白地、丽江及鲁甸的不同文化和语境变化导致对祭祀仪式的理解和表达方式的差异，使得东巴经文在不同地区有着一定的变化和多样性。

　　（7）经书：▱祭祖经 7 白 2；▤ H1.399 丽 1；🔺 68.334 鲁 1

　　（8）烧天香：🔥法杖经下 1 白 5；🔥 21.7 丽 4；🔥 75.214 鲁 1

　　（9）秽气：🌀法杖经 10 白 1；◎ 21.17 丽 4；🪐 12.26 鲁 H3

　　如例（7）"经书"、例（8）"烧天香"、例（9）"秽气"所示，这三者是东巴教祭祀仪式的重要元素，它们在不同地区的表达也是丰富多样的。这种差异性既反映了地域文化的特殊性，同时也折射了东巴教的发展对于当地东巴文书写方式的分域构形演变产生的影响，从侧面表现出东巴教的广泛传播和多样化。白地、丽江和鲁甸这三个地方在对祭祀仪式书写上呈现出的差异，表明东巴文化在东巴文分域构形演变中的差异性不仅体现在仪式的细节和程序上，同时也反映了不同地域对于东巴文化的独特理解和演绎。

　　东巴文化是纳西文化的灵魂，通过宗教、文字和艺术等多个方面深刻地影响了纳西族社会的发展和形态，体现了这一族群的信仰、智慧和创造力。东巴文化的核心是东巴教，它融合了纳西族的神话传说、宗教仪式、庆典，在纳西族人的生活中占据重要地位。东巴文化在纳西族的绘画、雕刻、建筑等艺术领域有着独特的表现形式，反映了东巴教的宗教观念和神话传说，以及对自然和生活的理解。

三　哲学思想

　　原始宗教和民间神话传说中蕴含着古代先民对宇宙诞生、人类起源等基本哲学问题的朴素认知和初步思考。纳西族神话史诗《创世纪》作为东巴教的经典之一，反映了纳西族先民关于天地起源和人类诞生的原始宇宙观和哲学思想。

（一）纳西族社会生态中的"人"观

　　东巴经详细记载了纳西族先民对宇宙、天地和人类起源的理解。在这些记录中，可以看出纳西族早期的认知路径：首先是宇宙的混沌状态，然后是天地的形成，最后是人类的诞生。这反映了纳西族在认识世界时的顺序，即先寻思天地的起源，然后深入研究人类自身的起源。在纳西族社会民族生态中，纳西族人对于"人"观的认识和发展主要来自对人类的起源的认识。李国文（1991）在《东巴文化与纳西哲学》中叙述了纳西族人类起源说，包含了三个内容：（1）人类根源于气说；（2）人类演生于水说；（3）人类脱胎于蛋卵说。

第一，人类的起源根源于气说。在纳西族古老的宇宙观中，世界最初是处于"天地相连""阴神与阳神相互交融""混沌未分"的状态。这未分化的混沌状态被称为"气"，是构成最初宇宙天地的原始物质，类似于"夜雾笼罩迷蒙"的"气"。随后，这种"气"分化为"高空中的声音"和"地面上的气息"，即"天之气"和"地之气"。在《创世纪》"恨时恨忍"起源的记载中，把最初的世界描述为"高空震荡的声音、下面蒸酝的气体"或"高空喃喃的声音、地里嘘嘘的气息"。这记载了最初人类的生成，传达了人类最初源于"气"的观念，其中隐含的思想是"人之生，气之聚"，以及阴阳气交而生发人类的道理。

第二，人类演生于水说。纳西族的观念包括人类自然产生于水的说法，涉及多个演化过程。在《创世纪》中，人类最初由"高空的声音"和"地上的气息"，即"天之气，地之气"的变化而诞生，强调了人类生成的根本。此外，东巴经提到人类孵化于蛋卵，描述了人类产生的过程。然而，在叙述人类脱胎于蛋卵之前，几乎无不涉及露、海、云、水等元素。露和海都是水的表现形式，而云则是水的不同状态，这表明了人类演生于水的观念。这一观点不仅适用于人类，还包含了动物和神灵的生成过程，都经历了与水相关的演变。

第三，人类脱胎于蛋卵说。"天"是怎样产生人类胞蛋？人类是如何孵化于蛋卵？这两个问题是蛋卵说的核心。在中国古代哲学思想史上，"天"是最早出现的概念之一，但它具有两个截然不同的含义。第一个含义是"物质之天"，即人们所能看到的高远的苍天，涵盖了一切物质的存在。另一个含义是"主宰之天"，指创造万物、主宰一切以及具有人格的神灵，纳西族先民认为人类的命运由天决定，这属于"主宰之天"。象形文字记载的"人类的胞蛋由天产生、由地来孵抱"的观念，是纳西族人对远古先祖观念的追述和传承。在古代，人们无法用抽象的概念回答人类产生的根源，他们将天地以及天地之间一切的自然事物和物理现象看作是真实的存在。因此，纳西族人认为，包括人类在内的世间万物，不仅在天地间存在，而且最初还是在天地间生成。东巴经中提到的"天"实际上指的是"自然之天"，与"天"相对的是"自然之地"。因此，纳西族的人类起源观念中，所述的"人类胞蛋由天所生"和"由地来孵抱"实际上描述了自然界天地之间的交融与演变，这与男女的交合过程相似。具体来说，天的气息与地的气息相互交汇，形成人类的胞蛋，随后在"水"的作用下转化为生命。从这一观念中，我们可以进一步理解纳西族先民的认识路径：人类源于气，这里的气包括天的气和地的气；接着，在水的环境中进行演化；最终，生命通过蛋卵的形式来完成生成过程。这一系列的认知揭示了纳西族对于人类起源的深刻思考和对自然界演变的理解。

在纳西族先民的观念中，人类并非从一开始就具备人的特征，而是经历了漫长的历史发展过程，逐渐演变成为现代的人类。换言之，人类之所以成为人，背后存在一个复杂而漫长的自身演变发展过程。这种观点反映了他们对人类进化的深刻认识，将人类的存在视作一个持续发展的历史过程。

（二）纳西族社会生态中的"自然"观

纳西族先民认为，大自然与人类同源同宗。这体现了"人与大自然是兄弟"的信念。在纳西族先民看来，日月星辰、山川草木和鸟兽虫鱼等自然界的生物和人类生命最初都起源于卵，自然界和人类是具有生命血缘关系的物质实体。同时，他们还主张人与自然是"同父异母的兄弟"。这种睿智而深刻的人与自然的观念，是纳西族先民长期以来与自然相处的思想和生存经验的传承。这一观念进一步阐释了人与自然关系密切的原始观点，强调了人与自然的兄弟关系。

在长期依附大自然的生产生活中，纳西族先民逐渐形成了对人与自然关系的辩证认识。在泛灵观念的支配下，他们把自然界整体化身的超自然神灵概括为"署"，并建立了祭祀"署"的庞大仪式。在纳西族文化中，"署"是大自然的精灵，在纳西族象形文字中，"署"的形体是蛙人蛇身，是山林、河流、湖泊和一切野生动物的主管者。东巴古籍中描绘的人与"署"的关系，展示了纳西族先民的理性认识。人与自然的关系就像相互依存的兄弟关系，保持这种兄弟般的平衡，才能从大自然中获益，人类才能受益。破坏这种相互依存的和谐关系，肆意剥夺大自然，无异于伤害兄弟情谊，会遭到大自然的报复。"人与自然是兄弟"启发了一代又一代纳西人的生态思想和生活智慧。这种观念不仅是人与自然关系的深刻认识，更是一种文化传承，使纳西族人在与自然的关系中保持着谦逊、平衡的态度。这些信仰和仪式已成为纳西族文化的一部分，并传承至今，为当地社区的可持续发展提供了生态伦理基础。

（三）纳西族社会生态中的"社会"观

纳西族传承至今的社会规范和伦理思想根源可追溯到东巴教的思想体系。在纳西族的伦理道德观中，存在一个重要的概念，即"董"。一切符合本族社会规范、习俗和传统法则等的行为被称为"董"，这一概念与汉语中的"兴"（做某事）有相似之处。在东巴教中，"董"是一个重要的神祇，他的妻子被称为"色"。"董"和"色"就像汉文化中的"阴"与"阳"，雌雄两者二元相应。据说，"董"神创造了世间万物，并赋予每种生物不同的寿命，他还规定了东巴教的仪式程序，每种仪式还有"仪式规程经"作为指导，这种经也称为"董母"，即"董"神规定的程序。随着历史的变迁，"董母"的概念逐渐演变，专指一切社会日常行为规范的准则。反之，不符合这些规范的行为则被称为"谋董"，即"不兴"（不做某事）。例如，姑舅表婚是"董"，而同一宗族内开亲则是"谋董"。纳西人千百年来的社会行为一直以"董"与"谋董"为基准，对于"董"与"谋董"的理念贯穿始终在纳西族人的日常生活中，成为社会行为的准则和标杆。这一观念不仅仅是一种道德规范，更是纳西族文化的重要组成部分，深刻地影响着他们的家庭、婚姻、社交和宗教仪式。

家庭生活中，纳西人在家门两侧竖立的"董鲁"象征着对董神的敬仰和对传统规范的遵循。家庭成员在日常互动中时刻谨记着"董"与"谋董"的概念，使得家庭和睦、秩序井然。

婚姻制度方面，姑舅表婚被认为是符合"董"的行为，强调了纳西族人对于亲缘关系的尊重。这种婚姻观念不仅牢固地根植于纳西人的文化中，还在一定程度上影响了社会结构和家族关系的发展。

社交活动中，纳西人在互动中遵循"董母"的规程，保持着一种古老而有序的社会仪式。这不仅有助于社区的和谐发展，也使得每个仪式都能够得到董神的庇佑。纳西族人通过共同遵循这一伦理准则，形成了一种紧密的社会联系。

在宗教仪式中，东巴教的传统得以继承。祭坛上摆放的"董鲁"不仅是对董神的崇拜，也是对传统信仰的延续。这种宗教仪式不仅是一种信仰体验，更是一种文化的传承，将东巴教的智慧代代相传。

总体而言，"董"与"谋董"的观念贯穿了纳西族千年的文化历程，成为塑造他们生活方式和社会秩序的关键元素。这一伦理准则不仅是对于过去的尊重，更是对于未来的指引，使得纳西族人在现代社会中依然保持着独特的文化传统。

在东巴教的信仰体系中，还存在一个关于"臭"的概念，它代表着污秽和不洁。在这一概念中，"臭"代表了一切违反民族传统习俗和伦理道德的行为以及这些行为带来的后果。在东巴经、东巴画以及东巴教的仪式中，"臭"行为的描述多涉及婚姻和两性伦理方面。例如，《创世纪》中古代洪水后纳西兄妹进行近亲婚配、同一宗族男女之间发生性关系，以及婚外出轨行为和所生的私生子都被认为是表现出"臭"的行为。此外，违反民族传统禁忌习俗的行为，比如杀红虎或杀狗，以及食用狗肉，同样被视为"臭"。"臭"体现了纳西族人对于道德和文化规范的强调，将违反传统价值观的一切行为视为不洁之举。

在生态道德方面，东巴教认为乱砍滥伐、污染水源和河流、捕杀野生动物等行为会导致秽鬼的出现，这属于"臭"的行为。杀害帮助过自己的人也会产生"臭"的恶行。这些被视为"臭"的行为并不仅仅是道德规范的问题，它们还承载着更深层次的文化和宗教意义。东巴教认为，违反"臭"的行为会破坏社会的和谐与平衡，导致不祥之事的发生，甚至会引发神灵或秽鬼的干涉。因此，遵守"臭"的原则成为纳西族人生活中的重要责任。

东巴教的《神路图》在艺术形式上将这些道德规范生动地呈现出来，通过图画和符号来强调"臭"的概念。这种视觉表达方式有助于纳西族人更好地理解和传承这些伦理道德观念。被《神路图》视为罪孽的行为，构成了纳西族社会中的伦理底线。这些道德规范不仅是对个体行为的限制，也是对整个社群和自然环境的保护。在这些被列为罪孽的行为中，滥捕野兽和烧毁森林涉及对自然资源的滥用，这直接影响到了生态平衡和气候稳定。东巴教强调人与自然的和谐共生，因此这些行为被视为对神灵的亵渎。杀夫、奸污同宗族的妇女、与同一宗族的男子通奸等行为触及家庭和社会的基本单位，破坏了家族的稳定和社会的和谐。东巴教强调家庭和睦与社会团结，因此这些行为被视为对神灵秩序的破坏。赌博、投机倒把、短斤少两坑害买主和借贷人则涉及经济和交往关系的道德准则。这些行为破坏了公平交易和社会正义，被认为是对神灵财富分配秩序的冒犯。

"董""谋董"和"臭"这三个观念不仅是社会规范和伦理道德，也是纳西族"社会"观的具体体现。通过对这些规范和道德的遵守，纳西族人致力于维护社会秩序、保护自然环境，并传承着他们独特而深刻的文化传统。

纳西族的哲学思想深刻地体现在其语言表达中，尤其是在纳西族的东巴文中，通过对哲学思想的诠释，形成了独特的文化语境。

（10）大：法杖经 4 白 1； 88.184 丽 2； 11.101 鲁 H1

（11）蛙：创世纪 1 白 3； 6.279 丽 3； 81.169 鲁 H3

（12）主人一家：祭祖经 2 白 2； H4.241 丽 1； 11.106 鲁 1

在例（10）中，"大"的字形不断演变。李霖灿（1972：23）对这个字形做出解释："大也，象人大腹便便之形，因而作'大'字解。或又曰此乃象胖人之形。"在鲁甸的字形中，我们可以看出中央大而四周小之形，由白地的字形不断演变而来。东巴字形"大"的演变，表现出纳西先民对于人的解读的发展演变。在例（11）中，"蛙"作为纳西族人图腾崇拜的动物之一，体现了人类早期自然崇拜的观念。"蛙"在东巴文化中不仅仅是一种生物，更是一种神秘而神圣的存在。"蛙"作为图腾崇拜的象征，折射出纳西族人对自然界力量的崇拜和与之相融的信仰。随着地域不同，东巴文对于"蛙"的刻画逐渐精细，反映了纳西先民对大自然中各种生灵的尊崇，以及对生态平衡与和谐共存的向往。在例（12）中，"主人一家"的字形变化显现在注音的增加，这展示了人们对家庭社会观的深刻理解。这种注音的添加不仅仅是对字形的改变，更是对家庭概念的丰富和深化的一种语言表达。这种演变反映了社会结构和家庭观念的演变，为字形的语言发展提供了具体的线索。这样的语言变迁既是文化认知的体现，也是社会观念在语言形式上的具体映射。

四　语言谱系

语言学将世界上的语言谱系分为四个层级，分别为语系、语族、语支和语种。语言分类的依据是其亲缘关系，即语言谱系分类，其中语系是最大的单位，许多亲缘关系语言都是从共同的原始母语分化出来的。通常，这些语言在语法、语音和词汇方面都不同程度地具有共同的特征。纳西语则属于汉藏语系中藏缅语族下的纳西语支。

（一）纳西语支

汉藏语系是一个广泛分布在亚洲的语系，包括汉语、藏缅语族、印度—雅利安语系等多个语言族群。纳西语属于汉藏语系的一支，具体分类为藏缅语族中的纳西语支。纳西语支指纳西语及其方言，主要分为白纳西语、黑纳西语和蓝纳西语三个主要方言。这些方言在语音、语法和词汇上存在一些差异，但由于地理接触和文化交流，它们之间仍具有一定的相互理解性。

汉藏语系各语言的共同特点在于其基本词汇以单音节为主，并且每个音节具有固定的声调，短语中还包含丰富的类别词。在藏缅语族的语言中，语法次序通常是主语先行，接着是宾语，然后是动词，最后是名词位于形容词之前的结构。该语族中，纳西族即属于彝语支的民族。语言谱系对纳西东巴文分域构形的影响主要体现在形声字的增加和频繁使用上。

（13）看：〰创世纪 3 白 3；〜〜 21.12 丽 4；🝆 68.317 鲁 1

（14）杉树：🖎祭祖经 21 白 2；𝼂23.38 丽 3；🌿68.315 鲁 H1

例（13）中"看"的字形在白地和丽江地区均属于指事字。然而，在鲁甸地区，这个字形经历了一种演变，出现了形声字的特征，通过添加🝆，将原本的指事字转变为形声字。例（14）中"杉树"的字形在白地和丽江地区属于象形字，在鲁甸加上了注音符🐾，将其变为形声字。这类字形通过语音的改变，在字形上的调整，意味着语言使用的范围得到了扩展。这种转变反映了地域之间语言演变的差异，同时也表明了语言的灵活性和适应性，为广泛的交流提供了更多的可能性。

（二）语言接触和语言融合

语言接触是指同一地区或邻近地区频繁交往的不同民族相互融合和相互影响的现象。这种影响包括语音、语言结构、语义等多个方面，同时也延伸至交际方法，如称呼和问候语等。语言接触通常发生在移民人口较多的地区，同时也在语言相邻的地区，语言接触不仅导致语言本身发生变化，同时对语言生态格局和环境产生深远的影响。语言接触的社会分析法理论强调，在长期语言接触的背景下，不同语言之间会相互影响，而语言接触所引发的可观察现象通常表现为语言借贷。在语言借贷的过程中，主要受到两大因素的制约，即语言的地位优势和语言的复杂性。在一个社会稳定的区域内，如果一种语言地位明显高于另一种语言，地位较低的语言使用者通常被迫学习地位较高的语言，以提高其交流的竞争力。然而，地位较高的语言使用者则未必需要学会使用地位较低的语言。当两种语言的地位相当时，通常会出现双向的双语现象。

纳西语在不断发展的过程中会出现语言接触的现象，这是不可避免的，也是语言发展到一定程度而出现的必然结果。纳西语会受到其他语言谱系不同程度的影响，随着不同语言的交织和发展，就会出现多语言融合的现象。在纳西语中，可以观察到多语言融合的特征，这体现在以下两个方面：首先，语音方面呈现出多语言融合的迹象。纳西语的语音系统可能受到藏语的影响，表现为一些共同的音素或发音特点。其次，在词汇方面也可见多语言融合的痕迹。纳西语的词汇中可能包含了与汉语相似或直接借用的词语，这反映了语言之间的接触和互动。这种词汇融合丰富了纳西语的表达方式，但在一定程度上推进了汉化现象。

第二节　纳西族民族社会生态外环境

语言，犹如世间万物，是历史长河和地理空间共同塑造的结果。无论何种自然语言，都深受地域性的影响，受限于特定区域的文化与地理环境。语言不断演变，随着空间的转移而承载着变迁，在不同的地理位置，语言逐渐融合、演变，反映着人类社会和文化的多样性。纳西族民族社会生态外环境包括了自然环境和社会结构环境两个重要方面。自然环境包括地理位置、气候和地貌等因素，社会结构环境则包括了人类社会的组织形式、政治制度和民族关系等。语言的演变间接反映了纳西族社会外环境的变化，体现了外环境因素对分域演变的影响。

一　自然环境

纳西族民族社会生态发展的自然环境主要包括两个方面：第一，地理位置与气候条件；第二，经济发展与交通条件。这两个方面的自然环境因素相互交织，共同塑造了纳西族地区的社会生态格局。

（一）地理位置与气候条件

地理环境与人们的生产生活方式密切相连。地理环境的险恶程度直接影响着生产方式，这一影响因素限制了人群的迁徙规模和频率。同时，这种地理环境对人类的语言发展也产生深远的影响，划定了语言发展的内容和范围。

纳西地区位于云南省的北部，临近滇西北高原，地理坐标为北纬27°

50′—28°46′，东经 99°24′—100°11′。纳西族地区的地形多样，包括高山、丘陵和峡谷等。玉龙雪山是纳西族地区著名的高山之一，为当地提供了雄奇壮美的自然景观。此外，地区内还有其他山脉、河流和湖泊，构成了多样化的地貌。纳西族地区有众多河流，其中金沙江、澜沧江等大河流经该地，而泸沽湖作为中国最深的淡水湖之一，为纳西地区提供了重要的水资源。

纳西地区表现出典型的"立体气候"特征。丰富多彩的地貌、明显的海拔高差，导致境内气候在区域上呈现明显的差异，同时形成了垂直方向上的气候变化，从西北到东南，气候呈现温暖到寒冷的分布，而在山区，随着海拔的上升，还会出现多种微气候。此外，纳西地区所处地理位置为低纬度高原，使得冬夏季的日射角度变化相对较小，地面温度相对均匀；夏秋季节受东南季风和西南季风的影响，导致阴雨天较多，地面湿度大，气温不容易升高。而在春冬季节，高山交错布局阻挡了北方严寒的影响，雨雪量较少，天晴、日暖、光照充足。因此，纳西地区冬季无严寒，夏季无酷暑。

独特的地理环境和气候条件影响了纳西族的民族社会生态文化，这种影响贯穿了纳西族的生活方式、社会组织、经济活动以及文化传承的方方面面。随着纳西族在历史上的迁徙，东巴文逐渐演变并融合了各地的语言元素。纳西族的迁徙为东巴文引入了新的语言特征，其中东巴字的新增成为显著的特点之一。这种新的语言元素的引入丰富了东巴文的词汇和语法结构，形成了不同地域间语言的差异性。

（15）炙： 37.6 丽 3； 75.210 鲁 H1

（16）捻： 59.63 丽 4； 68.309 鲁 H1

如例（15）与例（16）中的字形在白地地区的东巴文中未出现过，但在丽江地区和鲁甸地区出现，并在字形上有了分域演变的特征。例（15）"炙"由会意字演变为形声字；例（16）"捻"由会意字演变为形声字。

（二）经济发展与交通条件

纳西族的经济发展在不同历史时期呈现出多样性。在汉晋时期，纳西族主要采用游牧和渔猎作为主要生产方式，属于原始的农耕经济阶段。到了唐代，纳西族开始重视畜牧业的发展，集中进行活畜产品的养殖。这种畜牧业的发展带动了贸易需求的增长，促使集市的形成，进而推动了城镇的初步发展，奠定了纳西城镇的雏形。宋代时，纳西地区逐渐开始发展农业生产，同时手工业也得到了一定的发展。而到了元代，纳西地区的经济飞速发展，农业发达，社会经济繁荣，丽江古城也逐渐成为纳西族土司的政治、经济和文化中心。在此期间，纳西族与内地的联系不断加强，交通贸易日益频繁，内地的商品观念和经商手段也传入纳西族。明代，丽江纳西族社会发展到鼎盛时期，丽江大研古城成为云南、康巴、西藏和内地的商贸中心之一。清雍正元年，木氏土司实行"改土归流"，取消了封建领主的统治，封建地主经济占统治地位。丽江坝区以农业为主、畜牧业为辅，手工业和资本主义商业也有一定发展。纳西族的经济发展也深受滇藏"茶马古道"的影响。这条通往西藏的古商道使丽江成为贸易集散和商品流通中心，也是各民族文化交流的重要场所。随着现代化的发展，纳西地区发展成为一个多元化的经济城市。

纳西地区的交通条件的发展，需要考虑地区的历史、地理和文化特点的意因素，经历了以下六个阶段：（1）古代丝绸之路时期：纳西地区位于中国西南部，是古代丝绸之路的南段重要节点之一；而茶马古道是连接纳西地区与滇、川、黔、康、藏等地的贸易通道，通过这条道路进行茶叶、马匹、丝绸等商品的交流。这一时期，纳西地区是贸易与文化的交汇点，也是多元文化交流的产物。（2）封建社会时期：在封建社会时期，交通主要依赖人力、畜力和简单的交通工具，如马匹、马车等。茶马古道在这一时期依然起到重要的作用，连接着纳西地区与其他地区，维持了贸易和文化的往来。封建时期的交通方式相对较为落后，交通网络主要局限在地方性的茶马古道上。（3）近现代初期：随着近现代的到来，从19世纪末到20世纪初，现代化的浪潮开始影响纳西地区。铁路和公路的建设逐渐展开，为交通的便捷提供了基础。公路的建设改善了地方交通，为人员和货物的流动提供了便利，同时也促进了该地区的经济发展。（4）20世纪中期：1949年以后，新中国成立，政府开始加大对交通基础设施的投资。在这一时期，公路和桥梁建设得到加强，纳西地区的交通条件逐渐改善。这一时期的改善为地方的经济发展奠定了基础，也促进了与其他地区的联系。（5）改革开放以后：1978年，中国全面推进现代交通体系建设，纳西地区也受益于这一进程，高速公路、铁路、航空等各个方面得到了发展，大幅提升了地区与其他地区的连接性。这一时期，交通的便捷为经济发展和文化交流创造了更多机会，也促进了旅游业的兴起。（6）21世纪初：2000年以后，纳西地区进一步引入现代交通工具，如高速公路和高铁。这些设施的建设使得人们在纳西地区内部和与外界的交往更为高效和便捷。地区的城市化和旅游业的发展对交通基础设施提出了更高的要求，促使各种交通工具和设施不断升级。

纳西地区的交通条件发展经历了漫长的历史变迁，从古代茶马古道到现代高速公路和高铁，每个时期都在推动着地方的经济、文化和社会发展。这一过程中，交通在连接纳西地区与其他地区、促进贸易、文化传播以及提升居民生活水平等方面发挥了重要的作用。在这一过程中，纳西社会逐渐形成了独特的文化氛围，展现了传统与现代、本土与全球的有机结合。

经济条件和交通的进步促进了纳西东巴文的国际化研究。随着时代的进步和发展，东巴文逐渐成为国际语言学研究中备受关注的对象。这一趋势可以追溯到1885年，当时拉卡帕里尔的著作《西藏境内及周围的文字起源》在伦敦出版，将东巴文研究引入欧洲语言学界。这标志着东巴文在国际学术舞台上的初次亮相。进入20世纪40年代，俄国作者顾彼得（Peter Goullart）的著作《被遗忘的王国》详细记录了丽江地区纳西族的社会生态，为国际社会提供了深入的了解。这一时期的研究在一定程度上拓宽了对东巴文化的认知范围。如今，随着全球化的推进，东巴文研究更加国际化。学者们在不同国家和地区积极参与对东巴文的深入研究，为促进跨文化交流和理解提供了有力支持。这种国际化的研究势头有助于将东巴文推向更广泛的学术讨论和关注之中。

二　社会结构环境

社会结构的演变虽然不会立即导致语言的彻底变革，但却在深层次上对语言系统整体和语言功能产生着深刻的影响。许多表面上看似只涉及语言的问题，实际上都可以追溯到社会和文化层面，这些问题在语言领域中如同一束光线，将社会和文化问题映照出来。社会结构的变化往往伴随着新的社会关系和文化动态的形成，这些变化渗透至语言中，塑造和调整着语言的结构和功能。语言在社会中的使用不仅仅是传递信息的工具，更是社会身份、文化认同和权力关系的体现。在这个过程中，一些看似纯粹的语言问题实际上反映了社会结构的多层次变迁。

（一）纳西族的社会组织

纳西族的社会组织，与其他地区的民族一样，经历了不同阶段的演变。最初，社会组织是基于血缘关系的氏族组织，后来逐渐向以地缘关系为主的部落组织转变。随后，社会结构进一步发展，受到周边民族文化影响和中央王朝的统治，形成了更加规范化、制度化的政治和军事组织。

第一，氏族组织。氏是纳西族社会的一个重要单位，通常由一群祖先相同的家族组成。在纳西族悠久的历史中，一直存在以氏族为基础的社会组织。他们的祖先一直实行着"父子连名制"或"母女连名制"，即子女名字的前两个字通常是父亲或母亲名字的后两个字。纳西地区的梅、禾、束、叶等几大氏族名称代表了氏族血缘关系的发展演变，这些名称逐渐演化为纳西族的姓氏。在云南省的中甸、丽江一带，现有姓氏中仍普遍包括相近音墨（买）、和、树、尤（由）等。

第二，部落组织。在早期历史时期，纳西族的社会政治组织主要以部落为单位。部落通常由几个氏族组成，以血缘关系为基础，形成紧密的社会群体。这种组织形式强调了家族和血缘之间的联系，部落内部由首领或首领团负责领导和管理。部落是一个社会单位，通常由几个氏族或家族组成，具有一定的自治和组织结构。部落内部存在一个族长或首领领导的层级结构，这些族长或首领通常是家族中地位显赫、经验丰富的领袖，负责管理部落内事务，制定规则和决策。在纳西族历史中，部落组织是一个重要的社会单位，但随着时间推移和现代社会的发展，随着国家统一体制的形成，部落制度逐渐减弱或演变成更现代化的社会结构。然而，部落的文化和传统在一定程度上仍然存在并影响着纳西族社会。

第三，政治军事组织。纳西族土司制度是纳西族传统社会组织的一部分，也是其政治体制的重要组成部分。土司是在中国古代封建社会形成的一种地方政治制度，而在纳西族地区，土司制度具有一些独特的特点。土司是纳西族地区的地方领导人，负责管理和统治特定地域内的族群。他们通常是在家族中选举或继承而来，地位相对固定，有时会被称为"巴"或者"巴郎"。土司一般通过家族继承或选举产生。在继承制度下，土司的儿子或其他家族成员可能继承其职务。在选举制度下，家族成员或地方社区可能会通过某种方式选出土司。土司在其统治范围内负责行政管理、司法裁决和税收征收等事务。他们有权颁布一些地方性法规和规章，维护地方社会的秩序。土司对土地和资源的分配有一定的掌控权，包括管理农田以及水利设施等。同时，土司也承担了一些财政管理的责任，征收一定的税收来满足地方的公共需求。

纳西族有一套独特的"拇瓜"制度，是纳西先民为了适应迁徙和战争的需要所建立的制度。"拇瓜"可以被类比为古代军队中的"百夫长"，担负着纳西族社会中军事组织的关键角色。"拇瓜"的士兵太平时期仍然从事生产劳动，一旦战起便征召出兵。在纳西族的祭天仪式和舞蹈中，都不同程度地反映出"拇瓜"制度中崇尚勇武的精神。这体现了纳西族对保卫家园和社群的强烈责任感，同时也彰显了纳西族在军事方面的传统文化。土司一般都用"拇瓜"制度来维持统治，保护自己的地位，所以这种制度具有一定的世袭性质。"拇瓜"制度属于"军政合一"的组织，是保卫土司的常备军。它是纳西的土司文化中的一部分，体现了纳西族社会的适应性和军事文化的独特性。在纳西东巴文，纳西社会组织中的"拇瓜"制度表现为象形文字🦅 35.14 丽 2；🦅 13.115 鲁 H3，意为"兵"，表明"拇瓜"制度在纳西社会稳定发展，并成为纳西文化的一部分，但在白地地区却没有这样的字形。这说明了纳西社会组织产生了变化。通过东巴文分域构形中字形变迁，可以窥见纳西族社会在不同地域中的变迁和特色。

纳西族的社会组织在漫长的历史中经历了多次变迁，这反映了社会结构的演变和适应不同时期需求的变化，也体现了其丰富的文化传统和灵活的社会适应能力。首先，氏族组织和部落组织这两种组织形式共同构成了纳西族社会的基础结构。氏族强调家族之间的血缘关系，而部落则在更广泛的范围内构建了共同体。这些社会组织形式在纳西族的日常生活、经济活动、宗教仪式等方面都产生了深远的影响。其次，纳西族的土司制度是其社会组织的一大特色。土司在社会结构中担任重要角色，负责管理行政事务、司法裁决以及财政管理。这一制度在一定程度上强调家族的继承和传统，为社会提供了一种相对稳定的领导机制。而纳西族的"拇瓜"制度则体现了其军事组织的一面。这一制度下平时士兵从事生产劳动，但在战时能够迅速征召出兵，形成一支有效的常备军队。"拇瓜"制度既反映了纳西族对勇武精神的崇尚，也强调了纳西社会在面对外部威胁时的紧密团结。随着历史的推移，纳西族的社会组织也逐渐受到外部文化和政治体制的影响。在现代，国家层面的政治管理体制逐渐取代了传统的土司制度，为纳西族社会带来了新的变革。这种社会变迁反映了纳西族在不同历史时期适应外部环境的能力，以及其文化传统与现代社会结构之间的平衡。总体而言,纳西族的社会组织反映了一个富有变革和适应性的历史进程。从氏族组织到"土司制度",再到现代的政治体制,每一种社会组织都承载着纳西族在不同历史时期的社会需求和文化特征。

(二)纳西族的民族关系

在纳西族民族交往的历史中,由于迁徙、战乱、贸易经济、宗教和文化融合等多种因素,纳西族先民与周边民族形成了"你中有我,我中有你"的紧密交织、相互融合的关系。此外,纳西族古老的东巴经典、口述历史和丰富的民俗传统中,也有大量与汉族、藏族、白族及彝族等邻近民族交往的记录。这些资料不仅记录了各民族之间的交往,也展现了彼此文化的影响和互动,为了解纳西族与周边民族的关系提供了重要线索。

第一,与汉族的关系。唐代时,丽江地区已有汉人生活,至今金沙江河谷地带、巨甸、石鼓等地仍有大批汉族居民集聚。该区域的纳西人语言上受汉人影响较大,与其他地区纳西人比较起来使用汉语更流利。特别是到了明代,伴随着汉人向纳西族地区的大规模移民,这种现象更加明显。这种特殊的语言流利度的出现有两个原因:一是汉文化的注入,中央王朝派大量汉人到云南从事农垦活动给该地区带来了丰富的汉文化。二是政权的巩固,纳西族木氏土司为巩固其统治地位采取了主动举措来促进汉文化进一步研究。他们不仅在内地征募了大量汉族工匠、教师、道士、和尚及医生等,进行传教授业、医治疾病等活动,而且也为汉文化向这一区域的扩散提供了稳固的支撑。因为纳西族统治阶层极其重视同中央王朝建立密切关系,"越析诏国灭"的历史事件使纳西族统治阶层深深意识到需要依附中央王朝,获得中央王朝的支持,才能巩固自己的政权、扩大自己势力。从宋朝开始,纳西族统治阶级将中央王朝视为至高无上的存在,到明朝达到顶峰。木氏土司在向明王朝朝贡富庶矿产、土特产品的同时,也积极出兵到处招抚,作为帝王的铁杆拥护者,以取得封赠、扩张势力范围。同时纳西族统治阶层也通过积极提倡学习汉文化而博得"云南诸土官知书达礼,好礼义,丽江木氏为第一人"的赞誉。在明代,许多著名的汉族文人与木氏土司之间建立了深厚的友好关系。如杨升庵为木氏土司的诗集《雪山诗选》撰写序集,使得这部诗集在中原地区广泛传播。此外,徐霞客在游历丽江期间,也与木增共同合作,对书籍《云过浓墨》进行了分类整理。这些深入互动不仅展示了木氏土司对中原文化的广泛接纳与包容,更彰显了他们对于文化交流的重视与推动,为当时的民族融合与文化交流谱写了绚丽的篇章。清代之前，到纳西族地区定居的汉族常常要经过同化过程。与此同时，它的文化主要是由汉族传播过来的。至清雍正时期，"改土归流"政策使大量汉族流官、绿营兵及其家属流入纳西族聚居区，加上因经商或逃荒而迁徙到此的汉族人，汉族文化逐渐在该地区得到有力传播。

第二，与藏族的关系。纳西族与藏族两大族群的祖先一起源于古老的氏羌族群，故有十分紧密的"亲缘"关系。《创世纪》记载两族始祖为一母所生同胞，藏族排第一，纳西族排第二。纳西族先民与藏族先民交往的历史可以追溯到秦汉时期，到了隋唐时期，这种交往更加频繁，特别是在今云南省丽江县塔城与中甸五境县之间修建了著名的"吐蕃铁桥"后，加强了两个民族之间的贸易和文化交流。日积月累，吐蕃王朝受唐、南诏合击实力下降，已无法对云南属地进行有效控制。因此，纳西族势力逐渐增强，在宋代已经成为强大的部落联盟。吐蕃王朝内乱与衰亡造成了西藏与其他地区的分裂与动荡，滇西北及康南地区藏区一度沦为乱世，没有得到有效管辖。明初以来，纳西族木氏土司越发依附中原王朝，在中原王朝的庇护扶持下势力逐渐壮大，并在滇西北、康南等藏区发动了多次军事行动。从1475年到1553年，不到一个世纪的时间里，木氏土司不断使用武力，对这地区的控制逐渐加强。直到明末清初，纳西族木氏土司由于种种原因实力不断下降，终于无法阻挡藏族固始汗政权南伐的脚步，木氏土司控制区域被迫倒退到金沙江沿岸前线区域。藏族与纳西族人民在长期的历史交往与文化交融中互相融合，并形成"你方唱罢我登场"局面，"么些古宗"与"藏纳西"这些特殊族群的出现就证明了这一点。纳西族和藏族长期接触，养成了自然互相尊重和信任的亲近感。这种奇异的情感和关系，也被20世纪40年代曾在丽江居留的俄国人顾彼得（1992：136）观察到，他在《被遗忘的王国》一书中写道："丽江藏人社会多声名远扬。藏族商人、显贵生活在最优质的住房里，纳西人不管是大事小情都会侍奉在他们身边，让他们感到安逸、满足。这段特殊照顾与亲热之情固然缘于藏族与纳西族语族间之亲姻。后者总把藏族称为'我们的大哥'。"两民族之间长期保持友好往来，互相影响而逐步形成的心理素质上的相似性也许正是造成这种信赖感与亲近感的一个重要原因。

第三，与白族的关系。在南诏时代，纳西祖先与白族祖先一起生活在洱海边，白族祖先也散居在丽江七河、九河等地区。史书记载，唐朝时，有一批自称"磨些夷"的民族，渡金沙江，来到洱海以东，在今宾川县附近，成立"越析诏"，也称"磨些诏"，但这个政权没有持续很久，就被南诏打败。794年，南诏在铁桥击败了吐蕃，把很多磨些部族迁往滇中，并对丽江一带的磨些人加以抚慰和利用。久而久之，大理段氏的力量日渐衰弱，而磨些部族则日渐强大，对丽江、盐源等地的实际控制变得越来越困难。宋元明清时期，纳西族的权力日益膨胀，并与中原封建政权的联系日益密切，其势力地位能与南诏统治者"平起平坐"。由于白族祖先早期就接受了汉族文化，对纳西族的祖先有着很大的影响。同时，纳西族地区也有大批白族商人和教师，以及铜匠、泥匠、木匠等手工业者，他们在纳西族地区曾有过较长时间的活动，对当地经济和文化的发展作出了卓越的贡献。特别是清朝雍正时期"改土归流"政策实施后，白族移民人数在纳西地区明显增多。例如，现丽江县九河和大石一带的白族是从大理剑川县移民过来的，而金山、七河和金江一带的白族大都是从大理鹤庆县移民过来的。白族把汉族文化、先进的手工业工艺带到纳西族，同时也带来了白族特色民居"三坊一照壁""四合五天井"的建筑风格。此外，他们刻苦耐劳、善于经营，这极大影响了纳西族"经商可耻"和"小富即安"的传统思想观念。白族与纳西族有着悠久的历史渊源，双方的交往习俗在许多场合都有非常紧密的联系。

第四，与彝族的关系。历史上，纳西族和彝族的祖先同属于"越嶲羌""旄牛羌"后裔以及"乌蛮"的不同支派，语言也同属一个语支。在几千年的历史长河中，纳西族和彝族相互交融，关系十分密切。在四川西南部的安宁河和雅盖河流域，即今天的凉山州和甘孜州，也有许多纳西族的后裔，他们与彝族人民一起生活。在永宁摩梭人聚居的泸沽湖周边山林，以及被称为纳西族东巴教"圣地"的中甸县三坝乡安南行政村周边山区，也有不少彝族同胞。

（17）东巴：🗿 21.32 丽 1；🗿 10.112 鲁 H2

（18）白族：🗿祭祖经 1 白 2；🗿 37.13 丽 3；🗿 15.79 鲁 2

（19）藏族：🗿祭祖经 1 白 1；🗿 37.13 丽 3；🗿 14.132 鲁 3

（20）🗿🗿🗿 37.17 丽 3 南方属火的白族还未起仇端，就已把其仇魂拿到这里

（21）🗿🗿🗿 37.17 丽 3 西方属铁的藏族还未起仇端，就已把其仇魂拿

　　　　到这里

　　纳西族的民族关系同样影响东巴文分域构形演变。在例（17）中提到的"东巴"，其象形文字上的"五佛冠"与藏族佛教相似，表明藏族佛教在纳西地区的传播，并在深层次上影响了东巴教。这种变化反映了纳西族与藏族之间宗教文化相互影响和融合的结果。从"东巴"字形的变迁中，可以看到纳西族和藏族之间交流和互动的痕迹，这不仅仅是语言形式的变化，更是文化相互渗透的产物。这一演变揭示了纳西地区文化的动态性和多元性，同时凸显了文化传播和互动的复杂性。对"五佛冠"的象形文字的比较能够追溯到纳西族在接触藏族佛教时对其进行了吸收和演绎的过程。这样的文化互动不仅丰富了当地文化，也促成了文化间的相互影响，为地区文化的独特性贡献了新的元素。因此，"东巴"字形的变化不仅仅是一种表面上的语言演变，更是文化交流和融合的象征。这种深层次的文化互动反映了纳西族与藏族之间密切而复杂的关系，为文化研究提供了丰富而有趣的材料。丽江地区到鲁甸地区"东巴"字形的演变是一个生动的例证，展现了民族关系对于东巴文分域构形的影响。在例（18）中的"白族"和例（19）中的"藏族"中，虽然三地字形发生了一些变化，但它们的读音并未发生改变。这从一个侧面反映出纳西族与其他少数民族之间存在相对稳定的关系和往来。而在例（20）和例（21）的合文中，则反映了纳西族与其他少数民族之间曾经存在过的战争冲突。通过以上5个例子的比较，可以看到纳西族与其他民族的关系在三个地区的东巴文中得以体现，这些关系影响了各地东巴文构形的演变。

　　纳西族的民族关系呈现出一幅错综复杂的画面。在这个多元的文化背景中，纳西族与汉族、藏族、白族和彝族等各民族的文化交融相互影响，形成了独特而丰富的纳西文化。这种复杂性不仅在民族间的日常交往中体现，也深深植根于各自的历史、传统和生活方式中。与汉族、藏族、白族及彝族等邻近民族的文化交融，使纳西族的文化具有了丰富的多样性。在语言、风俗、宗教信仰等方面，纳西族吸收了来自各个邻近民族的元素，形成了独特的文化体系。这种多元性在纳西族的生活方式、节庆习俗和艺术表达中都得以体现，为纳西族的文化增添了层次和色彩。纳西族与邻近民族之间的文化互动不仅仅是相互借鉴，更是一种共生共荣的关系。这种错综复杂的民族关系使得纳西族在多元文化的交汇点上，展现出独特而富有魅力的文化面貌。这也使得纳西族的文化成为中国多民族文化大家庭中的一颗璀璨明珠。

第三节　小　结

本章叙述了纳西族民族社会生态内环境和外环境两方面如何影响纳西东巴文的分域构形演变。首先，社会生态的内环境涵盖了纳西族的起源、东巴教文化以及纳西族的哲学思想以及纳西语言的接触和语言谱系。对纳西族的起源进行系统梳理，有助于深入了解纳西社会生态的文化根基，揭示了纳西东巴文丰富的历史渊源。东巴教与东巴文化则是纳西文化的重要组成部分，东巴文中体现的独特的宗教文化，为东巴文分域构形演变提供了发展动力。而纳西族的哲学思想蕴含着纳西先民对于天地万物的认知和思维方式，为东巴文分域构形演变提供了思想源泉。语言谱系的解析则为系统地了解东巴文分域构形演变提供了认知框架。纳西社会生态内环境的四个方面从不同角度剖析了影响东巴文分域构形演变的内在因素。其次，社会生态的外环境包括了纳西社会的自然环境和社会结构。自然环境作为纳西族生产生活的外在条件，不仅反映了纳西族人的迁徙路线和生活方式，而且表明了外在条件的变化会对东巴文分域构形的演变产生一定程度的影响，导致了不同地区的东巴文差异。纳西族社会结构反映出了纳西族社会变迁史，不同的社会组织反映出了不同的政治形态，通过对纳西族社会结构的深入分析，我们能够了解其内部组织、权力分配以及社会层级结构的特点，更好地理解东巴文的分域发展与变化。而纳西族与不同民族之间的互动、交流与融合，使东巴文化变得丰富多样，对东巴文的形成和发展都有一定程度的影响。通过深入叙述纳西族社会生态内环境和外环境这两个方面，我们可以全面了解纳西东巴文分域构形演变的影响要素，为理解纳西文化提供更为翔实和全面的资料。

第九章

结　论

　　纳西东巴族乃是活跃于中国西南地区，位于四川、云南等中国西南地区，尤其分布于雅砻江、金沙江及澜沧江流域的古老民族。此民族承袭一种传统的民间宗教——东巴教，其信徒自称为东巴，至今依旧沿袭一种高度象形的原始文字——东巴文。纳西东巴文作为目前仍在实际使用的早期文字系统，被学界视为早期文字的"活化石"，主要用于书写宗教经典——东巴经典，同时在医书、账簿、地契、书信等应用性文献中有所运用。东巴文的自然演变过程并未受到人为干预，从而能够真实且客观地展现文字在记录语言过程中的缓慢历史变迁。这无疑为研究人类文字的形成和发展提供了极具价值的资料。

　　迄今为止，国内外许多学者对东巴文字的研究已有100多年的历史。以往研究一是深入实地考察、搜集东巴文文献资料，整理、翻译东巴文文献，编纂字典、释读文字；二是从文字学、比较文字学和语言学等视角对东巴文构形进行深入细致的研究；三是尝试从有绝对时间先后的文献、有相对时间先后的文献、分域断代等视角考察东巴文的演变。然而，以往研究尚存以下问题待深入解决：第一，过去的东巴文研究主要依赖于二手材料，如东巴文字辞典等，因此研究结果往往呈现出静态的、举例式的特点。原典中的生动材料被较少充分利用。第二，有停留于形式和指涉层面的描述，较少关心概念层面的考察；有重构成解析、轻字的意义建构过程分析的局限。第三，有囿于共时平面的静态描述，未作历时动态考察的局限；即便是作动态考察，也忽略了东巴文材料的分类断代，所谈演变有臆测之嫌。第四，忽略了对东巴文演变的区域性特征、机制以及不同地域和时期纳西族所处的内外环境对东巴文区域性构形演进机制的调控作用。

　　本研究以纳西族迁徙路线"白地—丽江—鲁甸"三地刊布的东巴经

为文献依托，运用概念整合理论对不同地域东巴字在线意义构建进行机制解释和比对，以深刻揭示东巴文构形演变的规律，并探讨其与民族社会生态环境的紧密关联。

第一节 研究结论

本研究旨在回答以下三个问题：第一，概念整合理论视域下白地、丽江和鲁甸三地东巴字通过怎样的在线意义构建过程构形？第二，各区域东巴文构形整合机制有何异同？东巴文构形的历时演变有哪些规律？第三，纳西民族社会生态环境对东巴文分域构形演变有何影响？经过分析研究，本书得出以下结论。

一 概念整合理论视域下白地、丽江和鲁甸东巴字构形的在线意义构建过程

（1）白地东巴字构形的在线意义构建过程

本研究运用认知语言学中的概念整合理论，基于 444 个白地字形，从概念映射、输入空间、共有空间和合成空间四个方面详细解析了白地东巴文的构形过程，得出以下四个结论。

第一，在概念映射方面，白地主要采用整体性映射和相关性映射两种方式。整体性映射主要包括象形字中的整体象形字，相关性映射则包含局部象形字和变体象形字两种类型。在白地地区字形库中，整体象形字一共167 个，占比为 37.6%，而相关性映射中转喻现象涉及局部象形字有 74 个，占比为 16.7%。变体现象涉及变体象形字有 44 个，占比为 10%。相关性映射类字形在白地字形库中总占比为 26.6%，仅次于整体性映射的 37.6%。因此，从以上数据可以得出，白地东巴文构形机制以象形字为主导，其文字特点呈现出极强的图画性，通过简单的线条描绘出外部物象的形状，以记录纳西族人民生活中常见的具体事物和自然现象。这种描绘方式与早期人类的具象思维方式相一致，构形理据较为简单。在白地东巴文中，整体性映射和相关性映射是其主要的映射机制，这两种映射机制体现了纳西先民具象化的认知思维，同时反映了此时概念整合思维在白地地区尚不成熟。

第二，在输入空间方面，白地东巴文多为一级输入空间类字形，根据

白地所建立的文字库统计得出，其中 98% 为单字形。因此，在概念整合过程中，构件的输入空间层次为一级输入空间；而二级输入空间类字形不多，一般涉及复合字形，白地一共收集 8 个复合字，占比为 1.8%。可见，白地东巴文大多数字形简易，没有复杂的字形变化，其概念整合也更多地归属相对简单的平面整合。此外，白地东巴文中大多数构件是象形字，以形符身份参与构形，主要以具体形象激活人脑中相关概念，通过视觉感知激活语言使用者脑中的相关概念信息，具有明显的"见形知物"特点，表现出白地东巴文图像化的特征。

第三，在共有空间方面，输入空间激活的概念信息互相映射后共同激活了共有空间的概念框架。在构建语言表达形式时，白地东巴文共有空间中激活的概念主要涉及特定情境或场景记忆，即白地东巴文主要激活情景式框架，字形主要集中在象形字和指事字两种字形。其中象形字占比最高，为主要构形机制，指事字也仅出现以线指事和以点指事两种类型。由此可见，白地东巴文中图画性占据极为重要的构形位置，符号化思维初步出现，反映出文字背后纳西族人民思维的原始性，认知机制仍处于初级阶段。

第四，在合成空间方面，白地东巴文构形过程中，合成空间的概念合成方式主要采用背景知识信息。背景知识信息是纳西先民认知新事物的基础和前提，也是相关事物联系的线索，它与认知框架思维紧密相连，涉及情景式框架的概念。

因此，在合成空间的整合操作过程中，融入自然规律和生活常识合成信息或者加入主观认知思维，将这些结构或知识调用，整合出白地东巴文最终概念意义。合成空间中的背景信息反映出白地纳西族社会生活的文化意识和生产力发展水平并不发达。

根据以上综合分析可看出，白地东巴文字形主要为象形字，具有图画性和多样性的特点，其构形过程也较为简单，反映出白地东巴文概念整合中认知思维的原始性。

（2）丽江东巴字构形的在线意义构建过程

本研究基于概念整合理论，针对丽江地区 574 个字形，从概念映射、输入空间、共有空间和合成空间四个方面，对丽江东巴文的构形过程进行分析，得出以下四点结论：

首先，在概念映射方面，丽江东巴文的概念映射分为镜像性映射、隐喻性映射和相关性映射三种类型，镜像性映射和相关性映射是丽江地区东巴文的基本构形机制。在丽江地区字形库中，整体象形字共有 219 个，占总数的 38.2%，而白地地区整体象形字占比为 37.6%，从以上数据可看出，对比白地地区，整体性映射依然是丽江东巴文构形最主要的机制。相关性映射类字形包含局部象形字、变体象形和加体指事字三种字形，占丽江字形库的 19.0%，仅次于镜像性映射类字形。与此同时，隐喻性映射的字形，即黑色字素占比对比白地地区也有所增长。这一发展趋势的形成并非偶然。隐喻是人类具身经验与思维活动的产物。隐喻的使用促进人类对周围世界的了解和认知范畴的扩大，因此隐喻字形的增长也体现了文字背后纳西族人民认知思维的发展。

其次，从输入空间的角度来看，随着东巴文发展到丽江地区，二级输入空间类字形，如变体象形字和加体指事字对比白地有所增加，加体指事字形的符号种类也愈加丰富。如在白地地区，仅出现以线指事和以点指事两种类型，在丽江地区则出现了圆圈指事和点线结合的方式。由此可见，在丽江东巴文中，两空间整合和多空间整合的字形大量出现，同时也体现出丽江东巴文开始由图画性向符号化的字形转变。

再次，在共有空间方面，白地东巴文主要通过镜像性映射连接而激活情景式框架，字形主要集中在象形字和指事字两种类型，体现了白地东巴文构形认知机制的图画性和多样性特点。随着纳西族先民从白地迁徙至丽江，丽江东巴文在共有空间除了激活情景式框架之外，其构形呈现符号指称转喻映射和相似性映射逐渐增加，激活空间位置关系框架、事理逻辑关系式框架和联想关系式框架的字形也随之增加。联想式框架是人类思维发展到高级阶段的心智活动，即前文提到的可及性原则，它是指人类认知事物都是由一个事物向与其密切相关的事物延伸开的。从丽江东巴文激活情景式框架，到关系式框架，再到联想关系式框架可以看出，概念整合的思维在这个阶段已经趋向成熟且具备一定的理据性。

最后，在白地到丽江的演变过程中，合成空间中的概念合成方式呈现出由背景知识信息向结构合成信息转变的趋势。这一发展趋势不仅揭示了东巴文中蕴含着丰富的远古历史知识和深厚的文化背景信息，覆盖生活生产方式、文化习俗等诸多领域，而且展现了纳西族人民从具象思维向抽象思维转变的认知进化过程。

根据上述对白地和丽江东巴文的发展对比可以看出，东巴文发展到丽江地区趋向成熟，字形从象形字逐渐向标音字形过渡，同时可以反映出概念整合思维在这个阶段已经具备一定的理性意识和思辨成分。

（3）鲁甸东巴字构形的在线意义构建过程

本研究从概念映射、输入空间、共有空间和合成空间四个方面分析了鲁甸东巴经所建 599 个字形，得出以下四点结论。

首先，鲁甸地区输入空间互相连接的方式被分为镜像性映射、隐喻性映射和相关性映射三种类型。随着纳西族先民从白地、丽江迁移至鲁甸，语言在不断地积累。与白地和丽江地区相比，鲁甸地区隐喻性映射和转喻性映射比例逐渐增加。鲁甸大量通过隐喻将在熟悉、具体、有形、常见的认知领域中积累的知识和经验投射到陌生、抽象、无形、罕见的认知领域中。白地转喻性映射占比为 23.8%，丽江地区为 21.3%，鲁甸地区为 36%。其中，以局部转喻整体的字形在白地占 16.7%，迁移到鲁甸时增至 23.0%；白地符号与指称转喻占比为 7.2%，丽江为 9.1%，鲁甸为 12.0%。数据统计说明鲁甸局部转喻整体和符号指称转喻的数量逐渐增加。隐喻性映射和转喻性映射广泛的运用，促进纳西先民对周围世界更深层次的理解，拓展其认知范畴，并加速对陌生领域的理解和感知，展示出纳西族人民的分类逻辑逐步提高。

其次，针对输入空间，自白地、丽江至鲁甸地区，东巴文构形中层次整合和多空间整合的字形大幅增加。而且，在鲁甸地区，"形符+形符"组合参与构形的字形数量减少，"形符+义符"的组合逐步增加，凸显纳西先民在符号上不断增加意义的倾向，更加强调语义层面的交互。东巴文构件也逐渐从象形符号演变为表义符号，同时大量加入声符，呈现出东巴文向标音化发展的趋势。可以看出东巴文构形的理据变得更加复杂和抽象，同时概念整合的通道也随着演变而发生改变。

再次，鲁甸东巴文涌现了许多与生产生活场景相仿的字形，旨在引发视觉表征并激活情景式框架。但与此同时，鲁甸地区的大量字形在共有空间倾向于激活空间位置、事理逻辑、相似性联想以及相关性联想关系式框架。其中，构件之间的事理逻辑关系，如整体与局部关系、动作涉及关系、叠加反复关系以及修饰限定关系，在概念整合中也发挥着越来越重要的作用。这样的倾向体现出纳西族先民善于利用心理空间的可及性原则来认知相似或相关的概念，体现出纳西族先民认知思维逐步从主观形象思维转变到抽象逻辑思维。

最后，在共有空间中，个体更多地借助结构合成信息、主观认知和价值取向，将新概念与已有知识相连接，以更好地理解新信息。在丽江地区，依靠主观认知和价值取向方面的背景知识以协助完成合成空间内新创意义的整合类字形极为少见，而在鲁甸地区却大量涌现。合成信息的更新和积累，说明随着纳西先民的不断迁移，思维能力逐渐增强，认知水平大幅提升。

总的来说，在考察纳西族从白地、丽江至鲁甸的迁徙轨迹中，对比不同地域的东巴文构形认知机制并梳理其发展演变的脉络，呈现了东巴文发展的动态性，展示东巴文所积累的主观性、时代性和民族性，反映纳西先民的思维方式从具体形象思维向抽象逻辑思维转变的认知规律。

二　各区域东巴文构形整合机制异同及其历时演变规律

本研究从概念映射、输入空间、共有空间和合成空间四个方面对比三地东巴文构形认知机制的异同，以探究东巴文分域构形的演变历程以及认知规律，得出以下两点结论。

第一，通过对东巴文的历史溯源研究，并结合其演变的过程和结果，本研究发现，纳西东巴文的历时演变主要呈现以下两种情况：（1）在字形演变过程中，构件形体与构件组合方式都没有发生大的变化，构件的理据性得以稳定继承，从白地、丽江至鲁甸东巴文的构形通道保持不变。（2）纳西族先民从白地、丽江到鲁甸迁徙的过程中，由于需要满足新的用字需求，或因社会历史文化背景发生改变，部分字形的构件表征新的概念，并且出现字形混淆的情况，构形过程中理据发生改变。由于一个心理空间的变动通常会引起其他心理空间的变化，因此其概念整合通道也发生了相应的变化。根据三地所建字形库数据统计，有 19.7% 的东巴文构件概念整合的过程发生了变化，如映射方式逐步抽象化、输入空间的层次和数量不断增加、激活概念框架复杂化以及合成空间中融入更多的历史文化背景知识、主观认知和价值取向等。通过对东巴文的历史溯源研究，并结合其演变的过程和结果，三地东巴文概念整合的整体发展趋势表现为从具象到形象再到抽象的过程，具体体现在以下三个方面：（1）从输入空间的视角来看，构件激活概念的方式经历了由以形表征向以义表征过渡的变化；（2）从共有空间的角度来看，构件信息共同激活概念框架经历了从情景式向关系式转化的过程；（3）从合成空间的角度观察，纳西东巴文的合成发展经历了从人本主义突出到人文氛围浓厚，再到倾向于理性分析的阶段。

第二，本章通过概念整合的回溯性得出，在东巴文的构形和演变过程中，留下了纳西族先民社会文化和语言思维的烙印。通过分析三地东巴文构形的深层认知机制，得出三地纳西先民们认知世界万物的思维方式和认知特点有以下两点：

（1）在白地时期，思维具有图像性和多样性的原始思维认知特点。根据本研究收集的数据显示，白地整体性映射的占比为 37.6%，丽江为 38.2%，鲁甸为 30.0%。整体性映射主要指象形字中的整体象形，这类文字的构形是对所指实体的外形进行描摹而形成，其文字特点体现了极强的图画性。白地东巴文构形过程中构件大都以形符身份参构，主要以字体形象和情景来引导和激活相关概念，具有明显的"见形知物"特点。在构形中也常激活情景式框架，反映出纳西族人民在造字之初文字具有明显的图画性和多样性，体现纳西族人民主要运用具象和直观的原始思维。

（2）随着纳西族人民迁徙至丽江，原始直观形象思维逐渐减弱，抽象逻辑思维慢慢增强。丽江东巴文中的整体象形字在丽江地区字形库中占比 38.2%，相较于白地地区的 37.6%，整体性映射仍是其构形的主导机制。此外，与黑色字素相关的隐喻性映射在丽江也渐渐出现，隐喻思维在丽江东巴文中逐渐凸显，同时反映出文字背后纳西族人民认知思维的发展。通过对比白地和丽江东巴文的构形演变展现了纳西族人民认知进化的过程，体现出东巴文在丽江地区趋向成熟，反映了概念整合思维在这个阶段已经具备一定的抽象意识和思辨成分。

至鲁甸时，构形中的转喻和隐喻现象大量出现，文字逐渐符号化和标音化，抽象逻辑思维逐渐占据主体地位。首先，对比白地和丽江地区，鲁甸东巴文中输入空间通过隐喻性映射和相关性映射的比例大幅增加。在白地地区未发现黑色隐喻字素，但在丽江及鲁甸地区大量出现黑色隐喻字素，由此可见，东巴文发展到鲁甸地区，其相似性联想能力已渐渐成熟。其次，相关性映射中的转喻现象在白地占比为 23.8%，丽江为 21.3%，而在鲁甸则达到 36%。其中，局部转喻整体的字形白地占比 16.7%，在鲁甸则增至 23.0%，说明了鲁甸东巴文的构形机制中，视觉凸显能力加强，用事物高凸显度部分转喻整体的能力越来越强，体现了纳西族先民认知思维深度加深。再次，符号与指称转喻类字形在鲁甸地区的占比也显著增加，占比为 12.0%，体现了东巴文字形逐步符号化、思维逐步抽象化的发展趋势。最后，在白地形声字达到 37 个，占比为 8.3%；丽江增至 62 个，占比达 10.8%；鲁甸地区形声字的数量更为显著，达到 106 个，占比高达 19.0%。标音化是文字发展到高级阶段的体现，体现思维的高度抽象。转喻现象、隐喻现象、符号化、标音化在鲁甸地区逐渐占据主体，体现纳西先民在迁移至鲁甸地区时，对周围世界的理解更加深刻，对陌生领域的理解和感知更加快速，认知范畴得到扩展，体现出纳西族先民范畴化的能力得以提升，也说明其思维已经从形象思维发展到抽象思维的高级阶段。

三 纳西民族社会生态环境对东巴文分域构形演变的影响

本研究分别讨论了纳西族民族社会生态内环境和外环境对纳西东巴文分域构形演变的影响。首先，社会生态的内环境涵盖了纳西族的起源、东巴教文化、纳西族的哲学思想以及纳西语言的接触和语言谱系。对纳西族的起源进行系统梳理，有助于深入了解纳西社会生态的文化根基，揭示了纳西东巴文丰富的历史渊源。东巴教与东巴文化则是纳西文化的重要组成部分，东巴文中体现的独特的宗教文化，为东巴文分域构形演变提供了发展动力。而纳西族的哲学思想蕴含着纳西先民对于天地万物的认知和思维方式，为东巴文分域构形演变提供了思想源泉。语言谱系的解析则为系统地了解东巴文分域构形演变提供了认知框架。纳西社会生态内环境的四个方面从不同角度剖析了影响东巴文分域构形演变的内在因素。其次，社会生态的外环境包括了纳西社会的自然环境和社会结构。自然环境作为纳西族生产生活的外在条件，不仅反映了纳西族人的迁徙路线和生活方式，而且表明了外在条件的变化会对东巴文分域构形的演变产生一定程度的影响，导致了不同地区的东巴文差异。纳西族社会结构反映出了纳西族社会变迁史，不同的社会组织反映出了不同的政治形态，通过对纳西族社会结构的深入分析，我们能够了解其内部组织、权力分配以及社会层级结构的特点，更好地理解东巴文的分域发展与变化。而纳西族与不同民族之间的互动、交流与融合，使东巴文化变得丰富多样，对东巴文的形成和发展都有一定程度的影响。通过深入叙述纳西族社会生态内环境和外环境这两个方面，我们可以全面了解纳西东巴文分域构形演变的影响要素，为理解纳西文化提供更为翔实和全面的资料。

第二节　研究启示

本研究的结论和发现有以下几点启示：

（1）学科理论启示

东巴字的产生与发展是文字系统自身演变发展的结果和表现。东巴字构形的图画性和多样性是东巴文原始思维认知特点的反映，东巴字的发展演变过程也体现了东巴字系统隐喻化、转喻化、符号化和标音化四大演变规律。因此，对东巴字的构形研究，尤其是对东巴字在线意义构建过程及其形义关系的研究，对整个东巴文系统的结构研究、意义研究、性质研究及发展演变研究都具有重要意义。本研究运用概念整合理论分析东巴文构形的演变规律，其研究结论有为东巴字理论的专题研究、东巴字科学理论体系的构建以及东巴字阐释学的建立提供启示的潜力。

（2）形义阐释模式启示

东巴文是一种古老的文字系统，被认为属于典型的文字表意体系。在东巴文的制字过程中，字形的创造是根据所要表达的意义来进行的，这一过程体现了"据义构形"的特点。而识字者则通过观察字形来理解其意义，即采用"据形释义"的方式。这种形义关系的紧密联系成为东巴文研究的核心议题。然而，受传统研究模式的制约，以往关于东巴文构形的研究成果主要集中在字形方面的讨论，多数借鉴了东巴文研究的理论，如传统的六书、字素理论以及构形学理论等（王元鹿，1988；喻遂生，2003；方国瑜，2005；郑飞洲，2005；李静生，2009；曾小鹏，2013等）。对于东巴文构形自身特征，尤其是对于在线意义构建的独创性成果，尚未有深入的研究。概念整合理论所构建的复合空间网络，能够细致、完整地展现东巴字的在线意义构建过程，使形义之间的对应关系更加清晰。同时，东巴字构形的概念整合特别强调了动态性和主观性（包括时代性和民族性）在意义构建过程中的作用。因此，概念整合理论为东巴字的形义阐释提供了一种理想的阐释模式，以及易于掌握的操作程序。

（3）语言文字沟通启示

在各民族的思维、表达与交际体系中，文字与语言始终占据着重要的地位，如同灵魂与肉体的关系一般。对于那些属于表意体系的文字，语言的研究往往等同于对文字的深入探索。然而，东巴字作为一个独特的系统，其形、音、义与语言之间的关系远比这复杂。尽管如此，东巴字的构形逻辑与东巴文的词汇、语法结构却紧密相连，无法割舍。对东巴字在线意义构建与形义关系的探讨，与对东巴文词汇、语法内在规律的研究相互补充，彼此借鉴，共同促进。概念整合理论正是推动东巴文字、词、句等形成的核心力量。因此，运用这一理论对东巴字的在线意义构建及形义关系进行深入研究，无疑将加强我们对东巴文语言与文字之间关系的理解与沟通。

(4) 文化思维启示

在纳西族的认知体系中，东巴字的"取象表词"和"据义构形"现象成为一种独特的表达形式。这种构形方式，不仅仅是一种文字的创造方式，更是一种深层的思维方式。它通过形象的整合与推衍，赋予了新的概念意义，这是形象思维与抽象思维相互交织的产物。它符合中国人的思维方式与审美意趣，成为一种世界认知的方法。正是基于这样的概念整合，构形成为了创造和理解东巴文的基本路径之一。东巴字的创制，见证了华夏先民从具象思维向抽象思维的转变，对于中国传统思维模式的研究具有一定的启示作用。深入探索东巴字的成义方式，将成为我们揭示纳西民族思维规律与特征的重要途径。因此，运用概念整合理论来研究东巴字的构形机制，实际上是对纳西族民族文化思维的深度解读与探究。

(5) 跨学科启示

东巴文作为一种独特的文字系统，不仅蕴含着丰富的历史学、社会学、民俗学以及人类学信息，而且在其背后还隐藏着古代社会生活文化的方方面面。这些宝贵的资源为文化学、民俗学等学科提供了重要的理论支撑和材料补充。在概念整合理论的指导下，东巴文的阐释模式更加注重合成空间的背景信息和百科知识，从而能够深入挖掘东巴文所蕴含的各种信息。因此，通过运用概念整合理论来研究东巴字的分域演变构形机制，我们可以为其他相关学科的研究提供有力的交叉证据，进一步推动不同学科之间的交流与融合。这种跨学科的研究方法不仅有助于我们更全面地理解东巴文，还能够为其他领域的研究带来新的启示和思路。

(6) 东巴文与纳西民族社会生态环境启示

东巴文，这一纳西族独特的文字系统，其未来的命运与纳西族地区的社会政治、经济环境以及东巴教的兴衰等纳西民族社会生态环境的诸多因素紧密相连。据和继全的研究，当前，东巴文化在纳西族民间主要形成了三种不同的生态类型。在原生态类型地区，民间信仰根基深厚，传统东巴仪式得到完好的保存，这些地区的东巴文化宛如未经雕琢的璞玉，纯真而富有生命力。半原生态类型地区则保持了健康的文化土壤，传统东巴仪式部分得以传承，这些地区的东巴文化如同经历岁月洗礼的古董，独具韵味。然而，新生态或次生类型地区的东巴文化则面临挑战，传统东巴活动已逐渐消失，民间信仰基础薄弱，文化自觉和旅游经济等因素成为这些地区东巴文化的主要驱动力。

　　本研究深刻揭示了纳西民族社会生态环境对东巴文字构形演变的深远影响，对于保护和复兴东巴文和纳西文化的多样性以及推动文化生态的整体发展具有重要的启示意义。通过对不同地区东巴文化类型的细致剖析，我们得以窥见其与当地社会政治、经济环境以及东巴教兴衰的微妙关系。这一研究不仅为制定针对性的保护策略和文化发展计划提供了坚实的理论支撑，同时也提醒我们重视文化多样性的保护和生态平衡的维护，以实现可持续的文化发展。

第三节　局限与展望

　　本研究具有一定的理论意义和实践意义，但仍存在以下几方面的不足，有待今后进一步完善。

　　第一，本研究运用概念整合理论对白地、丽江、鲁甸三地的东巴字在线意义构建进行机制解释和对比，发现了这种早期文字中构形的一些具有纳西东巴文特色的整合方式和规律，但尚未将这些整合方式和规律进行实证检验，缺乏可供实证检测的理论预测结果。未来研究可以采用一定的实验设计为纳西东巴文构形所包含的概念整合过程进行一定的揭示和验证。

　　第二，本研究力图从分域视角挖掘东巴文的概念整合层级阶梯性与东巴文的发展历时顺序之间的内在联系。但由于人力有限和东巴经散失等客观原因，未能对各区域东巴经中的语言材料进行穷尽性收集、整理和建库。加之东巴文的语言材料中有时间纪事的不多，断代资料本身不全，考证东巴文不同概念整合水平出现与发生频率的时间线索、分域断代之间的关系也就更难。未来研究可以进一步借助东巴文文字符演变序列和字符断代问题的新近研究发现形成对东巴文构形的概念整合阶梯发展脉络与分域断代、文字断代先后线索比较分析形成交叉学科印证。

参考文献

中文著作

[德] 弗里德里希·温格瑞尔、汉斯—尤格·施密特：《认知语言学导论（第二版）》，彭利贞、许国萍、赵微译，复旦大学出版社 2009 年版。

[德] 马克思·卡尔、恩格斯·弗里德里希：《马克思恩格斯选集》，人民出版社 1972 年版。

[俄] 顾彼得：《被遗忘的王国》，李茂春译，云南人民出版社 2007 年版。

[法] 雅克·巴克：《么些研究》，宋军、木艳娟译，云南大学出版社 2019 年版。

[苏] 斯大林：《马克思主义与语言学问题》，人民出版社 1950 年版。

曾小鹏：《俄亚托地村纳西语言文字研究》，民族出版社 2014 年版。

邓章应：《西南少数民族原始文字的产生与发展》，人民出版社 2012 年版。

邓章应：《纳西东巴文分域与断代研究》，人民出版社 2013 年版。

邓章应：《东巴文与水文比较研究》，人民出版社 2015 年版。

邓章应、郑长丽：《纳西东巴经跋语及跋语用字研究》，人民出版社 2013 年版。

东巴文化研究所：《纳西东巴古籍译注全集》，云南人民出版社 1999 年版。

方国瑜：《纳西象形文字谱》，云南人民出版社 2005 年版。

傅懋𪟝：《丽江么些象形文"古事记"研究》，华中大学 1948 年版。

傅懋𪟝：《纳西族图画文字〈白蝙蝠取经记〉研究（上、下册）》，日本东京外国语大学亚非语言文化研究所 1981 年、1984 年版。

国家民委全国少数民族古籍整理研究室：《中国少数民族古籍总目提要纳西族卷》，中国大百科全书出版社 2003 年版。

和志武：《纳西象形文和东巴经（调查资料）》，云南大学历史研究所民族组油印 1976 年版。

和志武：《纳西东巴文化》，吉林教育出版社 1989 年版。

和志武：《和志武纳西学论集》，民族出版社 2008 年版。

李国文：《东巴文化与纳西哲学》，云南人民出版社 1991 年版。

李劼：《丽江纳西族文化的发展变迁》，中央民族大学出版社 2007 年版。

李静生：《纳西东巴文字概论》，云南民族出版社 2009 年版。

李霖灿：《么些研究论文集》，国立故宫博物院 1984 年版。

李霖灿：《纳西族象形标音文字字典》，云南民族出版社 2001 年版。

李霖灿、张琨、和才：《么些象形文字字典》，中央博物院专刊 1944 年版。

李霖灿、张琨、和才：《么些象形文字标音文字字典》，文史哲出版社 1972 年版。

李霖灿、张琨、和才：《么些经典译注九种》，国立编译馆中华丛书编审委员会 1978 年版。

刘安：《白话淮南子》，三秦出版社 1998 年版。

刘又辛、方有国：《汉字发展史纲要》，中国大百科全书出版社 2000 年版。

刘悦：《纳西东巴文异体字关系论》，安徽文艺出版社 2011 年版。

沈兼士：《沈兼士学术论文集》，中华书局 1986 年版。

王凤阳：《汉字学》，吉林文史出版社 1989 年版。

王元鹿：《汉古文字与纳西东巴文字比较研究》，华东师范大学出版社 1988 年版。

王正元：《概念整合理论及其应用研究》，高等教育出版社 2009 年版。

习煜华：《东巴象形文异写字汇编》，云南美术出版社 2003 年版。

杨德均：《纳西族古代舞蹈和舞谱》，文化艺术出版社 1990 年版。

杨福泉：《多元文化与纳西社会》，云南人民出版社 1998 年版。

杨正文：《最后的原始崇拜——白地东巴文化》，云南人民出版社1999年版。

喻遂生：《纳西东巴文研究丛稿》，巴蜀书社2003年版。

喻遂生：《文字学教程》，北京大学出版社2014年版。

云南省少数民族古籍整理出版规划办公室：《纳西东巴古籍译注（一）》，云南民族出版社1986年版。

云南省少数民族古籍整理出版规划办公室：《纳西东巴古籍译注（二）》，云南民族出版社1987年版。

云南省少数民族古籍整理出版规划办公室：《纳西东巴古籍译注（三）》，云南民族出版社1989年版。

郑飞洲：《纳西东巴文字字素研究》，民族出版社2005年版。

中国社会科学院民族学与人类学研究所、丽江市东巴文化研究院、哈佛燕京学社：《哈佛燕京学社藏纳西东巴经书》，中国社会科学出版社2011年版。

周斌：《东巴文异体字研究》，华东师范大学出版社2005年版。

中文论文

［日］西田龙雄：《汉字的六书与纳西文》，载白庚胜、杨福泉《国际东巴文化研究集粹》，云南人民出版社1993年版。

［英］杰克逊：《纳西族宗教经书》，载郭大烈、杨世光《东巴文化论》，云南人民出版社1991年版。

白小丽：《纳西东巴文文字单位与语言单位对应关系演变研究》，博士学位论文，华东师范大学，2013年。

曾小鹏：《俄亚托地村纳西语言文字研究》，博士学位论文，西南大学，2011年。

曾小鹏：《纳西东巴文造字与思维》，《西南科技大学学报（哲学社会科学版）》2016年第4期。

陈年福：《纳、汉形声字声符形化比较》，载白庚胜、和自兴《玉振金声探东巴——国际东巴文化艺术学术研讨会论文集》，社会科学文献出版社2002年版。

邓章应：《〈纳西象形文字谱〉的异体字及相关问题》，《内江师范学院学报》2006年第5期。

邓章应：《和云章东巴所写经书研究》，《西南学刊》2013 年第 1 期。

邓章应、白小丽：《纳西东巴文语境异体字及其演变》，《中央民族大学学报》2009 年第 4 期。

董作宾：《么些象形文字字典序》，载李霖灿、张琨、和才《么些象形文字标音文字字典》，文史哲出版社 1972 年版。

段红、钟维：《词汇语用学的认知视角——纳西东巴文构形的概念整合解析》，《浙江外国语学院学报》2022 年第 2 期。

范常喜：《甲骨文纳西东巴文会意字比较研究初探》，硕士学位论文，西南师范大学，2004 年。

方国瑜、和志武：《纳西族的渊源、迁徙和分布》，《民族研究》1979 年第 1 期。

方国瑜、林超民：《"古"之本义为"苦"说——汉字甲骨文、金文、篆文与纳西象形文字比较研究一例》，《北京师范大学学报（社会科学版）》1982 年第 5 期。

傅懋勣遗著、徐琳整理：《纳西族〈祭风经——迎请洛神〉研究》，《民族语文》1993 年第 2 期。

甘露：《甲骨文与纳西东巴文农牧业用字比较研究》，《大理师专学报》2000 年第 1 期。

甘露：《东巴经假借字的版本比较研究》，《柳州职业技术学院学报》2005 年第 2 期。

甘露：《纳西东巴文献中假借字比较研究》，《曲靖师范学院学报》2008 年第 2 期。

甘露：《东巴文假借现象初探》，《中国海洋大学学报（社会科学版）》2011 年第 1 期。

甘露：《纳西东巴经跋语中的假借字研究》，《宁夏大学学报（人文社会科学版）》2012 年第 4 期。

甘露：《纳西东巴文双音节假借字研究》，《民俗典籍文字研究》2021 年第 2 期。

和发源：《纳西族与古羌人的渊源关系》，《云南社会科学》1991 年第 4 期。

和发源、杨德鋆：《纳西族古代舞蹈与东巴跳神经书》，《舞蹈论丛》1982 年第 4 期。

和继全：《美国哈佛大学燕京图书馆馆藏东巴经跋语初考》，《中央民族大学学报（哲学社会科学版）》2009 年第 5 期。

和继全：《白地波湾村纳西东巴文调查研究》，博士学位论文，西南大学，2012 年。

和志武：《从象形文东巴经看纳西族社会历史发展的几个问题》，《中央民族学院学报》1980 年第 2 期。

和志武：《试论纳西象形文字的特点——兼论原始图画字、象形文字和表意文字的区别》，《云南社会科学》1981 年第 3 期。

和志武：《纳西族东巴经语言试析》，《语言研究》1983 年第 1 期。

胡文华：《纳西东巴文形声字研究及其文字学意义》，博士学位论文，华东师范大学，2010 年。

黄思贤：《东巴文献的用字比较与东巴文的发展：以〈古事记〉与〈崇搬图〉为例》，《新余高专学报》2010 年第 3 期。

江荻：《藏语动词的及物性、自主性与施格语言类型》，载大连理工大学、清华大学智能技术与系统国家重点实验室《内容计算的研究与应用前沿——第九届全国计算语言学学术会议论文集》，中国中文信息学会 2007 年版。

靳琰、王小龙：《英汉仿拟的心理空间理论阐释》，《外语教学》2006 年第 4 期。

李静：《纳西东巴文非单字结构研究》，博士学位论文，华东师范大学，2009 年。

李静生：《纳西东巴文与甲骨文的比较研究》，《云南社会科学》1983 年第 6 期。

李例芬：《纳西东巴古籍与语言研究》，《云南民族学院学报（哲学社会科学版）》1997 年第 4 期。

李杉：《纳西东巴文异体字关系特征初步研究》，《邵阳学院学报（社会科学版）》2011 年第 1 期。

李杉：《纳西东巴文造字机制研究》，博士学位论文，华东师范大学，2011 年。

李四玉：《论纳西族传统文化与社会主义核心价值观》，《大理大学学报》2019 年第 3 期。

刘又辛：《纳西文字、汉字的形声字比较》，《中央民族学院学报》

1993 年第 1 期。

　　莫俊：《论东巴文对称型字组的结构特征及音义功能》，《大连民族大学学报》2020 年第 2 期。

　　木仕华：《纳西东巴经典中的梵语借词研究》，载和自兴、郭大烈、白庚胜、李锡《丽江第二届国际东巴艺术节学术研讨会论文集》，云南民族出版社 2005 年版。

　　秦桂芳：《纳西东巴文与甲骨文情境异体字比较研究》，硕士学位论文，华东师范大学，1999 年。

　　裘锡圭：《汉字形成问题的初步探索》，《中国语文》1978 年第 3 期。

　　沈家煊：《"糅合"和"截搭"》，《世界汉语教学》2006 年第 4 期。

　　史燕君：《纳西东巴文形声字形成过程初论》，《湖州师范学院学报》2001 年第 1 期。

　　陶云逵：《么些族之羊骨卜及肥卜》，载国立中央研究院历史语言研究所《人类学集刊》，商务印书馆 1938 年版。

　　王琦：《〈神路图〉所体现纳西文化中的自然观、社会观与生命观》，《湖南包装》2018 年第 1 期。

　　王元鹿：《纳西东巴文字与汉古文字假借现象的比较及其在文字史上的认识价值》，《徐州师范学院学报》1987 年第 2 期。

　　王元鹿：《由若喀字与鲁甸字看纳西东巴文字流播中的发展——兼论这一研究对文字史与普通文字学研究的意义》，《华东师范大学学报（哲学社会科学版）》2001 年第 5 期。

　　谢书书、张积家：《东巴文认知研究对心理语言学的贡献及展望》，《心理科学进展》2012 年第 8 期。

　　辛志凤、赵小今：《东巴文所反映的纳西族祭祀文化》，《学理论》2016 年第 2 期。

　　徐盛桓：《转喻与分类逻辑》，《外语教学与研究》2008 年第 2 期。

　　杨波、张辉：《隐喻与转喻的相互作用：模式、分析与应用》，《外语研究》2008 年第 5 期。

　　杨福泉：《社会与文化变迁对民族宗教文化认同的影响——纳西人对东巴教的认同及其变迁研究》，《思想战线》2010 年第 4 期。

　　杨嘉星：《〈创世纪〉哲学思想萌芽初探》，《内蒙古社会科学》1990 年第 6 期。

杨亦花:《"东巴什罗"字形在各地经典中的差异及其分析》,《学行堂语言文字论丛》2012 年第 0 期。

杨亦花:《纳西族东巴文祭祖经典调查研究》,博士学位论文,西南大学,2013 年。

杨亦花、喻遂生:《纳西东巴文石刻述略》,《云南社会科学》2013年第 2 期。

喻遂生:《甲骨文、纳西东巴文的合文和形声字的起源》,《中央民族学院学报》1990 年第 1 期。

喻遂生:《纳西东巴字的异读和纳汉文字的比较研究》,《云南民族学院学报》1990 年第 1 期。

喻遂生:《东巴形声字的类别和性质》,《中央民族学院学报》1992年第 4 期。

喻遂生:《纳西东巴字、汉古文字中的"转意字"和殷商古音研究》,《中央民族大学学报》1994 年第 4 期。

喻遂生:《纳西东巴字多音节形声字音近度研究》,《语言研究》1998年专刊。

喻遂生:《纳西东巴文本有其字假借原因初探》,《中央民族大学学报》2002 年第 1 期。

喻遂生:《纳西东巴文疑难字词考释举例》,《中国语言学报》2008年第 1 期。

喻遂生:《纳西东巴文文献学纲要》,《历史文献研究》2009 年第0 期。

张春凤:《哈佛所藏东知东巴经书的分类与断代》,《学行堂语言文字论丛》2012 年第 0 期。

张辉:《熟语:常规化的映现模式和心理表征——熟语的认知研究之一》,《现代外语》2003 年第 3 期。

张毅:《甲骨文与东巴文兵器用字比较研究》,《现代语文(语言研究版)》2010 年第 1 期。

赵心愚:《纳西族先民的迁徙路线及特点》,《西南民族大学学报(人文社会科学版)》2004 年第 2 期。

郑长丽:《〈纳西东巴古籍译注全集〉跋语研究》,硕士学位论文,西南大学,2012 年。

钟耀萍:《纳西族汝卡东巴文研究》,博士学位论文,西南大学,2010年。

周净:《语言人类学视域下纳西东巴文在东巴经中的文化意义阐释》,《昆明冶金高等专科学校学报》2019年第3期。

周寅:《纳西东巴文构形分域研究》,博士学位论文,西南大学,2015年。

周有光:《纳西文字中的"六书":纪念语言学家傅懋勣先生》,《民族语文》1994年第6期。

朱宝田:《纳西族象形文字的分布与传播问题新探》,《云南社会科学》1984年第3期。

朱炳祥:《论东巴文与纳西语之关系》,载白庚胜、和自兴《玉振金声探东巴——国际东巴文化艺术学术研讨会论文集》,社会科学文献出版社2002年版。

邹渊:《甲骨文与纳西东巴文器物字比较研究》,《绵阳师范学院学报》2009年第12期。

英文著作

Coulson, S., 2001, *Semantics Leaps*:*Frame Shifting and Conceptual Blending in Meaning Construction*. Cambridge:Cambridge University Press.

Dancygier, B. & Sweetser, E., 2005, *Mental Spaces in Grammar*:*Conditional Constructions*. Cambridge:Cambridge University Press.

Fauconnier, G., 1985, *Mental Spaces*. Cambridge:The MIT Press.

Fauconnier, G., 1994, *Mental Spaces*:*Aspects of Meaning Construction in Natural Language*. Cambridge:Cambridge University Press.

Fauconnier, G., 1997, *Mapping in Thought and Language*. Cambridge:Cambridge University Press.

Fauconnier, G. & Sweetser, E., 1996, *Spaces, Worlds and Grammar*. Chicago:University of Chicago Press.

Fauconnier, G. & Turner, M., 2002, *The Way We Think*:*Conceptual Blending and the Mind's Hidden Complexities*. New York:Basic Books.

Jackendoff, R., 1983, *Semantics and Cognition*. Cambridge:The MIT Press.

Lakoff, G. & Ferguson, S., 2006, *The Framing of Immigration*. Berkeley: Rockridge Institute.

Lakoff, G. & Johnson, M., 1999, *Philosophy in the Flesh: The Embodied Mind and Its Challenge to Western Thought*. Chicago: University of Chicago Press.

Lakoff, G. & Johnson, M., 2003, *Metaphors We Live By*. Chicago: University of Chicago Press.

Langacker, R., 1991, *Foundations of Cognitive Grammar: Volume II Descriptive Application*. Stanford: Stanford University Press.

Oppitz, M. & Chen, M., 1997, *Naxi: Dinge – Mythen – Piktogramme*. Zürich: Völkerkundemuseum.

Rock, J. F., 1963, *A $^1Na-^2Khi$—English Encyclopedic Dictionary (Part I)*, Roma: Istituto Italiano Per Il Medio Ed Estremo Oriente.

Rock, J. F., 1972, *A $^1Na-^2Khi$—English Encyclopedic Dictionary (Part II)*, Roma: Istituto Italiano Per Il Medio Ed Estremo Oriente.

Seuren, P., 1985, *Discourse Semantics*. Oxford: Basil Blackwell.

英文论文

Bache, C., 2005, Constraining conceptual integration theory: Level of blending and disintegration. *Journal of Pragmatics*, 37 (10): 1615-1635.

Barcelona, A., 1997, Clarifying and applying the notions of metaphor and metonymy within cognitive linguistics. *Atlantic*, XIX (1): 21-48.

Chun, M. M. & Jiang, Y., 2003, Implicit, long – term spatial contextual memory. *Journal of Experimental Psychology: Learning, Memory, and Cognition*, 29 (2): 224-234.

Coulson, S. & Oakley, T., 2000, Blending basics. *Cognitive Linguistics*, 11 (3/4): 175-196.

Dirven, R., 2005, Major strands in cognitive linguistics. In M. Ibáñez & P. Cervel eds., *Cognitive Linguistics: Internal Dynamics and Interdisciplinary Interaction*, New York: Mouton de Gruyter.

Fauconnier, G., 2005, Compression and emergent structure. *Language and Linguistics*, 6 (4): 523-538.

Fauconnier, G., 2007, Mental space. In D. Geeraerts & H. Cuyckens eds., *The Oxford Handbook of Cognitive Linguistics*, Oxford: Oxford University Press.

Fauconnier, G. & Turner, M., 1998a, Conceptual integration networks. *Cognitive Science*, 22 (2): 133–187.

Fauconnier, G. & Turner, M., 1998b, Principles of conceptual integration. *Discourse and cognition*, 37 (6): 269–283.

Fillmore, C. J., 1976, Frame semantics and the nature of language. *Annals of the New York Academy of Sciences*, 280 (1): 20–32.

Gibbs, R. W., 2000, Making good psychology out of blending theory. *Cognitive Linguistics*, 11 (3/4): 347–358.

Gibbs, R. W., 2007, Idioms and formulaic language. In D. Geeraerts & H. Cuyckens eds., *The Oxford Handbook of Cognitive Linguistics*, Oxford: Oxford University Press.

Grady, J., 2005, Primary metaphors as inputs to conceptual integration. *Journal of Pragmatics*, 37 (10): 1595–1614.

Grady, J., Oakley, T. & Coulson, S., 1999, Blending and metaphor. In G. Steen & R. Gibbs eds., *Metaphor in Cognitive Linguistics*, Amsterdam: John Benjamins.

Kamp, H., 1984, A theory of truth and semantic representation. In J. Groenendijk, T. M. V. Janssen & M. Stokhof eds., *Truth*, *Interpretation and Information*, Dordrecht: Foris Publications.

Kövecses, Z. & Radden, G., 1998, Metonymy: Developing a Cognitive Linguistic view. *Cognitive Linguistics*, 9 (1): 37–78.

Lacouperie, T., 1885, Beginnings of writing in and around Tibet. *Journal of the Royal Asiatic Society of Great Britain and Ireland*, 17 (3): 415–482.

Marvin, M. C., 2000, Contextual cueing of visual attention. *Trends in Cognitive Sciences*, 4 (5): 170–178.

Ungerleider, L. G. & Haxby, J. V., 1994, 'What' and 'where' in the human brain. *Current Opinion in Neurobiology*, 4 (2): 157–165.

后　记

在这部著作即将付梓之际，我心中充满了无尽的感慨。这不仅因为我的纳西东巴文研究成果得以系统呈现，更因为它的完成标志着我们在该领域的研究迈出了坚实的一步。本书的撰写得益于我主持的云南省"兴滇英才"计划项目，也是国家社科基金项目（21CYY009）的成果之一。这两个项目的资助为研究提供了坚实的基础，而团队成员的不懈努力则是每一步进展的真正推动力。

东巴文，这一被誉为"活化石"的古老文字，承载着纳西族深厚的历史与丰富的文化。它不仅是纳西族人民智慧的结晶，更是人类文明宝库中的璀璨瑰宝。随着时间的推移，东巴文的传承与发展面临着诸多挑战。在本书中，我们运用概念整合理论，深入分析了纳西族迁徙路线上"白地—丽江—鲁甸"三地的东巴经。通过构建概念整合网络，我们揭示了东巴文构形演变的认知机制，探讨了其在不同地域和社会环境中的发展规律。这一研究不仅深化了我们对东巴文的理解，更为保护和传承这一古老文字提供了坚实的科学依据。

在研究过程中，我们深刻感受到了东巴文的魅力。它不仅是一种记录语言的工具，更是一种艺术、一种文化、一种历史的见证。每一个东巴文字形，都蕴含着纳西族人民对自然、对社会、对人生的深刻认知。我们的研究，是对这些认知的一次重新发现，是对纳西族文化的一次深刻解读。

在此，我要特别感谢我的研究生何红双、王豆豆和张敏，她们以不懈的努力和对研究的热情，为书稿的顺利完成做出了巨大贡献。她们在资料收集、数据分析和文献整理等各个环节都展现出了极高的专业素养和责任心。没有她们的辛勤工作，我们的研究工作难以取得今天的成果。同时，我也要感谢所有提供帮助和建议的学者和朋友们，你们的宝贵意见对本研究的深化和完善起到了不可或缺的作用。

同时，我也要感谢纳西族人民。是他们创造了东巴文，是他们传承了东巴文，是他们让我们的研究工作变得有意义。我们希望通过这本书，激发更多人对东巴文、对纳西族文化传承的关注，并共同为保护这一人类文化遗产贡献力量。

本书的完成，不是研究的终点，而是一个新的起点。我们将继续深入研究东巴文，探索其更深层次的文化内涵和社会价值。我们也希望，通过我们的努力，能够为纳西族文化的传承与发展，为云南省乃至中国的文化遗产保护，贡献我们的绵薄之力。

在未来的研究中，我们将继续关注东巴文在现代社会的传承问题，探索如何将其与现代社会相融合，以焕发新的活力。我们也将加强与国际学术界的交流合作，让东巴文的研究走向世界，让世界了解东巴文的独特魅力。

最后，我期待本书的出版能够引起广泛的关注，激发更多人对东巴文、对纳西族文化、对人类文化遗产保护的兴趣和热情。让我们携手前行，在保护和传承的道路上不断探索，勇往直前。

再次感谢所有支持和参与本研究的朋友们。让我们共同期待东巴文研究更加美好的未来。